U0797562

本书获得西北政法大学学术著作出版基金资助和法学理论学科资助

西北政法大学数字法学文库

GUOJIA ZHILI SHIJIAO XIA DE

"QUKUAILIAN+SIFA" WENTI YANJIU

国家治理视角下的

"区块链+司法"问题研究

杨锦帆◎著

法律出版社
LAW PRESS·CHINA

北京

图书在版编目(CIP)数据

国家治理视角下的"区块链+司法"问题研究 / 杨锦帆著. -- 北京 : 法律出版社, 2024

ISBN 978-7-5197-8368-6

Ⅰ. ①国… Ⅱ. ①杨… Ⅲ. ①区块链技术-应用-司法-研究-中国 Ⅳ. ①D926-39

中国国家版本馆CIP数据核字(2023)第184303号

国家治理视角下的"区块链+司法"问题研究
GUOJIA ZHILI SHIJIAOXIA DE"QUKUAILIAN+SIFA" WENTI YANJIU

杨锦帆 著

责任编辑 翁潇潇
装帧设计 贾丹丹

出版发行 法律出版社
编辑统筹 法规出版分社
责任校对 冯高琼
责任印制 耿润瑜
经　　销 新华书店

开本 710毫米×1000毫米 1/16
印张 17.25　**字数** 258千
版本 2024年2月第1版
印次 2024年2月第1次印刷
印刷 唐山玺诚印务有限公司

地址:北京市丰台区莲花池西里7号(100073)
网址:www.lawpress.com.cn
投稿邮箱:info@lawpress.com.cn
举报盗版邮箱:jbwq@lawpress.com.cn

销售电话:010-83938349
客服电话:010-83938350
咨询电话:010-63939796

书号:ISBN 978-7-5197-8368-6　**定价**:78.00元

凡购买本社图书,如有印装错误,我社负责退换。电话:010-83938349

序

区块链可用于永久记录任何数量的数据点。其形式可以是交易、选举投票、产品库存、国家身份识别、房屋契约等。目前,数以万计的项目正在寻求以各种方式实施区块链,以帮助社会,而不仅仅是记录交易。区块链作为一种去中心化的记录保存方式,其复杂性和潜力几乎是无限的。从更多的用户隐私和更高的安全性,到更低的处理费用和更少的错误,区块链技术的应用可能远远超出上述范围。但也存在一些缺点。比如,某些区块链技术成本高昂;每秒交易量低;曾被用于非法活动,如“暗网”;监管因司法管辖区而异,仍不确定;数据存储限制;等等。

由于区块链有可能会被用于非法活动,监管和治理便成为必要。在区块链背景下,有关治理的讨论目前围绕两种模式展开:中心化与去中心化、链上与链下。第一种对决是经典的区块链悖论,它对当代的权威结构提出了质疑。第二种是指人的参与和决策过程的自动化程度。无论治理结构如何,关键问题通常涉及网络访问、资金分配、区块大小、奖励制度、投票和决策。

去中心化治理有其自身的问题。首先,它使集体执行重要决策的能力受到质疑。如果权力是分散的,人们自然会审视分散的各方,质疑他们是否能充分代表集体。中心化集权治理模式的好处是,假设有一个负责任且知识渊博的权威机构负责,那么后者就可以垄断决策。通常情况下,中央主管机构会掌握所有相关信息,从而做出符合社区最佳利益的明智决策。此外,单一机构通常更有可能掌握必要的专业知识,以确保顺利运作和做出明智的决策。

锦帆的这本《国家治理视角下的“区块链＋司法”问题研究》所采取的立场大体是支持特殊中心化的治理模式。该书把区块链与司法联系在一起，是一种新的理论上的尝试，也是对中国网络法院经验的总结。正如作者所指出的，“区块链＋ 司法”研究的价值在于推动我国“区块链＋ 司法”实践从“新技术”阶段的“司法应用”创新，发展到“新基建”阶段的“司法模式”创新，推动我国对于区块链时代的未来司法进行前瞻性的布局，有助于推动我国“区块链＋ 司法”技术和制度建设在全球司法制度竞争中实现换道超越的历史转折。“技术与司法”深度融合的法学研究，这无疑是一种对司法制度改革研究的新路径，具有很大的启发意义。

就全书而论，“区块链＋司法”的研究将为司法理论研究开辟一个全新的“问题域”。“区块链＋司法”的理论研究新领域，使智能科技与现代司法深度融合，建立起一套区块链的诉讼制度和存证规则。锦帆的这本书便是一个很好的开端。

澳门大学法学院讲座教授　於兴中

2023 年 12 月 20 日

目　录

导论 / 001

一、研究背景 / 001

二、研究价值 / 003

三、研究内容 / 005

第一章　“区块链 + 司法”的基本概念 / 007

第一节　“区块链 + 司法”的基本内涵 / 007

一、作为“区块链 + 司法”雏形的“司法区块链” / 007

二、“区块链 + 司法”的产生背景 / 010

（一）“区块链 +”科学表述的确立 / 010

（二）区块链被纳入“新基建”的范围 / 011

（三）“区块链 + 司法”概念的提出 / 011

三、“区块链 + 司法”的内涵 / 012

（一）从“司法区块链”到“区块链 + 司法”的发展 / 012

（二）“区块链 + 司法”内涵层次 / 014

第二节　“区块链 + 司法”的形成规律 / 016

一、“区块链 + 司法”的形成是司法基础设施迭代的必然结果 / 016

（一）信息基础设施的迭代必然引发法律基础设施的变革 / 016

（二）“区块链 + 司法”的出现是因应司法基础设施变革的必然结果 / 019

二、“区块链＋司法”的形成是智慧司法技术集成发展的必然要求 / 023
（一）“区块链＋司法”将助力“司法大数据”的广泛应用 / 023
（二）“区块链＋司法”将推动司法人工智能服务的深化 / 029
（三）“区块链＋司法”将与司法物联网实现优势互补和技术协同 / 036
第三节　“区块链＋司法”建设的重大意义 / 041
一、“区块链＋司法”展现出中国互联网司法的独特价值 / 041
（一）司法便民 / 041
（二）司法公信 / 045
（三）司法协同 / 049
二、“区块链＋司法”推进信息化与司法改革的深度融合 / 051
（一）“区块链＋司法”推动法院信息化水平迈上新台阶 / 051
（二）“区块链＋司法”为深化司法改革注入新动力 / 053
（三）“区块链＋司法”推动信息化和司法改革的融合迈向新阶段 / 054

第二章　国家治理视角下“区块链＋司法”的基本原理 / 056
第一节　国家治理视角下“区块链＋司法”的基本原则 / 057
一、国家治理对于“区块链＋司法”的系统规定性 / 057
二、“币链”分离原则 / 058
（一）采用“币链”分离原则克服比特币的无政府主义倾向 / 058
（二）采用区别监管的原则创造安全合法的应用环境 / 060
三、“公链分离”原则 / 061
（一）公有链的“反监管”性质成为区块链治理的内生性障碍 / 061
（二）易监管、效率高的联盟链是更适合于“区块链＋司法”的技术类型 / 061
四、“安全与创新”原则 / 063
（一）安全与创新并重的监管方式 / 063

（二）安全与创新型的治理方式／064
五、“协同共治”原则／065
（一）对公有链“去中心化”的反思／065
（二）“协同共治”原则源自“区块链＋司法”的建设实践／066
（三）“协同共治”是区块链技术的合理内核／067
第二节　“区块链＋司法”的基本结构／069
一、科层型司法结构的痛点／069
（一）科层型司法的含义／069
（二）科层型司法的痛点／070
二、“区块链＋司法”推动司法结构的创新／071
（一）“区块链＋司法”将联盟链引入司法体系的现代化建设／071
（二）联盟链推动司法体系的“液态扁平化”／072
三、“多中心化”的挑战与互联网法院的对策／073
（一）联盟链的特性与人民司法的性质之间的张力／073
（二）北京互联网法院搭建“天平链”的实践智慧／073
四、“协同式中心化”的司法结构／074
（一）“协同式中心化”司法结构的正当性／074
（二）“协同式中心化”司法结构的合理性／077
（三）“协同式中心化”司法结构的创新性／080
第三节　“区块链＋司法”的基本职能／081
一、“区块链＋司法”基本职能的研究背景／082
（一）基于传统司法职能理论的“去法院中心化”／082
（二）“去法院中心化”对发展中国家司法主权的潜在挑战／083
二、“区块链＋司法”基本职能的内容／086
（一）人民法院“矛盾纠纷化解”的基本职能／086
（二）“区块链＋司法”基本职能的权威性与终极性／091
三、“区块链＋司法”基本职能的体系／093
（一）“区块链＋司法”基本职能的新层次／093

（二）“区块链＋司法”基本职能的系统化／095

第三章　基于“区块链＋司法”模式的电子数据存证的依法治理／099

第一节　区块链司法存证研究中的认识误区／100

一、对公有链法律属性的误判／100

（一）公有链应用的非法属性／100

（二）公有链技术的监管困境／101

（三）公有链合法性前提的缺失／101

二、对“去中心化”概念的误解／102

（一）将“去中心化”的专属性误解为共同性／102

（二）“去中心化”是公有链的特有属性／102

（三）名为“区块链”实为“公有链”的理论背离了我国的“联盟链”实践／103

三、对公有链原理的误用／104

（一）公有链原理一：区块链共识算法使证据材料具有“去信任”的信任／104

（二）公有链原理二：所有节点同步记账的方式将确保证据材料的完整性／104

（三）公有链原理三：匿名机制给区块链证据材料带来认证的困难／105

第二节　“不合法”公有链证据技术的“合法化”争鸣／106

一、公有链证据规则中“技术自证”理论的兴起／106

（一）美国佛蒙特州支持“技术自证”的公有链证据规则／106

（二）倾向于技术性的欧、日区块链证据规则／106

二、我国区块链存证“技术自证”说的提出／107

（一）区块链存证第一案及相关司法解释的出台／107

（二）公有链证据的“技术自证”原则及影响／108

（三）对公有链证据“技术自证”原则的反思／108

三、“不合法”公有链证据技术的“合法”化 / 109

（一）以证据规则体系化的方案回应“对区块链证据审查”的质疑 / 109

（二）证据规则体系化的方案与“技术自证”原则的背离 / 110

第三节　联盟链及其证据原理 / 110

一、何谓联盟链？ / 110

（一）联盟链、公有链、私有链的概念 / 110

（二）联盟链的基本原理 / 111

二、联盟链对于监管治理的价值 / 113

（一）运营成本降低 / 113

（二）防止单方造假、便于数据获取 / 113

（三）去中介环节 / 113

（四）容错能力提升 / 114

（五）监管范围扩大 / 114

三、联盟链证据原理的澄清 / 114

（一）联盟链存证平台通过加密和时间戳的方式确保区块链证据的真实性 / 114

（二）区块链的“信任要素二分法” / 115

第四节　回归我国联盟链的“区块链司法存证”理论 / 116

一、坚守合法性底线的区块链“司法存证”系统 / 116

（一）联盟链视角下“区块链本质”的重新解读 / 116

（二）基于联盟链的“区块链司法存证” / 118

（三）基于联盟链的“区块链证据” / 118

（四）联盟链视角下有关《互联网法院审案规定》第 11 条相关争鸣的厘清 / 119

（五）基于“信任要素二分法”对《在线诉讼规则》的解析 / 122

二、“区块链司法存证”理论基础的完善 / 123

（一）发端于当代技治主义的“技术自证”原则 / 123

(二)公有链证据的“技术自证”原则及其界限 / 123
(三)联盟链“技术自证”原则的发展趋势 / 124
三、区块链存证“技术自证”原则的创新应用 / 126
(一)基于区块链存证系统的知识产权保护机制 / 126
(二)致力于审判体系现代化的区块链电子卷宗系统 / 127
(三)构建新型契约履行形态的智能合约机制 / 127
(四)区块链、物联网系统应用的查封管理机制 / 128

第四章 “区块链＋司法”模式在司法体制综合配套改革中的应用 / 130
第一节 “区块链＋司法”模式在院长、庭长监督管理流程中的应用 / 130
一、研究院长、庭长审判监督管理流程问题的背景 / 131
(一)院长、庭长审判监督管理的三个阶段 / 131
(二)司法责任制的充分放权给审判监督管理带来的挑战 / 131
二、院长、庭长审判监督管理运行中存在的主要问题 / 132
(一)院长、庭长审判监督管理缺位的情况普遍存在 / 132
(二)院长、庭长审判监督管理越位的现象仍未能杜绝 / 133
(三)院长、庭长监督管理程序的启动机制尚不健全 / 134
三、院长、庭长审判监督管理运行问题的审视与反思 / 135
(一)内在原因:从行政规律到司法规律的转向 / 135
(二)外在矛盾:从“科层”制到“科层＋扁平”制的转型 / 136
(三)矛盾焦点:“四类案件”识别与启动的困难 / 137
四、基于“区块链＋司法”模式的“四类案件”的识别与监管流程 / 138
(一)基于区块链的“四类案件”监督管理启动程序 / 138
(二)基于区块链的“四类案件”识别与标识流程 / 139
(三)基于“区块链＋司法”模式的“四类案件”监管程序 / 140
(四)基于“区块链＋司法”模式的审判监督管理平台 / 141
第二节 “区块链＋司法”模式在廉政风险防控体系中的应用 / 143
一、研究廉政风险防控体系问题的背景 / 143

二、当前廉政风险防控体系建设的现状及主要问题 / 145
(一)制度建设完备,但贯彻执行的效果不佳 / 146
(二)廉政风险点已建,但内部信息不对称 / 147
(三)信息化程度有限,风险防控仍依赖于“人防” / 147
(四)廉政风险数据的质量难以保障 / 148
三、基于“区块链 + 司法”模式的廉政风险防控体系 / 149
(一)全流程链上办案系统 / 149
(二)廉政风险防控的全程化、同步化、自动化 / 150
(三)基于廉政知识图谱技术的预警机制 / 151
(四)协作共治的分布式廉政风险防控体系 / 154
第三节　“区块链 + 司法”模式与司法协同机制的结合 / 155
一、司法协同机制的研究背景 / 155
二、司法协同机制的原理及发展现状 / 157
(一)“司法协同”机制的基本原理 / 157
(二)区域性司法协同的发展现状 / 159
三、司法协同机制现阶段的主要问题 / 161
(一)区域发展不均衡与司法协同一体化之间的矛盾 / 161
(二)司法协同机制建设的痛点在于司法裁判难以统一 / 162
(三)司法协同机制缺少能够跨越行政辖区的协调组织和规范 / 163
四、基于“区块链 + 司法”模式的司法协同机制的完善 / 165
(一)解决增设“机构”难题的创新方案 / 165
(二)“区块链 + 司法”模式将实现跨域数据与知识的共享 / 169
(三)“区块链 + 司法”模式将推动区域案件裁判标准的统一 / 173

第五章　基于“区块链 + 司法”模式的互联网金融纠纷的源头治理 / 178
第一节　基于区块链的互联网金融纠纷源头治理模式的产生背景 / 178
一、构建基于区块链的互联网金融纠纷源头治理模式的规范依据 / 178

(一)范围:与“金融”并立的“互联网金融” / 178
(二)内容:互联网金融纠纷的分层解决机制 / 179
(三)技术:区块链与智能合约 / 180
(四)要求:互联网金融风险的预警和提示 / 181
二、互联网金融纠纷的类型、特点及风险 / 182
(一)互联网金融纠纷的主要类型 / 182
(二)互联网金融纠纷的特点 / 183
(三)互联网金融的风险 / 185
第二节 互联网金融纠纷解决机制的发展现状 / 189
一、前区块链阶段的互联网金融纠纷解决机制 / 189
(一)我国的互联网金融纠纷解决机制 / 189
(二)域外的替代性纠纷解决机制和在线纠纷解决机制 / 192
二、区块链时代的互联网金融纠纷解决机制 / 194
(一)区块链技术在我国金融纠纷解决机制中的应用 / 194
(二)域外基于区块链的纠纷解决机制的最新成就 / 195
三、互联网金融纠纷解决机制的比较分析 / 197
(一)我国互联网金融纠纷的源头治理呈现出一体化的趋势 / 197
(二)互联网金融纠纷源头治理体系的完善需要释放商业机构的创造力 / 197
第三节 基于区块链的互联网金融纠纷源头治理模式 / 199
一、基于区块链的互联网金融纠纷源头治理模式的规范要求 / 199
(一)源头治理的对象是“互联网金融平台” / 199
(二)源头治理的目标是降低“成诉率” / 200
(三)源头治理的要求是“分层递进” / 200
(四)源头治理的基础设施应包括区块链技术 / 201
(五)源头治理应有利于人民法院的主动参与 / 201
二、基于区块链的互联网金融纠纷源头治理模式的基本架构 / 202
(一)互联网金融纠纷源头治理的联盟链 / 202

（二）互联网金融平台内部的区块链纠纷解决机制 / 204
（三）互联网金融风险预警和自动提示机制 / 206

第六章　基于“区块链 + 司法”模式的司法数据安全的综合治理 / 211
第一节　区块链时代两种新型的商业化纠纷解决机制 / 212
一、致力于处理区块链纠纷的新型纠纷解决机制 / 212
（一）新型区块链纠纷的产生 / 212
（二）新型区块链纠纷要求新型纠纷解决机制产生 / 213
（三）基于新技术的新型纠纷解决机制 / 214
（四）两种新型纠纷解决机制的技术优势 / 216
二、基于区块链的纠纷解决机制的主要类型 / 221
（一）为解决纠纷提供法律基础设施的模式——以麦太坊（Mattereum）为例 / 221
（二）利用民主投票来解决纠纷的模式——以克列罗斯为例 / 222
（三）借助专家裁决来解决纠纷的模式——以朱瑞斯（Juris）为例 / 224
（四）针对专项服务的模式——以“陪审团在线”和 ECAF 为例 / 226
三、基于智能合约的纠纷解决机制的基本形态 / 228
（一）信任证明协议的价值在于保证智能合约结算的有效性 / 228
（二）信任证明协议的优势在于防止“共谋” / 229
（三）信任证明协议将解纷服务扩展至区块链上的各个领域 / 229
第二节　源自商业化纠纷解决机制的“超长臂管辖” / 231
一、源自商业化纠纷解决机制的商业化“长臂管辖” / 231
（一）“纠纷解决服务”的市场化推动商业化纠纷解决机制的构建 / 231
（二）商业化解纷机制构建特殊的“长臂管辖” / 231
二、发展中国家的“司法数据安全”隐患 / 232

(一)源自纠纷解决市场化的商业化“长臂管辖” / 232
(二)技术落后或将造成发展中国家“司法数据安全”的隐患 / 233
三、商业化“长臂管辖”的实质是一种“超长臂管辖” / 234
(一)超长臂管辖的性质 / 234
(二)超长臂管辖的范围 / 235
(三)超长臂管辖的理论基础 / 236
第三节 “区块链 + 司法”与发展中国家的“司法数据安全” / 237
一、商业化纠纷解决机制对我国“区块链 + 司法”的启示 / 237
(一)我国“区块链 + 司法”应用的主要特点 / 237
(二)我国“区块链 + 司法”建设存在的不足 / 238
二、“区块链 + 司法”对“司法数据安全”的捍卫 / 239
(一)广泛动员社会力量构建纠纷解决的层级体系 / 239
(二)“区块链 + 司法”在国际法治领域的担当 / 240
(三)“区块链 + 司法”应致力于维护后发国家的司法数据安全 / 241

结　论 / 242

参考文献 / 246

导　论

一、研究背景

区块链技术是当前最受世人关注的数字技术之一。从 2008 年中本聪发表《比特币:一种点对点电子现金系统白皮书》开始,截至目前,区块链已经经历 3 个发展阶段。在区块链 1.0 阶段,区块链作为比特币的底层技术,推动了虚拟货币领域的各种探索。在区块链 2.0 阶段,借助智能合约构筑的以太坊平台,推动了数字化资产和通证经济的兴起。在区块链 3.0 阶段,除了数字金融领域以外,区块链开始与社会生活广泛融合。随着区块链在溯源、供应链、监管、公证、仲裁和政务等政经领域的进一步应用,区块链能否以及如何在司法场景中应用,成为世界各国密切关注的一项课题。2018 年 9 月 18 日,杭州互联网法院上线运行全国首个司法区块链平台。随后,北京互联网法院的“天平链”、广州互联网法院的“网通法链”也相继上线。区块链司法存证平台的出现,不仅为电子证据的生成、提取和验证问题的解决提供了可靠的技术方案,而且标志着我国在区块链与司法相融合的领域已经步入了世界前列。

进入“十四五”发展的新阶段,最高人民法院对于“区块链 + 司法”的定位进行了重大调整。2019 年最高人民法院在《中国法院的互联网司法》白皮书中首次提出“区块链 + 司法”的概念。当时,“区块链 + 司法”仅指电子证据的“在线存证方式”,建设的目的是“利用区块链技术防伪造、防篡改的优势，大幅提高电子证据的可信度和真实性”①。2021 年年初的《最高人民法院关于人民法院为海南自由贸易港建设提供司法服务和保障的意见》（以下简称《海南贸易港建设意见》）提出，应积极探索“区块链＋司法”模式，推动互联网技术与审判方式、诉讼制度深度融合；②特别是在构建多元化纠纷解决平台方面，“区块链＋司法”模式也应积极参与平台建设，推动司法与立法、执法、守法、普法等方面数据的整合运用。③ 2022 年 5 月发布的《最高人民法院关于加强区块链司法应用的意见》，设定了到 2025 年关于区块链司法应用的总目标。这意味着，进入“十四五”的开局之年，最高人民法院对于“区块链＋司法”模式的定位进行了重大调整。2019 年，“区块链＋司法”专指基于区块链技术的“在线存证方式”；到“十四五”发展新阶段，“区块链＋司法”泛指与区块链技术深入融合的“司法模式”，包括传统审判流程与新的诉源治理流程在区块链上的升级改造，以及区块链技术在司法场景中的融合应用。④ 如果说，“在线存证方式”仅指一项技术、一种方法的话，那么融合区块链技术的“司法模式”，则意味着整个司法流程和诉讼结构在区块链上的迭代与再造。

在国际上，区块链技术也成为“去中心化司法”的重要推动因素。随着比特币的问世，虚拟货币引发了全球金融系统的震动。与此同时，加密交易纠纷也给传统司法、替代性纠纷解决机制（Alternative Dispute Resolution，ADR）和在线纠纷解决机制（Online Dispute Resolution，ODR）带来前所未有的挑战。2016 年，“the DAO”事件发生后，一些科技企业将纠纷解决机制编码为“以太坊”上的智能合约。“通过这种方式，区块链可以处理加密协议并减少参与者的投机行为，还可以提供在线纠纷解决机制所缺乏的法律确定

---

① 最高人民法院编：《中国法院的互联网司法》，人民法院出版社 2019 年版，第 18 页。

② 参见刘权主编：《区块链与人工智能：构建智能化数字经济世界》，人民邮电出版社 2019 年版，第 226 页。

③ 参见罗恬漩：《民事证据证明视野下的区块链存证》，载《法律科学》2020 年第 6 期。

④ 参见史明洲：《区块链时代的民事司法》，载《东方法学》2019 年第 3 期。

性”。[①] 名为“克列罗斯”（Kleros）的司法区块链是这类基于区块链和智能合约的纠纷解决机制的代表。起初，克列罗斯的创始人兼首席执行官费德里科·阿斯特（Federico Ast）将这些新型机制称为“基于区块链的纠纷解决机制”，后来他在此基础上又提出了“去中心化司法”的概念。[②] 去中心化司法理论主张，司法系统的核心在于设计一种机制，能够有效地以符合社会道德的方式作出公正的裁决。去中心化司法声称，该机制采用区块链技术，完全由平等主体驱动，排除了其他参与者的控制。这种设计遵照了适用对象的公正理念，相较于传统司法，它更容易实现公正。尽管去中心化司法尚处于发展初期，但是它强大的技术性能已经引起了欧美学界的关注。一些学者提出，去中心化司法与诉讼、替代性纠纷解决机制、在线纠纷解决机制应居于平等并列的位置，当事人应当拥有自由选择解纷方式的权利。[③] 还有一些学者主张，西方法治国家应当发挥新型纠纷解决机制在技术与市场两方面的优势，帮助法治落后国家的民众获得由技术带来的公正，进而改变这些国家落后的司法体制。[④]

二、研究价值

“区块链 + 司法”研究的价值在于推动我国“区块链 + 司法”实践从“新技术”阶段的“司法应用”创新，发展到“新基建”阶段的“司法模式”创新，推动我国对于区块链时代的未来司法进行前瞻性的布局。

首先，有助于推动我国“区块链 + 司法”技术和制度建设在全球司法制度竞争中实现换道超越的历史转折。“技术与司法”深度融合的法学研究，

---

① ［阿根廷］费德里科·阿斯特、［法］布鲁诺·德法因斯：《当在线纠纷解决遇到区块链：去中心化司法的诞生》，张智豪译，载《中国应用法学》2021 年第 6 期。

② 有必要指出，去中心化司法实际上是一种具有商业性质的纠纷解决机制。它并不是严格意义上的“司法”，也还没有解决合法性的问题（去中心化司法的运行逻辑与法院的诉讼机制、仲裁的框架体系均背道而驰）。另外，对于去中心化司法可能造成的“去法院中心化”的影响，目前理论界尚缺乏必要的研究。

③ See Jean Bacon & Johan David Michel eal. *Blockchain Demystified*: *a Technical and Legal Introduction to Distributed and Centralized Legders*, 25 Rich. J. L. & Tech. 2(2019).

④ See Gillian K. Hadfield, *Rules For A Flat World*, Oxford (2017).

旨在推动我国“区块链 + 司法”的建设工作抓住技术迭代优化和应用机制形塑的关键窗口期，[①]尽快完成区块链司法模式的构建和融合新技术的司法制度的再造，使我国的司法制度能够在区块链的全球赛道上完成从“跟跑—并跑”到“并跑—领跑”的历史跨越。

其次，丰富中国特色社会主义法治现代化的法治话语体系。当前的智慧司法研究，有必要抓住我国首创“区块链 + 司法”概念的契机，尽快建立相应的法学范畴体系，提升我们设置司法议题的能力并主导国际司法技术规则的制定，[②]进而打破西方法治话语的支配地位，提升中国司法话语在国际司法和全球法治中的影响力。

再次，为防范国际社会的“超长臂管辖”，提供可行的司法模式与方案。本研究将充分发挥我国在区块链司法应用方面的先行优势，为弥合公力救济与商业私力救济之间的张力提供一套逻辑自洽的学理设计，力图以完整、全面的布局来应对来自国际社会的“商业化长臂管辖”的挑战；[③]并以我国公平、共享、可信与便捷的司法技术方案帮助广大发展中国家捍卫本国的司法主权与维护各国的司法数据安全。

最后，但并非不重要的是，“区块链 + 司法”的研究将为司法理论研究开辟一个全新的“问题域”。“区块链 + 司法”的理论研究新领域，至少包含三个方面的内容：第一，与区块链技术深度融合的司法模式，即传统的司法流程在区块链上的升级改造、区块链组合技术在司法场景中的融合应用等。第二，体现区块链特点的链上诉讼制度和诉源治理制度，即围绕在线诉讼，构建起一套区块链诉讼制度和存证规则。针对互联网平台，构建起基于区块链分层递进的多元化纠纷解决机制。[④] 第三，确立基于区块链的实体裁判

---

① 参见龚鸣：《区块链社会》，中信出版社 2016 年版，第 162 页。

② See Kyriacos Pavlou & Richard T. Snodgrass, Forensic Analysis of Database Tampering, 33 ACM Transaction on Database SYS. 109, 110 (2008).

③ See Arvind Narayana., *Bitcoin and Cryptocurrency Technologies: A Comprehensive Introduction*, Princeton University Press, 2016.

④ 参见龙宗智：《司法建设论》，法律出版社 2021 年版，第 213 页。

规则和有关诉非衔接的程序规则。[1] 针对海量的互联网纠纷，既需要强化司法裁判的引领和示范作用，又需要通过漏斗形的多元解纷过滤机制以缓解人民法院日趋严峻的“人—案”矛盾。[2] 新“问题域”不仅将成为司法理论研究的新增长点，也将推动司法理论研究的生态向开放性、交叉性、技术性的形态转型。

三、研究内容

“区块链 + 司法”是互联网司法治理与国家区块链发展战略深度融合的最新要求，其目标在于充分利用区块链信息基础设施迭代升级的契机，推动“中国特色、世界领先”的互联网司法模式建设迈入全新的发展阶段。在“国家治理”的视角下，我国的“区块链 + 司法”应坚持以联盟链为主要技术类型，采用“协同式中心化”的结构，发挥多层级的司法职能，推动互联网司法的协同共治。本书的主要内容包括以下六个部分：

第一部分，“区块链 + 司法”的基本概念，立足区块链嵌入司法的规律，阐明了“区块链 + 司法”的基本内涵、形成规律和建设意义。结合“区块链 + 司法”概念的形成过程，其内涵可以划分为模式与规范两个方面，以及“在线诉讼机制”“司法体制综合配套改革”“互联网司法治理”三个层次。“区块链 + 司法”形成的规律性体现在，它是司法基础设施更新迭代和智慧司法技术集成发展的必然结果。“区块链 + 司法”的建设意义在于它将推动法院信息化建设与司法改革的深度融合。

第二部分，国家治理视角下“区块链 + 司法”的基本原理，着眼于区块链与司法之间的张力，指出区块链无政府主义的哲学观、分权主义的政治观和社会自治主义的治理观与我国智慧司法建设之间的结构性矛盾。该部分主张以国家治理为基本原则，以互联网司法治理为建设场景，从基本结构和基本职能两个方面对区块链进行扬弃与再造。

---

① 参见李少平：《人民法院互联网司法的建设与发展》，载《人民法院报》2021 年 9 月 16 日，第 5 版。

② 参见张彩旗：《司法体制改革研究》，武汉大学出版社 2019 年版，第 145 页。

第三部分，基于“区块链 + 司法”模式的电子数据存证的依法治理，提出“公有链”在我国存在合法性缺失的问题，并指出在理论研究中存在基本概念混淆和基本原理误用等情况。“区块链 + 司法”应坚持“依法治理”的底线和“信任要素二分法”的区分方式，建立适合我国联盟链存证系统的“技术自证”模式。

第四部分，“区块链 + 司法”模式在司法体制综合配套改革中的应用，选取三个具有代表性的司法场景，阐明“区块链 + 司法”分别在单一流程、综合体系和外部融合系统中的应用方案，展现出该模式的广泛适应性、应用多样性和形态可塑性。其一，依据协同共治原则建立的基于区块链的审判监督管理平台，可以使审判监督管理工作在司法规律与行政规律之间实现平衡。其二，分布式廉政风险防控系统结合廉政风险知识图谱，将实现对廉政风险的协同防控与共同治理。其三，通过区域司法数据与知识共享系统的开发，区域审判案例的分布式数据库的建立，以及区域审判规则的自动化应用，将有效推进区域司法一体化的发展进程。

第五部分，基于“区块链 + 司法”模式的互联网金融纠纷的源头治理，提出应在互联网金融纠纷的“源头”（互联网金融平台）建立基于区块链的纠纷解决体系的方案。一方面，互联网金融平台应当把内部的和解机制与调解链、仲裁链、司法链相链接，形成技术解纷在前、调解仲裁过滤、司法裁判兜底的分级递进式源头治理模式。另一方面，互联网金融平台还应当建立基于智能合约的金融风险预警系统，通过“解纷数据”的分布式共享和风险参数的自动化比对，实现系统对互联网金融风险的识别预测和自动预警。

第六部分，基于“区块链 + 司法”模式的司法数据安全的综合治理，总结国际上“基于区块链”和“基于智能合约”的两类“去中心化司法”机制，指出这些商业化的解纷机制将会通过对全球纠纷解决市场的垄断，形成足以影响和干涉技术落后国家司法主权的“超长臂管辖”。我国的“区块链 + 司法”应当通过司法资源的优化配置，建立以法院为中心、以公私合作为特征、社会力量协同共治的纠纷解决体系，为发展中国家捍卫司法主权独立和司法数据安全，提供平等共建的中国方案。

第一章 “区块链+司法”的基本概念

第一节 “区块链+司法”的基本内涵

在将区块链技术应用于司法场景的“全球赛场”上，我国已居于领先地位。然而，目前学界对“区块链+司法”“司法区块链”“区块链存证”等相关概念尚未予以明确界定。当然，区块链技术在司法领域的应用尚处于初始阶段，司法应用的成果也还在不断涌现，任何一项定义都有可能因新应用的颠覆而“速朽”。不过，总结区块链技术深入司法实践的成就，即便只是形成阶段性的认识也仍大有裨益；而厘清“区块链+司法”概念的含义，不仅有助于推动区块链技术以遵循司法规律为原则进行自觉的应用创新，也将有助于法学理论和司法研究能够紧扣技术进步的节奏而不断深化发展。

一、作为“区块链+司法”雏形的“司法区块链”

在“区块链+司法”概念出现以前，实践中区块链技术在人民法院工作场景中落地应用的成果被称为“司法区块链”或者“司法链”。不过，截至目前，学术界对“司法区块链”的概念还没有给出明确的定义。为了阐明“区块链+司法”的含义，也为了区分“区块链+司法”与“司法区块链”概念的差异，本章首先从以下三个方面对“司法区块链”的概念进行分析。

第一个方面：司法区块链的电子证据存证平台。司法区块链的第一个方面主要表现为互联网法院运行的区块链电子证据存证平台。2018年9月

18 日，杭州互联网法院正式上线了全国首个司法区块链平台。[①] 同年，由北京互联网法院主导，工业和信息化部国家信息安全发展研究中心、北京信任度科技公司等企业共同研发建设的“天平链”电子证据平台也正式上线。后者在 2019 年 3 月，工业和信息化部通过的第一批 197 个区块链应用场景中，成为唯一的司法区块链应用平台。[②]

为了便于理解司法区块链电子证据存证的含义，有必要对“区块链”和“区块链电子证据存证”这两个概念予以解释。工业和信息化部发布的《中国区块链技术和应用发展白皮书（2016）》对于区块链的界定是目前国内较为权威的定义：“区块链是分布式数据存储、点对点传输、共识机制、加密算法等计算机技术在互联网时代的创新应用模式。”[③]区块链电子证据存证则是指为了提高电子证据的真实性与可信度，采用将电子证据相关数据进行上链存储方式，实现存储过程留痕、防止数据篡改等安全防护的目的，以便于事后对电子证据的取证、验证和审计。

建立司法区块链电子证据存证平台，是司法机关为了解决电子证据“三难问题”（存证难、取证难、认证难），[④]提升人民法院对电子证据认证效率，利用联盟链（区块链技术的三种类型之一）而开发建设的证据链。司法区块链存证平台的创新意义在于实现了电子证据的“全流程记录和全链路可信”[⑤]及其跨链验证和跨链互信。

第二个方面：司法区块链在多个诉讼环节中的试点应用。司法区块链的第二个方面主要表现为互联网法院尝试将区块链技术应用在送达、审判、执行的多个诉讼环节。2019 年 8 月，广州互联网法院成功研发“类案批量智

---

① 参见杜前主编：《互联网司法实践与探索》，人民法院出版社 2021 年版，第 64 页。

② 参见李志杰、郭杰群、王阳雯：《区块链 + ：重构与赋能》，格致出版社、上海人民出版社 2021 年版，第 98 页。

③ 《中国区块链技术和应用发展白皮书（2016）》，载百度文库 2021 年 10 月 1 日，https://wenku.baidu.com/view/7d7ab73f09a1284ac850ad02de80d4d8d05a01f4.html。

④ 参见《2018 年中国区块链产业白皮书》，载工业和信息化部网络安全产业发展中心官网，http://www.miitxxzx.org.cn/art/2018/5/21/art_3_57.html。

⑤ 杜前主编：《互联网司法实践与探索》，人民法院出版社 2021 年版，第 64 页。

审系统”。在该系统中，法院的文书送达采用了区块链技术，“送达全程区块链留痕，可实时追踪送达时间、地点、签收人等关键节点信息”[①]。2019年10月，杭州互联网法院正式上线了区块链智能合约司法应用技术，配套推出了智能立案、智能审判、智能执行的“三智模式”闭环司法体系。2020年，北京市高级人民法院统筹管理北京法院区块链试点应用场景建设。北京法院基于司法链的通用存证验证接口，对已建系统的高公信信息和高可靠业务数据进行存证验证，包括电子卷宗、电子档案存证，电子送达、电子证据和链上法律文书的存证验证。[②] 此外，北京互联网法院通过在司法链上嵌入智能合约，在全国首次实现了调解协议的自动执行立案。

司法区块链在多个诉讼环节中的试点应用，借助区块链难以篡改的技术优势，不仅能够将电子数据完整地保存在区块链上，以确保数据和电子案卷材料的安全性、可监控和防篡改，[③]而且可以在多个环节实现相关证据存证和电子文书的即时验证。智能合约的嵌套应用又进一步推动了基于可信数据的链上诉讼环节的自动化。

第三个方面：司法区块链推动网络空间的数据对接与信息共享。司法区块链的第三个方面主要表现为司法区块链平台跨地区、跨领域节点范围的逐步扩大和主体间数据孤岛、价值深井壁垒的不断突破。为了实现区块链技术在司法领域的加速推广和深度应用，杭州互联网法院联合上海市第一中级人民法院、苏州市中级人民法院、合肥市中级人民法院建立了长三角司法链，以推进长三角区域司法的一体化发展。[④] 北京互联网法院的网络空间治理则采取了不同的进路。借助天平链上的节点，包括北京市高级人民法院、司法鉴定中心、公证处、行业组织、大型企业、大型互联网平台等在内

---

① 杨东、徐信予：《区块链与法院工作创新——构建数据共享的司法信用体系》，载《法律适用》2020年第1期。

② 参见陈甦、田禾主编：《中国法院信息化发展报告No.5(2021)》，社会科学文献出版社2021年版，第262页。

③ 参见杜宁等：《监管科技：人工智能与区块链应用之大道》，中国金融出版社2018年版，第163页。

④ 参见杜前主编：《互联网司法实践与探索》，人民法院出版社2021年版，第67页。

的17家机构,将天平链升级为2.0版本——从最初的司法存证升级到“业务链、司法链、生态链”多链合一;通过司法治理生态的完善,从源头对企业进行合规监控、案件的快速处理、提升侵权和违法成本,实现了对金融、知识产权等行业的强司法保护。[①]

杭州互联网法院开发的区域司法区块链一体化和北京互联网法院推动的司法治理生态一体化代表了司法区块链网络空间治理的两个面向。详言之,互联网法院借助区块链及相关技术,一方面,在法院系统内部进行跨地域、跨层级的合作;另一方面,通过法院系统与外部机构合作,改进司法服务生态、延伸司法职能,以推动审判能力和审判体系现代化的方式来逐步推进网络空间的有效司法治理。

二、“区块链+司法”的产生背景

(一)“区块链+”科学表述的确立

2019年10月24日,中共中央政治局就区块链技术发展现状和趋势进行第十八次集体学习。中共中央总书记习近平在主持学习时强调,“区块链技术的集成应用在新的技术革新和产业变革中起着重要作用。我们要把区块链作为核心技术自主创新的重要突破口,明确主攻方向,加大投入力度,着力攻克一批关键核心技术,加快推动区块链技术和产业创新发展”[②]。

通过习近平总书记的本次讲话,“区块链+”的科学表述得以正式确立。习近平总书记在讲话中强调要探索“区块链+”在民生领域的运用,尤其是“要探索利用区块链数据共享模式,实现政务数据跨部门、跨区域共同维护和利用,促进业务协同办理,深化‘最多跑一次’改革,为人民群众带来更好

---

① 参见陈甦、田禾主编:《中国法院信息化发展报告No.4(2020)》,社会科学文献出版社2020年版,第312页。

② 《把区块链作为核心技术自主创新重要突破口加快推动区块链技术和产业创新发展》,载《人民日报》2019年10月26日,第1版。

的政务服务体验”①。此后,区块链在任何既有领域中的应用,几乎都可以使用“区块链+该领域名称”的方式进行表述。

（二）区块链被纳入“新基建”的范围

2020年4月20日,国家发展和改革委员会创新和高技术发展司对新型基础设施的范围加以明确,包括信息基础设施、融合基础设施、创新基础设施三方面内容。在顶层设计层面对于新基建的界定中,区块链与人工智能、云计算等新技术基础设施被列入“信息基础设施”的范围。在区块链被纳入“新基建”的范围以后,我国将区块链等技术作为数字经济核心基础设施的态度得到了进一步明确,从而对政府部门、司法机关和公共服务机构的区块链应用工作形成更为清晰的指引与明确的导向。

（三）“区块链+司法”概念的提出

2019年,最高人民法院在《中国法院的互联网司法》白皮书中,第一次提出了“区块链+司法”的概念。② 此时,“区块链+司法”模式主要指电子证据链上存证方式的创新应用。2021年1月8日,最高人民法院发布了《海南贸易港建设意见》。该意见指出,“积极探索‘区块链+司法’模式,推进司法链在智慧海南建设中的试点应用,完善电子诉讼规则,推动互联网技术与审判方式、诉讼制度深度融合”③。该意见不仅再次强调加快推进“区块链+司法”建设的重要意义,不断丰富“区块链+司法”概念的基本内涵,也明确指出应进一步推进区块链与司法相融合的广度与深度。应当说,“区块链+司法”概念的提出,既是我国人民法院深入理解区块链技术原理的认识成果,也是司法体制改革不断深化和互联网司法治理全面推进的重要成就。

---

① 《把区块链作为核心技术自主创新重要突破口加快推动区块链技术和产业创新发展》,载《人民日报》2019年10月26日,第1版。

② 参见最高人民法院编:《中国法院的互联网司法》,人民法院出版社2019年版,第18页。

③ 《最高人民法院关于人民法院为海南自由贸易港建设提供司法服务和保障的意见》,载最高人民法院网2021年1月15日,https://www.court.gov.cn/xinshidai-xiangqing-284531.html。

三、“区块链 + 司法”的内涵

（一）从“司法区块链”到“区块链 + 司法”的发展

结合上文有关“区块链 + 司法”与“司法区块链”（“司法链”）的梳理，下述有关“区块链 + 司法”概念的判断大致可以成立：由区块链在司法场景中的试点应用所形成的“司法链”构成了“区块链 + 司法”概念的实践基础；“区块链 + 司法”内涵的确立也得益于理论界对“司法链”认识的不断深化。具体而言，从“司法链”应用到“区块链 + 司法”的发展，主要体现在以下四个方面。

第一，从二者提出的时间来看。早在 2018 年 9 月，我国的互联网法院便展开了司法链的探索应用。经过一年的实践和尝试，“司法链”的三个方面已经大体成形，即电子证据的司法存证平台、诉讼环节的试点应用和网络空间的数据对接与信息共享。

在习近平总书记发表有关区块链发展问题的重要讲话以后，区块链技术的战略价值得到了党和国家的高度肯定。在此背景下，最高人民法院提出了“区块链 + 司法”的概念。相较于尚处在探索和试点阶段的“司法链”而言，“区块链 + 司法”既是国家区块链发展战略的组成部分，也是在前期探索与试点基础上的理论深化。

第二，从二者的技术定位来看。在创建“司法链”的阶段，区块链主要被视为一项推动智慧司法建设的“新工具”。“司法链”的三个方面大致都属于人民法院根据区块链的分布式存储和难以篡改的技术优势，在特定司法场景中所建立的技术应用。在区块链被列入“新基建”之后，它在数字社会中的基础性地位得以确立。“区块链 + 司法”概念的提出，意味着人民法院需要在数字经济的新条件、新型法律纠纷的新场景和智能社会的新环境中探索链上司法程序的新规则、司法技术应用的新规律和互联网司法治理的新制度。

第三，从二者设立的目标来看。综观“司法链”的众多成果，无论是“天平链”“网通法链”“类案智审”“‘5G+区块链’的涉网执行”还是“E链智执”等,[①]都是人民法院针对法律关系不复杂、对电子证据有较高要求的案件,就数据信息的存证、验证、监督和执行等环节,运用区块链技术所开发的创新应用。对于“区块链+司法”的概念,最高人民法院则将其定位于“司法模式”的创新。最高人民法院在《海南贸易港建设意见》中明确提出“积极探索‘区块链+司法’模式”的要求,对新型司法模式设定的目标包括但不限于,诉讼程序在区块链上的改造升级和区块链与司法制度深度融合的制度创新。这意味着,“区块链+司法”不再是以开发服务于诉讼实践的“区块链应用”为目的,而是以探索区块链上的“新型司法模式”为己任。

第四,从二者包含的内容来看。“司法链”的三个方面或者三个应用板块,基本上囊括了它的主要内容。而最高人民法院在《海南贸易港建设意见》中对于“区块链+司法”规定其首先是“推进司法链在智慧海南建设中的试点应用”[②]。也就是说,“司法链”的应用是包含在“区块链+司法”的内容之中的。此外,除了要完善电子诉讼规则、探索新技术与诉讼制度的融合以外,《海南贸易港建设意见》还要求“区块链+司法”这一新型司法模式应当推动社会信用体系建设,推动诉调对接的新应用模式和现代公共法律服务体系建设,推动司法与立法、执法、守法、普法等方面数据的整合运用等。[③]

可见,“区块链+司法”模式不仅应当像以往的司法模式那样探索审判方式、诉讼制度和裁判规则的创新,而且需要在数字经济和智能社会中担负起互联网司法治理的职能和使命。

---

① 参见陈甦、田禾主编:《中国法院信息化发展报告 No.4(2020)》,社会科学文献出版社2020年版,第326页。

② 《最高人民法院关于人民法院为海南自由贸易港建设提供司法服务和保障的意见》,载最高人民法院网2021年1月15日,https://www.court.gov.cn/xinshidai-xiangqing-284531.html。

③ 参见余来文等编著:《智能时代:人工智能、超级计算与网络安全》,化学工业出版社2018年版,第211页。

(二)“区块链 + 司法”内涵层次

1.“区块链 + 司法”内涵的三个层次

“区块链 + 司法”的内涵,并非来源于官方的界定或学术界的预设,而是在国家区块链发展战略与互联网司法治理实践的深度融合中逐步丰富和发展起来的。从“司法链”到“区块链 + 司法”的提出,再到后者内容的不断扩展,最高人民法院有关“区块链 + 司法”概念的认识已经经历了三次重大的深化。每一次认识的深化,都为“区块链 + 司法”概念的内涵增添了新的层次。

第一层,在线诉讼机制。最高人民法院于 2019 年 12 月编写并出版的《中国法院的互联网司法》白皮书,在总结“司法区块链”创新电子证据在线存证方式的基础上,首次提出“区块链 + 司法”的概念。白皮书指出,区块链与大数据、云计算、人工智能等新兴技术,正在推动“互联网时代诉讼流程和司法模式的革命性重塑”[①]。白皮书对“区块链 + 司法”的认识正经历从“区块链存证应用”到“新型司法模式”的转变,并将其定位于互联网司法在线诉讼机制的完善。事实上,当前“区块链 + 司法”的大多数建设成果都属于在线诉讼机制的范畴。

第二层,司法体制综合配套改革。最高人民法院于 2020 年 3 月印发《关于人民法院贯彻落实党的十九届四中全会精神推进审判体系和审判能力现代化的意见》,并明确要求坚持司法工作与现代科技深度融合,通过智慧服务、智慧管理水平的提升深化司法体制综合配套改革。实践中,北京法院在区块链应用试点建设中,通过电子档案上链存证、法律文书上链验证等创新,正在将链上司法管理从单点向全流程应用扩展。随着人民法院的信息化与司法体制改革的紧密结合,“区块链 + 司法”模式与人民法院工作的深度融合,正在延伸至司法体制综合配套改革的各个领域。

第三层,互联网司法的社会治理。《中国法院的互联网司法》白皮书指出,随着互联网产业和新兴技术与经济社会发展的深度融合,中国法院的工作重心由“审判机制创新”向推动“互联网司法治理”的方向演进。互联网

---

① 最高人民法院编:《中国法院的互联网司法》,人民法院出版社 2019 年版,第 16 页。

司法治理的范围非常宽泛，除了在线诉讼、司法体制的信息化改革以外，还包括人民法院主导的诉源治理和社会治理。实践中，杭州互联网法院已建成全国首个“跨地域、跨法院、跨层次”的司法联盟链，正在通过区域司法一体化推动长三角地区数据、信用和市场一体化的进程。可以预见，无论是国家治理现代化的战略要求，还是区块链技术应用的内在规律，都将推动“区块链 + 司法”深入互联网司法治理的各个领域，包括全面提升互联网法院的社会治理能力。

2. “区块链 + 司法”内涵的六个部分

“区块链 + 司法”是一个全新的概念，目前学术界还没有对其内涵进行理论上的界定。鉴于此，借鉴有关互联网司法“基本内涵”的解释将不失为一种有益的选择。

对于互联网司法基本内涵的界定，最高人民法院原副院长李少平大法官提出了“模式与规范”的二要素理论。他指出互联网司法的内涵来源于司法实践的积淀。随着人民法院信息化的加速推进，审判从线下转移到线上，人民法院的案件审理模式、诉讼程序规则和线上裁判规则都发生了深刻变化。他强调，“模式与规范的有机统一”①，构成了互联网司法的基本内涵，具体包括与互联网技术深度融合的审判模式、体现互联网特点的在线诉讼制度和互联网依法治理的实体裁判规则等三部分。② 尽管有关互联网司法的内涵由三部分构成的结论是否能够涵盖互联网司法实践的全貌还值得商榷，但李少平大法官将互联网司法基本内涵划分为“模式与规范”二要素的界定方式的确具有启发意义。

本书借上述二要素理论，采用“模式与规范”相区分的方式对“区块链 + 司法”的基本内涵进行界定。依照前文的“三层次”说，“区块链 + 司法”每一个层次都可以根据“模式与规范”二要素结构进行进一步的细分。因此，

---

① 李少平：《人民法院互联网司法的建设与发展》，载《人民法院报》2021 年 9 月 16 日，第 5 版。

② 参见李少平：《人民法院互联网司法的建设与发展》，载《人民法院报》2021 年 9 月 16 日，第 5 版。

“区块链 + 司法”的基本内涵大致可以分为以下六部分。

第一部分,基于区块链的审判模式。传统审判流程在区块链上的改造升级,是区块链技术在司法场景中最为典型的融合应用,必将构建基于区块链的新型审判模式。

第二部分,体现区块链特点的在线诉讼制度和实体裁判规则。“区块链 + 司法”的首要价值在于及时妥善审理和化解新型互联网纠纷。为此,应当构建基于区块链的电子诉讼规则、区块链证据规则,并确立和完善实体裁判规则。

第三部分,司法体制综合配套改革的区块链模式。按照司法改革与信息化密切结合的要求,将司法体制综合配套改革中需要协同合作和精细化管理的环节建立区块链模式。

第四部分,有关司法体制链上改革的标准和规范。“区块链 + 司法”在推进审判监督管理、廉政风险防控和人民法院的区域协同发展等司法改革的进程中,既需要一般性的标准和流程,也离不开针对具体场景的制度与规则。

第五部分,“区块链 + 司法”的社会治理模式。例如,诉源治理、一站式多元解纷和诉讼服务体系在区块链上的升级再造,在提升司法服务质效的同时,都将创建新的司法治理模式。

第六部分,“区块链 + 司法”参与社会治理的制度与规则。“区块链 + 司法”的社会治理立足于及时、妥善地从源头化解新型互联网纠纷。为此,应当确立和完善基于区块链的诉源治理制度和诉非衔接规则,强化法院裁判的终局效力及其对于多元解纷机制的示范作用,以便促进网络空间治理的法治化。

第二节 “区块链 + 司法”的形成规律

一、“区块链 + 司法”的形成是司法基础设施迭代的必然结果

(一)信息基础设施的迭代必然引发法律基础设施的变革

“法律基础设施”是美国南加州大学的法学、经济学双料教授吉利安·

哈德菲尔德(Gillian K. Hadfield)在《平面世界的规则》一书中提出的重要概念。法律基础设施用以解释法律系统的整体如何因应科技创新和经济社会的变革与发展。法律基础设施的概念被用来描述所有的法律资源,它是指“法律物质材料、组织、规范、信仰和实践等内容的无形的集合”①。法律基础设施的内涵不仅包括法律规则,还包括法律、政策、规划、解决问题的方案以及它们的质量和成本;法律基础设施的外延包括正式的程序和实质性的影响结果。像物质基础设施一样,法律基础设施不是为了个人的需要而建立的,而是众多参与者和使用者共享的“平台”。哈德菲尔德教授有关法律基础设施理论的基本观点是:在经济、社会发展的特定历史阶段,一个国家会基于一定的策略来建立相应的法律基础设施。② 为了适应科技创新和经济社会发展的需要,相对稳定的法律基础设施会通过不断地提升内在的复杂性和成本来保证其处理社会问题的质量。可是,当复杂性的极限被突破,即便处理问题的成本不断上升也无法避免质量递减的时候,为了防止社会的崩溃,国家需要基于新的策略对法律基础设施进行及时调整和深层次的改革。

区块链是互联网之后的新一代信息基础设施。鉴于区块链是继互联网之后可能为经济社会再一次带来深刻变革的“新基建”技术,2020 年 4 月 20 日,国家发展和改革委员会对“新基建”作出了权威解释,将区块链、人工智能、云计算等界定为“新技术基础设施”③的代表。作为“新基建”技术,区块

---

① Gillian K. Hadfield, *Rules For A Flat World*, Oxford, p. 38(2017).

② See Gillian K. Hadfield, *Rules For A Flat World*, Oxford, p. 38(2017).

③ 2020 年 4 月 20 日,国家发改委对“新基建”作出了权威解释。新型基础设施主要包括三大方面内容:一是信息基础设施,包括以 5G、物联网、工业互联网、卫星互联网为代表的通信网络基础设施,以人工智能、云计算、区块链等为代表的新技术基础设施,以数据中心、智能计算中心为代表的算力基础设施等。二是融合基础设施,主要是指深度应用互联网、大数据、人工智能等技术,支撑传统基础设施转型升级,进而形成的融合基础设施,比如,智能交通基础设施、智慧能源基础设施等。三是创新基础设施,主要是指支撑科学研究、技术开发、产品研制的具有公益属性的基础设施,比如,重大科技基础设施、科教基础设施、产业技术创新基础设施等。《新基建,是什么?》,载新华网 2020 年 4 月 26 日,http://www.xinhuanet.com/politics/2020-04/26/c_1125908061.htm。

链与互联网的根本差异归纳起来，主要体现在以下六个方面：

1. 技术构成

互联网是信息与通信（Information and Communications Technology，ICT）技术的一部分，它是构成“消息的传播发送”与“信息的解码与编码”之底座的单一技术；区块链不是一种单独的技术，而是一套技术组合。它是包括点对点（Peer-to-Peer，P2P）网络传输、分布式存储与分布式共识、非对称加密、哈希函数、时间戳、智能合约（Smart Contract）等多种新型技术的有机组合。①

2. 系统优势

借助互联网，信息能够以极低的成本进行传递与共享，因而实现了“信息自由”。区块链能够在不可信的多主体环境中，借助其高度防篡改、历史可追溯、数据隐私安全和智能自动执行等优势，以低成本的方式建立起信任关系，因而实现了“信任自由”。②

3. 整体特征

互联网上的通信与交易仍采用中心化的形式，包括B2B（Business to Business，商家与商家、企业与企业之间的经营模式）、B2C（Business to Consumer，直接面向消费者销售产品和服务的零售模式）以及用户间在“中心化”网络平台上进行的交易；由于区块链解决了“信任自由”的问题，以往需要以共同信任的机构为中介进行的信息传递和交易，在区块链上可以通过“去中心化”的形式来完成，从而实现了严格意义上的P2P（Peer-to-Pee，点对点网络借款，是一种将小额资金聚集起来借贷给有资金需求人群的一种民间小额借贷模式）交易。

4. 经济形态

互联网是平台经济，在此商业模式中必然有一个总的控制者，承担主要

---

① 参见朱嘉明：《未来决定现在区块链·数字货币·数字经济》，山西人民出版社2020年版，第231页。

② 参见赵刚、张健：《数字化信任：区块链的本质与应用》，电子工业出版社2020年版，第192页。

责任并获取大部分利润;区块链是一种分布式的存储技术,有助于为各利益相关者形成共建、共治和共享的商业或治理模式提供技术支撑。

5. 盈利模式

互联网商业模式的盈利方式是流量变现,平台需要围绕流量来提供产品或服务,以体现自身的价值;区块链将在可信数据的基础上,通过数据变现的方式来实现盈利。人工智能以可信数据为基础,并以后者来训练算法,进而将获得更多的数据,再通过新的可信数据的交换来完成变现。

6. 商业核心

互联网的成功在于信息互联。通过大量的信息实现对用户的精准画像,进而完成精准匹配,从而以极低的匹配成本大幅提升交易的成功率;区块链是不依赖主体信任的生态化商业模式,它的核心竞争力在于搭建各方参与共治的商业生态,以便创造出大规模协作的场景。

包含区块链技术在内的"新技术基础设施"必将成为我国未来的数字经济、数字社会和数字政府得以建立的技术基础和运行平台,[①]因而它也将在很大程度上影响乃至决定未来数字化智能化社会的法律基础设施。[②] 可以肯定,以区块链为代表的"新技术基础设施"构成了哈德菲尔德教授所称将"决定法律基础设施变革"的"新策略"。当然,作为"新策略"的区块链并不会取代互联网,而是要发挥自身的技术特点和作为信息基础设施的优势,支持新的数字技术的开发和新的商业模式的创建。新技术形态与新商业模式的应用又将反过来加速推进法律基础设施的变革。

(二)"区块链+司法"的出现是因应司法基础设施变革的必然结果

基于区块链技术的新型纠纷已经超出了传统司法的调整范围,因此有必要对区块链技术与司法的管理进行新的思考和解读。借助"法律基础设施"理论的分析方法可以发现,"区块链+司法"的出现因应司法基础设施的

---

① 参见杜宁等:《监管科技:人工智能与区块链应用之大道》,中国金融出版社 2018 年版,第 63 页。

② 参见唐文剑、吕雯等编著:《区块链将如何重新定义世界》,机械工业出版社 2016 年版,第 158 页。

变革，是遵循“新技术→新基建→新纠纷→新救济”发展规律的必然结果。①

1. 法律基础设施理论的“复杂性”标准

当前，区块链交易中至少已经出现以下三类新型争议，在客观上已经超出了传统司法可以容纳的“复杂性”的极限。

第一类，因加密交易而引发的纠纷。区块链采用数据加密的签名机制和哈希（Hash）算法支持的匿名化的数字交易，并使用“公钥 + 私钥”的加密交易方式，有效地保障了用户的隐私与安全。可是，当用户之间对于加密货币、电子钱包和智能合约的解释与执行存在分歧时，司法、仲裁和在线纠纷解决机制皆因其无法适应区块链环境对去中心化、匿名化和开源化的要求而难以适用。此外，因加密性而产生的争议还包括因私钥密码丢失用户无法访问其电子钱包的问题，以及“当家庭成员无法获得死者的密码时而出现的与加密货币相关的继承问题”②。

第二类，因 51% 的攻击和双花攻击而引发的纠纷。理论上，只要有人控制了超过区块链 51% 的算力，他就能够任意更改分布式账本中的交易记录，包括覆盖其他的交易账本，从而导致链上记录的不变性遭到破坏。在当前的实践中，不仅“对小规模加密货币（代币）的 51% 攻击已经频频出现”③，而且，在 51% 攻击基础上还发生了对验证机制进行的双花攻击。因为被攻击而造成分布式账本的完整性遭到破坏，由此产生的赔偿/补偿问题也无法借助传统的或基于互联网的解纷方式获得有效的救济。

第三类，因无法达成共识而引发的纠纷。在链上的去中心化组织因难以达成共识协议，从而导致区块链节点从此断开，并建立相互独立的分布式账本的情况，被称为“分叉”（包括硬分叉和软分叉）。“分叉被视为是解决

---

① See Gillian K. Hadfield, *Rules For A Flat World*, Oxford, p. 39(2017).

② Jean Bacon, *Blockchain Demystified*, 10 (2017), available at https://papers. ssrn. com/sol3/papers. cfm? abstract_id = 3091218。

③ Mike Orcutt, *Once Hailed as Unhackable*, *Blockchains Are Now Getting Hacked*, MIT TECH. REV. (Feb. 19, 2019), available at https://www. technologyreview. com/s/612974/once – hailed – as – unhackable – block – chains – are – now – getting – hacked/.

区块链中无法达成共识时的一种妥协的治理方案”[①]，实际上是无法妥协的结果。可是，分叉也随即引发了新的争议：应由谁来决定分叉的方式？分叉可以有哪些合理的方案？

国际上，上述类型争议的处理都是在区块链环境中完成的。[②] 单纯依靠互联网司法系统“复杂性”的提升已不足以应对新基建平台上的区块链争议。[③] 因为基于互联网的解纷方式与基于区块链的纠纷之间存在的技术鸿沟，是因两种信息基础设施的代际差异而形成的。[④] “新技术”推动“新基建”的形成。建立在“新基建”基础上的经济交往又不可避免导致“新纠纷”的产生。[⑤] 当传统司法方法的内在“复杂性”升级到极致也难以跨越“新基建”的技术鸿沟时，滞后的司法救济将难以“让人民群众在每一个司法案件中感受到公平正义”。

2. 法律基础设施理论的“成本”标准[⑥]

考虑到传统司法或互联网司法均无法使用代码语言中止或变更智能合约的自动执行，因此，即便不断增加当事人以及整个社会的救济成本，也仍然无法保证链上纠纷的解决质效。

一方面，人民法院在强制执行数字资产时也面临技术与法律的双重障碍。就技术而言，人民法院若仅采用互联网技术，则无法将“以自然语言为载体的”法律规则直接适用于“用代码编写”的智能合约，[⑦]人民法院也将无

---

① Jakub J. Szczerbowski, *Transaction Costs of Blockchain Smart Contracts*, 16 L. & FORENSIC SCI. 1, 3 (2018).

② See Sara Hourani, *Access to Justice and Blockchain – Based Arbitration*, 26 No. 2 Disp. Resol. Mag. 20(2020).

③ See RikkaKoulu, *Blockchains and Online Dispute Resolution*: *Smart Contracts as an Alternative to Enforcement*, 13 SCRIPTed 40 (2016).

④ See Wulf A. Kaal & Craig Calcaterra, *Crypto Transaction Dispute Resolution*, 73 Bus. Law. 109 (2017).

⑤ See Nathan Fulmer, *Exploring the Legal Issues of Blockchain Applications*, 52 Akron L. Rev. 161(2018).

⑥ See Gillian K. Hadfield, *Rules For A Flat World*, Oxford (2017). p. 220(2017).

⑦ See RakhilKalantarova, *The Ongoing Speculation About Smart Contracts*: *Smart Enough to Replace Third Party Arbitrators, or is 'Smart' Just a Misnomer?*, 21 Cardozo J. Conflict Resol. 551 (2020).

法基于互联网的信息基础设施，强制执行区块链上的数字加密资产。就法律而言，2017 年中国人民银行等七部门联合发布的《关于防范代币发行融资风险的公告》否定了比特币在我国与法定货币的兑付、交易的合法性。我国首例比特币仲裁裁决案因违反社会公共利益被深圳市中级人民法院撤销的结果，也进一步表明：在债务人无法返还比特币的情况下，因现行法律不支持代币、虚拟货币与法定货币的交换，债务人不能使用与该虚拟货币等价值的人民币（或美元）予以偿付。这意味着，为了实现数字货币的债权人的合法权益，权利人必须承担高昂的救济成本，仲裁机构和人民法院也不得不花费大量的公共司法资源。简言之，互联网技术不支持人民法院直接对加密数字资产的强制执行，现行规范也不支持用数字代币折价人民币的赔偿方式。当事人与司法机关通过单纯提升救济成本的方式来解决法律基础设施层面代际差异的路径基本上是行不通的。如果司法不能跨越“从互联网到区块链”的技术鸿沟，那么，智能合约纠纷的解决质量将无从谈起。①

另一方面，不具有强制执行权的在线纠纷解决机制对于智能合约纠纷也缺乏有效的拘束力。在线纠纷解决机制往往以中心化的互联网平台的存在为前提，在线纠纷解决裁决本身虽然没有强制执行的权力，但是，互联网平台对作为其用户的争议主体具有一定程度的拘束力。互联网平台可以通过施以惩戒的方式要求拒不执行裁决的败诉一方履行裁决的结果。② 可是，智能合约的当事人是在无中介的情况下通过 P2P 直接进行数字资产的加密交易。如果采用在线纠纷解决机制来解决智能合约纠纷，由于裁决方无法触及智能合约，而且它们既不具有强制执行的权力，也不具备互联网平台那种惩戒不履行裁决当事方的能力，③在线纠纷解决机制对智能合约纠纷的当事人没有任何形式的拘束力，它在区块链环境下，只能是一种救济成本畸高

---

① See Michael Buchwald, *Smart Contract Dispute Resolution: The Inescapable Flaws of Blockchain – Based Arbitration*, 168 U. Pa. L. Rev. 1369(2020).

② See Nathan Fulmer, *Exploring the Legal Issues of Blockchain Applications*, 52 Akron L. Rev. 161(2018).

③ See Noah Webstera & Aaron Charfoos, *How the Distributed Public Ledger Affects Blockchain Litigation*, 37 No. 1 Banking & Fin. Services Pol' y Rep. 6(2018).

而解纷“收益”有限的争议解决途径。

由于在区块链“新基建”平台上必将产生新的商业模式和经济形态，传统的司法基础设施已很难通过内在复杂性的升级或提升成本的方式来高质量地解决区块链商业模式中出现的新型纠纷。美国达拉斯黑莓(Blackberry)公司的法律顾问诺亚·韦伯斯特(Noah Webster)和芝加哥众达律师事务所(Jones Day)的合伙人亚伦·查福斯(Aaron Charfoos)指出，分布式区块链组织对传统的诉讼形式具有先天的抵抗力，“对一个分布式组织提起诉讼是很困难的，因为没有一个人或实体对整个组织负有责任。……分布式组织中独立运行的成员在另一个成员被移除时仍将继续运行，因此法院很难命令任何一个成员为整个组织负责”。[①] 链上商业组织之间的新型纠纷与传统司法之间在基础设施上的代际差异和技术鸿沟已不可回避。因此，“区块链+司法”的产生，既符合法律基础设施理论的一般规律，也是人民法院对于区块链“新技术”、“新基建”和“新纠纷”迅猛发展的一种积极回应。

二、“区块链+司法”的形成是智慧司法技术集成发展的必然要求

(一)“区块链+司法”将助力“司法大数据”的广泛应用

1. 人民法院司法大数据的应用现状

近年来，在信息化和智慧司法建设的进程中，人民法院积极推动司法大数据集中管理和服务平台建设，在提升司法数据共享和关联能力、推动司法专题研究、服务司法审判实践、服务多元化纠纷解决机制和服务经济社会发展等方面进行了有益的探索，大数据应用也取得了显著的进展。最高人民法院已经建成了21个本级核心应用系统。[②] 这些应用系统向大数据平台汇聚数据的完整性达到99%；最高人民法院也已经从国家电子政务外网获取

---

① Noah Webster & Aaron Charfoos, *How The Distributed Public Ledger Affects Blockchain Litigation*, Banking & Financial Services Policy Report, January, 2018.

② 参见李志杰、郭杰群、王阳雯：《区块链+：重构与赋能》，格致出版社、上海人民出版社2021年版，第159页。

了3项外部数据资源,数据共享、关联和交换服务的能力不断提高。2019年,“司法大数据平台向全国法院干警和应用系统的日均服务超过100万次,仅最高人民法院在聚焦社会热点重点问题方面的专题研究成果便高达160项”①。全国大部分法院在应用的量刑规范化辅助功能,正是基于大数据分析类似案件量刑幅度并为个案提供量刑的参考范围,类案异判的风险大幅降低。② 各地法院也在通过司法大数据从诉讼角度发现经济社会的问题。例如,运用电子卷宗和裁判文书标注工具,提取非结构化信息,对盗窃、毒品、金融借贷等案件的总体态势、高发时间、高发区域等进行风险评估的多维度研判,为经济发展和社会治理提供了有益的司法建议。

尽管全国法院系统在司法大数据应用方面取得了长足进步,但是,司法大数据应用的成果仍落后于人民群众的期待,大数据分析及其所依赖的各项技术还受到诸多的限制。首先,数据安全的风险依然存在。人民法院所汇聚的司法信息,通常包括当事人的姓名、性别、住址、电话、证件号码、银行账户等关键信息,可以形成详尽的个人数据。然而,“数据一旦遭到入侵和泄露就会造成指数级的灾难”③。例如,企业的财务账簿、经营内容当作证据材料提交后被入侵,可能会造成商业秘密的泄露;“当事人身份资料遭盗用会形成虚假诉讼”等。④ 司法数据的安全问题不仅可能会给当事人造成难以挽回的损失,而且可能引发信访风险,危及人民法院的司法公信力。其次,人民法院大数据平台获取数据的质量仍有待提高。大数据在法院系统内部的流转仍存在纰漏。最高人民法院与地方人民法院不同系统的数据仍无法有效联通。全国通用数据管理平台与地方法院的数据之间尚存在数据遗

① 陈甦、田禾主编:《中国法院信息化发展报告 No. 4(2020)》,社会科学文献出版社2020年版,第74页。

② 参见王焕然、常晓磊、魏凯:《区块链社会:区块链助力国家治理能力现代化》,机械工业出版社2020年版,第211页。

③ [美]凯文·韦巴赫:《区块链与信任新架构》,杨东等译,机械工业出版社2020年版,第214页。

④ 参见孙晓勇:《司法大数据在中国法院的应用与前景展望》,载《中国法学》2021年第4期。

漏、重复,[①]无法完全做到数据的高度一致。法院与金融机构、监管部门、其他司法机关之间的共享仍然不畅。最后,人民法院管理和整合数据的内容还比较有限。现阶段的司法大数据分析主要还是对案件信息的分析,缺少与外部数据的共享和关联。[②] 就案件信息的分析利用而言,主要还停留在司法统计的层次,无法做到对数据的深度挖掘和自动化、智能化的大数据分析。[③]

2.“区块链+司法”有助于解决“司法大数据”应用中的痛点

(1)提升司法大数据的安全性

“区块链+司法”的首要优势在于,它将为司法大数据提供安全的载体。区块链采用分布式记账的方式,通过高冗余性(占用大量存储空间)为数据提供极高的安全性保障。一方面,区块链参与记账的每一个节点都相互独立且权重一致。[④] 任何一个节点遭到损坏都不会影响其他节点的运行,也不会影响区块链系统的正常运转,系统中存储的数据便不会存在丢失的风险。另一方面,每一个节点拥有的数据区块都具有一致性。[⑤] 一旦某个节点的数据与其他节点的不同,区块链系统会迅速查出并自动认定大多数节点的数据为真实数据,少数节点的数据会被认为是遭到了破坏,因而将被舍弃。在司法区块链系统中,节点都是司法机关、政府部门、公证和鉴定机构、金融单位和大型科技企业。攻击并操控其中任何一个节点都是十分困难的,而控制超过半数的节点、进行51%攻击的可能性是非常小的。[⑥]

---

① 参见陈甦、田禾主编:《中国法院信息化发展报告 No.4(2020)》,社会科学文献出版社2020年版,第76页。

② 参见井底望天等主编:《区块链与大数据:打造智能经济》,人民邮电出版社2017年版,第71页。

③ 参见梁平:《基于裁判文书大数据应用的区域法治化治理进路——以京津冀类案检索机制的构建为例》,载《法学杂志》2020年第12期。

④ 参见杨永强、蔡宗辉、刘雅卓:《区块链+大数据:突破瓶颈,开启智能新时代》,机械工业出版社2019年版,第77页。

⑤ 参见曲强、林益民:《区块链+人工智能:下一个改变世界的经济新模式》,人民邮电出版社2019年版,第196页。

⑥ 参见杨永强、蔡宗辉、刘雅卓:《区块链+大数据:突破瓶颈,开启智能新时代》,机械工业出版社2019年版,第39页。

（2）保障司法大数据的完整性

首先，区块链是以分布式记账的方式记录信息的，排除了第三方平台的参与，因而也就规避了因第三方的因素造成数据遗漏的风险。其次，区块链上的每一个数据都是全系统记录的，任何一个单独的节点都不可能改变链上的数据。节点之间可以相互验证数据的有效性，[①]从而有力地维护了数据的完整性和真实性。最后，如果每个数据从源头开始便在区块链上记录，那么，任何一个节点都会存储数据流通的全流程信息，相当于“全程留痕”。把各个节点中记录的数据流通信息串起来，就可以掌握这项数据的完整的流通清单，做到数据在链上的公开透明、可追溯。借助完整的数据及其可追溯的路径，司法维权、确权将变得简单明了。

（3）保障司法大数据的私密性

其一，哈希函数可用于司法数据的加密。在区块链中，每一个区块的头部都包含了前一个区块的完整信息。为了安全的需要，区块链采用的哈希算法对前一个区块的信息进行了加密。采用哈希算法加密后将得到一个256 位的二进制数字，即哈希值。由于哈希算法不可逆，也就是说不可能通过哈希值反向推导出最初的数据，避免了原始数据泄露的风险。[②]

其二，非对称加密算法（Asymmetric Cryptographic Algorithm）可用于验证数字身份。区块链用来确保数字签名正确性的密码学技术是非对称加密算法。非对称加密算法设计了两个密钥，即公开密钥和私有密钥。公钥用来对数据进行加密，只有相对应的私钥才能解密。用户通过自己私钥，既可以用来证明自己对数据的权利，也可以将数据的访问权限定在获得私钥的人或机构中，进一步降低了数据泄密的概率。同时，区块链会自动记录每一次访问数据库的信息，一旦发生侵权行为，便可立即确定责任人，链上的记录也将成为证明侵权的有效证据。[③]

---

① 参见范捷、易乐天、舒继武：《拜占庭系统技术研究综述》，载《软件学报》2013 年第 6 期。

② 参见长铗、韩锋等：《区块链：从数字货币到信用社会》，中信出版社 2016 年版，第 59 页。

③ 参见曲强、林益民：《区块链＋人工智能：下一个改变世界的经济新模式》，人民邮电出版社 2019 年版，第 47 页。

其三,零知识证明(Zero—Knowledge Proof)技术可用于保障数据的私密性。零知识证明是指不需要借助任何数据就能够完成整个证明过程的技术。① 它是目前最强大的保护区块链数据的解决方案。零知识证明技术可以用在区块链上的所有应用之中。除了唯一正确的数据,其他任何数据都无法破坏加密数据。零知识证明技术不仅能有效保护私密数据,而且可以为用户提供诸多便利。例如,用户在无须了解更多交易信息的情况下,就可以验证多项加密数据。②

其四,安全多方计算(Secure Muti - Party Computation)技术可用于分析加密的原始数据。安全多方计算技术是指“一种在保护输入数据私密性的前提下实现用户要求的计算技术”③,也就是在不接触原始数据的前提下完成的数据分析。安全多方计算技术“允许多个数据所有者在互不信任的情况下进行协同计算,输出计算结果,并保证任何一方均无法得到除应得的计算结果之外的其他任何信息”④。易言之,通过安全多方计算技术可以获取数据的使用价值,却不需要透露原始数据完整内容。⑤ 在司法区块链上,通过安全多方计算技术可以在不涉及当事人私密数据的前提下,完成对于案卷或当事人资料的分析运算,既保护了当事人的隐私,又可以顺利完成司法大数据的分析工作。在避免敏感数据泄露的前提下完成司法大数据分析,既有效地维护了人民法院的司法公信力,又可以帮助人民法院与外部机关实现数据共享,从而破解了司法大数据面临的“数据孤岛”难题。

---

① 参见李龚亮、贺东博等:《基于零知识证明的区块链隐私保护算法》,载《华中科技大学学报(自然科学版)》2020年第7期。

② 参见赵精武、周瑞珏:《隐私计算技术:数据流动与数据安全的协同保护规则构建》,载《信息通信技术与政策》2021年第7期。

③ 杨永强、蔡宗辉、刘雅卓:《区块链+大数据:突破瓶颈,开启智能新时代》,机械工业出版社2019年版,第80页。

④ 赵精武、周瑞珏:《隐私计算技术:数据流动与数据安全的协同保护规则构建》,载《信息通信技术与政策》2021年第7期。

⑤ 参见刘峰、杨杰等:《一种基于区块链的泛用型数据隐私保护的安全多方计算协议》,载《计算机研究与发展》2021年第2期。

3.“区块链 + 司法”与“司法大数据”的融合应用是技术发展的必然趋势

在“区块链 + 司法”的系统中广泛、深度地应用司法大数据技术，不仅可以解决司法大数据应用的痛点，而且有助于进一步释放智慧诉讼服务的潜能。

首先，“区块链 + 司法”可以节省用于中央数据库的建设成本。随着司法数据呈指数级激增，按照现有司法大数据的模式，人民法院不得不投资建设更大型的中央数据库和处理器，以便存储足够多的司法数据并保证数据的高速传输。而在“区块链 + 司法”的模式中，人民法院可以通过分布式存储的方式，把司法数据资源分割存储在链上的多个硬盘中。[①] 分布式存储技术将显著降低因司法数据剧增给中央数据库带来的容量不足的风险，从而提高司法资源的有效利用率，降低人民法院的司法成本。

其次，“区块链 + 司法”可以实现司法数据的同步共享。“区块链 + 司法”可以提供分布式计算的方法以有效提高司法大数据分析的算力，解决信息获取与传输中的迟滞性问题。分布式计算就是将大量的数据分派给多台计算机进行分工计算，然后汇总所有结果。算力的大幅提升将降低计算机的运行负载，减少崩溃的概率，可以实现司法数据的同步共享、同步运算，解决司法大数据分析的滞后性问题。

再次，“区块链 + 司法”可以推动司法大数据服务于审判、管理和监督工作。在算力、储能和安全性均大幅提升以后，司法大数据可以被广泛应用于人民法院的审判实践、审判管理和审判监督工作。在“区块链 + 司法”的模式中，“全院全员全程”化的审判监督工作将成为常态。[②] 在“全院全员全程”审判监督管理的每一个环节，在审判监督的风险点上，运用大数据分析并进行风控提示，将有效保障司法工作人员的廉洁性，降低违法、违规和司

---

① 杨永强、蔡宗辉、刘雅卓：《区块链 + 大数据：突破瓶颈，开启智能新时代》，机械工业出版社 2019 年版，第 77 页。

② 参见陈甦、田禾主编：《中国法院信息化发展报告 No. 4（2020）》，社会科学文献出版社 2020 年版，第 76 页。

法腐败产生的概率,从而增强人民法院的透明度和公信力。

最后,“区块链+司法”可以推动司法大数据的广泛应用。《中国法院“司法大数据”应用第三方评估报告(2019)》中指出,“司法大数据要真正落地,需要……将数据转为服务和产品,才能真正服务公众、服务经济社会发展大局”①。《关于深化人民法院司法体制综合配套改革的意见——人民法院第五个五年改革纲要(2019—2023)》(以下简称《五五改革纲要》)提出,人民法院应“研发智能辅助软件”,为当事人提供自助评估、查询和咨询服务。“区块链+司法”可以将司法大数据分析的使用成本降低至公众服务的水平。② 于是,在保障数据安全性的前提下,司法大数据的落地应用有助于更好地使司法为人民服务,从而有效地减轻人民群众的讼累。

(二)“区块链+司法”将推动司法人工智能服务的深化

1. 人民法院司法人工智能的最新进展

司法人工智能在这里主要指人工智能在服务于审判体系和审判能力现代化方面的应用,即对应“智慧法院”的建设。③ 司法人工智能在推动司法改革方面的进展显著,主要体现在以下三个方面:

第一,在智慧审判方面,电子卷宗随案同步生成及其向办案系统的实时上传,为全流程网上智能办案奠定了技术基础。服务于全国法官的网上办案系统实现了从立案、审判到归档的全流程信息管理。人民法院内部工作的信息管理平台上线应用,实现了对人、事、案等信息的全程检测和智能分析。④ 数字审委会的建设实现了审判委员会工作的全程留痕、可视化展示和审议结果的同步生成、自动归档。智审系统协助法官自动生成制式文书,自动编辑起诉状、答辩状和笔录中的信息并生成案件事实。最高人民法院上

---

① 陈甦、田禾主编:《中国法院信息化发展报告 No. 4(2020)》,社会科学文献出版社 2020 年版,第 76 页。

② 参见长铗、韩锋等:《区块链:从数字货币到信用社会》,中信出版社 2016 年版,第 168 页。

③ 参见孙占利:《运用区块链推进智慧法院建设研究》,载《法律适用》2020 年第 1 期。

④ 参见陈甦、田禾主编:《中国法院信息化发展报告 No. 4(2021)》,社会科学文献出版社 2021 年版,第 34 页。

线的类案推送系统精确性不断提高，并新增了同案不同判预警系统。在智慧庭审方面，音视频自动采集、语音识别自动转化文字、庭审排期自动化等已构建出无纸化的庭审模式。

第二，在智慧执行方面，不断升级的执行办案系统，实现了与审判办案平台的数据对接，并具备信息自动回填、违规行为自动冻结等功能。网络执行查控系统由最高人民法院主导的全国统一“总对总”执行查控，进一步延伸出地方法院“点对点”执行查控的辅助系统。① 通过省级法院与同级地方的住房公积金管理中心、公安厅交管局、规划和自然资源委员会建立起“点对点”的查控机制，实现了对被执行人名下住房公积金、车辆和房产的网上查封、续封和解封。智能执行分析系统引入司法大数据分析，②通过对海量碎片化数据进行关联性、类型化分析，实现了对被执行的人数据画像，③从而能够精准匹配执行措施。

第三，在智慧诉讼服务方面，全国法院基本实现了诉讼业务服务的全业务、全流程和全系统的全面覆盖。在城市，当事人、律师可以通过智慧诉讼服务系统进行法律法规查询、诉前调解咨询和立案信息自助填报等。④ 在乡村、社区，建立诉讼服务站点，加强巡回服务、送法上门。当事人通过下载App、扫描二维码、搜索小程序等方式，均可完成立案、缴费、查询等业务，远程、在线、移动立案成为新常态。最高人民法院将在线调解平台建设作为智慧法院建设的重点内容之一。人民法院调解平台实现了在线调解、在线签订调解协议、在线司法确认的全流程服务的在线完成，大量纠纷的诉前化解大幅减轻了当事人诉累，也节约了人民法院的诉讼资源。

---

① 参见陈甦、田禾主编：《中国法院信息化发展报告 No. 4（2021）》，社会科学文献出版社 2021 年版，第 68 页。

② 参见蔡恒进、蔡天琪、耿嘉伟编著：《人机智能融合的区块链系统》，华中科技大学出版社 2019 年版，第 95 页。

③ 参见陈甦、田禾主编：《中国法院信息化发展报告 No. 4（2021）》，社会科学文献出版社 2021 年版，第 73 页。

④ 参见马靖云：《智慧司法的难题及其破解》，载《华东政法大学学报》2019 年第 4 期。

2. 人民法院司法人工智能当前存在的问题

智慧法院建设在提升审判、执行质效,提升当事人司法服务获得感方面发挥了积极的作用。但是司法人工智能在数据、算力和算法三个关键点上仍存在一系列亟待解决的难题。[①]

第一,司法人工智能所需数据的质量仍有待优化。其一,司法数据的范围仍然有限。受司法统计工作的思维限制,司法数据采集的范围仍以案件信息为主,与案件相关的边缘信息还未纳入数据采集的范围。例如自动履行的情况,当事人对判决的满意度,社会舆论对审理、裁判的反应等。其二,裁判文书的数据不全面、公开不及时。尽管当前中国裁判文书网中公开的裁判文书以日均5万份的速度增长,[②]但一定数量的生效判决仍未公开,导致案件数据的全面性不足;裁判文书上网公开的周期较长,若遇到案件集中等问题,可能导致参评文书要么不公开,要么打包迟延公开,裁判文书迟延公开导致数据分析的及时性大打折扣。其三,司法数据清洗尚未常态化。由于新法出台、旧法修改,以及司法解释、裁判规则、指导案例不断发布,导致一些司法数据存在瑕疵甚至是错误,从而影响人工智能机器学习的可靠性。其四,数据壁垒仍需进一步打破。人民法院与其他相关部门的协同仍然有限,数据共享的标准不够、数据共享的经验不足。此外,数据共享是具有国家战略意义的重大工程,对此,人民法院一家的力量十分有限。

第二,司法人工智能需要强大的算力作为技术保障。对于司法人工智能而言,算力主要是指数据的处理能力,它相当于人工智能应用的动力和引擎。[③] 司法人工智能的开发需要处理大量的文字、图片、音频和视频,训练需要导入具体的司法场景。不仅过程复杂,而且运算量巨大,需要“高配置的

---

① 参见刘曦子:《区块链与人工智能技术融合发展初探》,载《网络空间安全》2018年第11期。

② 参见陈甦、田禾主编:《中国法院信息化发展报告 No. 5(2021)》,社会科学文献出版社2021年版,第86页。

③ 参见刘权主编:《区块链与人工智能:构建智能化数字经济世界》,人民邮电出版社2019年版,第125页。

CPU、GPU、FPGA 等硬件资源”[①]。司法人工智能要处理海量的司法数据，因而对算力的需求很高，对计算定制深度学习的芯片及设备的要求也非常高。因此，人民法院或者自建大量的计算中心，或者购买、租用算力，但无疑都需要大量司法资源的投入。

第三，司法人工智能既面临着算法规制的世界性难题，也亟待解决科学算法匮乏的本土性课题。[②] 算法的不透明、内在偏见等黑箱问题，[③]以及算法开发人员的主观恶意都会导致不公正结果的出现。[④] 因此，对算法的规制已成为世界各国多个专业学者和专家普遍关注的问题。那么，应当如何理解算法规制的概念呢？英国伯明翰大学凯伦·杨教授、马丁·洛奇教授有关算法规制的定义在学界比较有影响力：“算法规制是规制某一领域行为的决策系统，利用从无数的、与受到规制的环境相关的动态组建中（实时和持续）产生和直接收集的数据，实现知识的计算生成，借此达成以下三个目的：（1）管控风险；（2）改变行为；（3）确认和（如有必要）自动优化（或提示优化）系统操作，以便实现预定目标。”[⑤]此外，一些专家还注意到，由于我国人工智能建设起步晚、发展时间短、专业人才匮乏等因素，我国还面临“人工智能核心算法缺失”的问题。[⑥] 这导致我国在人工智能基础理论、核心技术等领域距离国际前沿仍存在较大差距。

3.“区块链 + 司法”将为司法人工智能的困局提供可行的破解方案

首先，“区块链 + 司法”将为司法人工智能提供全面、及时、安全的高质

---

① 赵馨、赵甜等：《区块链应用于人工智能的前景探析》，载《网络空间安全》2020 年第 11 期。

② 参见丁晓东：《论算法的法律规制》，载《中国社会科学》2020 年第 12 期。

③ 参见郑智航、徐昭曦：《大数据时代算法歧视的法律规制与司法审查——以美国法律实践为例》，载《比较法研究》2019 年第 4 期。

④ 参见赵馨、赵甜等：《区块链应用于人工智能的前景探析》，载《网络空间安全》2020 年第 11 期。

⑤ ［英］凯伦·杨、［英］马丁·洛奇编：《驯服算法：数字歧视与算法规制》，林少伟、唐林垚译，上海人民出版社 2020 年版，第 5 页。

⑥ 参见刘曦子：《区块链与人工智能技术融合发展初探》，载《网络空间安全》2018 年第 11 期。

量数据。“区块链＋司法”作为一种新型的司法模式，将推动人民法院全业务、全类型和全流程的数据上链。届时，无论是案件中当事人的主要信息还是案件相关的边缘信息都可以予以全面采集。随着诉讼文书的自动化生成、自动上链，也将有效保障提供给司法人工智能的数据的完整性和及时性。再者，运用智能合约对司法人工智能使用的司法数据设置时间条件，借助数据上链时的时间戳，根据新法律、新司法解释的发布时间，对涉及法律规则变更的数据进行删除或补丁，从而解决了司法数据的实时清理问题。此外，区块链借助前述非对称加密算法、零知识证明、安全多方计算技术等技术实现多方数据隐私安全前提下的数据共享和数据协同计算。[①]

其次，“区块链＋司法”能够为司法人工智能提供分布式的算力支持。[②]司法人工智能通常基于法院自建或者购买的云平台进行知识学习和计算训练。[③] 随着司法数据数量的激增和计算复杂程度的攀升，人民法院对中心化云平台和服务器的计算能力的要求也必然提高，司法成本的投入也随之增大。[④] “区块链＋司法”可以建设成为分布式网络，能够实现算力的去中心化，转变以往人民法院通过不断提高设备性能以解决算力需求的方式。“区块链＋司法”可以利用司法联盟链节点中的闲置资源来运行司法人工智能的神经网络模型，以解决有限的司法资源与不断增长的算力需求之间的矛盾。

最后，“区块链＋司法”可以为司法人工智能的算法规制提供新的解决思路。其一，“区块链＋司法”可以为司法人工智能搭建算法可追溯的“监管区块链”。在保持司法人工智能算法不公开的前提下，“区块链＋司法”模式可以借助自身数据可追溯且难以篡改的特点，将司法人工智能的相关数据

---

① 参见刘曦子：《区块链与人工智能技术融合发展初探》，载《网络空间安全》2018 年第 11 期。

② 参见赵馨、赵甜等：《区块链应用于人工智能的前景探析》，载《网络空间安全》2020 年第 11 期。

③ 参见曲强、林益民：《区块链＋人工智能：下一个改变世界的经济新模式》，人民邮电出版社 2019 年版，第 93 页。

④ 参见季卫东：《人工智能时代的法律议论》，载《法学研究》2019 年第 6 期。

上链，并分成四个环节组成对于算法的“监管区块链”，也就是将人工智能的“准备环节”、“训练环节”、“应用环节”和“后应用环节（或者反馈环节）”搭建在用以专门监管算法的区块链上。通过各环节数据上链且可追溯的优势，可以围绕这四个环节的数据建立起自动比对、实时监管、及时审计的“监管链”，以便及时发现算法歧视、滥用或霸权问题，随后，再根据时间戳来追溯算法并锁定存在算法瑕疵或错误的部分。

其二，“区块链＋司法”可以将“合同规制”的路径转化为“智能合约规制”的路径。凯伦·杨和马丁·洛奇教授在《驯服算法：数字歧视与算法规制》一书中提出了“人工智能风险规制的合同（法）进路”[①]。也就是在合同中制定促进合规的合同条款，来规制人工智能开发人员的行为，比如“规避偏见和歧视”“数据安全”“尊重隐私”等条款。事实上，智能合约正是一种有机器参与的合同执行方式。由于智能合约在一定程度上耦合了人与合同之间的联系，从而增加了人为干预的因素同时也注入了自动化的优势，因此，在一定条件下，“区块链＋司法”把算法的“合同规制”路径，（部分地）移转为“智能合约规制”——通过对进入机器学习的敏感数据进行加密或者设置合规条件——以“法律＋代码”的组合方式来降低算法黑箱的风险。[②]

其三，“区块链＋司法”可以搭建用于开发司法人工智能核心算法的“研发区块链”。除了算法规制这种普遍性问题以外，我国司法人工智能因其特定的场景，还需要解决“核心算法、基础研究滞后”，欠缺新范式、新理念、新方法等问题。[③] 我国司法人工智能的场景具有特殊性，它的结构与人工智能研发市场的一般情况不同，并不是由“企业、人工智能开发者、用户”三重角色来构成。在人民法院的场景中，法院既是要求开发司法人工智能的出资人，也是主要的用户。正如中国社科院法学研究所杨延超研究员所说，在司

---

① ［英］凯伦·杨、［英］马丁·洛奇编：《驯服算法：数字歧视与算法规制》，林少伟、唐林垚译，上海人民出版社2020年版，第5页。

② 参见马长山：《司法人工智能的重塑效应及其限度》，载《法学研究》2020年第4期。

③ 李林：《“智慧司法”与“法治中国”》，载全国哲学社会科学工作办公室官网，http://www.nopss.gov.cn/n1/2020/0706/c219544-31772137.html。

法人工智能的场景中，人工智能企业的算法应当遵循“全面公开、网络公开和初始公开”三原则。[①] 此外，鉴于我国人工智能研发在核心算法方面尚存在较大的差距，[②]“区块链＋司法”可以发挥区块链的技术特点构建司法人工智能算法的“研发区块链”，利用多家机构人工智能专家的群体智慧联合攻克核心算法的难关。多个人工智能专家在“研发区块链”上协同开发、共同维护司法人工智能，不仅使研发成果对于智慧法院的场景更具有针对性，减少以往研发成果“可用、不好用”的尴尬，而且这种“研发链”对于司法人工智能算法的准确性有极大的保障。[③] 在司法人工智能研发链的平台上，还可以全面实现“全面公开、网络公开和初始公开”的三原则，从而在智慧司法的场景中彻底地解决算法黑箱的普遍性难题。

4. “区块链＋司法”与司法人工智能的结合将实现“智能合约”的智能化

智能合约指的是“一段部署在分布式账本中的代码，一个能够自动执行合约条款的计算机程序”[④]。1994 年，密码学家尼克·萨博（Nick Szabo）首次提出了智能合约的理念。[⑤] 本质而言，智能合约的基本原理相当于“if－then”式的计算机语句，一旦触发条件便立即自动执行。不过，由于智能合约的代码是一成不变的，在实践中缺少足够的灵活性，其目前的应用主要是为了降低人为因素的风险，保障合约协议条款的自动化执行。

司法人工智能的融入将有助于实现智能合约从“自动化”向“智能化”的飞跃。一方面，司法人工智能结合智能合约，将赋予智能合约一定的分析

---

① 参见杨延超：《人工智能应用于司法裁判的法理分析》，载陈甦、田禾主编：《中国法院信息化发展报告 No. 5（2021）》，社会科学文献出版社 2021 年版，第 92 页。

② 参见左卫民：《热与冷：中国法律人工智能的再思考》，载《环球法律评论》2019 年第 2 期。

③ 参见赵馨、赵甜等：《区块链应用于人工智能的前景探析》，载《网络空间安全》2020 年第 11 期。

④ 长铗、韩锋等：《区块链：从数字货币到信用社会》，中信出版社 2016 年版，第 19 页。

⑤ See Nick Szabo, *Smart Contract: Building Blocks for Digital Markets*, University of Amsterdam, https://www.fon.hum.uva.nl/rob/Courses/InformationInSpeech/CDROM/Literature/LOTwinterschool2006/Szabo.best.vwh.net/smart_contracts_2.html.

和预测能力。赛迪智库网络空间研究所的刘曦子研究员指出，在保险欺诈的识别应用中基于人工智能建立的风险防控系统，“通过运营商的电话号码不同排列的数据组合进行反欺诈预测，并依据智能合约的规则进行相应的处理”①。基于司法人工智能的智能合约，具有比人脑更强的对金融风险的识别和处理能力，尤其是在“信用评级和风险定价”方面。② 另一方面，司法人工智能能够赋予智能合约具有仿生思维性的进化能力。借助于司法人工智能的图形模板和向导程序，智能合约将转化为“智能协议”，用于研究针对司法语义学的学习方法。人民法院信息化4.0版提出建设“以知识为中心的智慧法院”。③ 这就需要构建知识图谱，将司法审判中形成的案件信息、法律法规、证据材料等数据提取为可以计算的知识。④ 具有思维性的智能合约有助于将每个案件都基于知识中心的要求按照个案数据形成个案知识流，再汇集到新的知识储备以构建司法知识图谱，以便于司法知识工程能够为各个司法场景即从立案到审判再到执行结案的全流程提供知识辅助。

（三）“区块链+司法”将与司法物联网实现优势互补和技术协同

1. 人民法院司法物联网的最新成果及存在的问题

物联网（Internet of Things）将互联网实现的人与人之间的信息交流延伸至物与物之间的交互和控制。互联网连接的是计算机，物联网连接的是设备、传感器和控制台。物联网降低了物对人的直接依赖，也扩充了人的能力，帮助人类迈向万物互联的智能时代。⑤ 国际数字化研究公司Gartnet，2018年的物联网研究报告称，物联网中的可用智能设备数量在2021年可达

---

① 刘曦子：《区块链与人工智能技术融合发展初探》，载《网络空间安全》2018年第11期。

② 参见刘曦子：《区块链与人工智能技术融合发展初探》，载《网络空间安全》2018年第11期。

③ 参见刘子阳：《全面深化智慧法院建设》，载《法治日报》2020年11月14日，第1版。

④ 参见刘小妹、徐持：《以知识为中心深化智慧法院建设》，载陈甦、田禾主编：《中国法院信息化发展报告No.5（2021）》，社会科学文献出版社2021年版，第116页。

⑤ 参见井底望天等主编：《区块链与大数据：打造智能经济》，人民邮电出版社2017年版，第142页。

到250亿。[1]

随着人民法院信息化的不断推进,各地法院开始将物联网技术广泛应用于环境资源、交通事故、旅游纠纷等案件的处理,以及保全、查封和执行方面的工作。例如,为了加强江河流域的保护,保持雪山冰川的原真性,也为了打击破坏水资源违法行为,推动和保障河长、湖长制的落实,人民法院全面集成物联网、大数据、视频识别和水环境动态感知等技术,以保障涉江河湖泽案件的依法审理和水资源管理制度的严格落实。[2] 为了保障草畜平衡、补植复绿的执行工作,人民法院联合检察院、林业部门利用物联网大数据分析草原生态、评估草畜平衡,督促被执行人按照裁判结果或协议进行生态修复,保障了对受损环境的有效修复和生态预警。再如,物联网技术还被应用于智慧查封、保全等工作中。在涉及执行标的物的现场通过安装智能查封终端设备,借助物联网、智能DNS(Domain Name System,域名系统)服务,实现了干警对法院保全、查封财产的远程管理。

尽管司法物联网在推动司法公开、透明、便民、高效等方面具有技术优势,但是传统模式也暴露出一系列的问题。

第一,网络攻击的风险。大量的电子传感器、智能设备与控制中心的连接实现了万物互联,但同时也增大了遭到网络攻击的风险。不法分子透过软件漏洞进入网络,操纵信息、修改设置、盗取数据、攻击网络,甚至造成司法网络系统不同规模的崩溃。

第二,节点受损的风险。物联网终端设备通常部署在室外,缺少物理屏障和防火墙保护,系统安全无法依靠传统安防技术来保障,节点受损、出错几乎不可避免。更严重的问题是,在数以亿计的网络中排查个别出问题的节点,则意味着巨大的工作量。

---

① 参见赵刚、张健:《数字化信任:区块链的本质与应用》,电子工业出版社2020年版,第195页。

② 参见四川省马尔康市人民法院课题组:《阿坝法院智慧生态环境资源审判调研报告》,载陈甦、田禾主编:《中国法院信息化发展报告No.5(2021)》,社会科学文献出版社2021年版,第205页。

第三，隐私泄露的风险。随着数据成为与土地、资本同样重要的战略资源，部分企业倾向于借助各种传感技术来收集信息，给公民的个人隐私带来了较大的威胁。

第四，主体间协同的障碍。物联网场景的拓展往往需要跨主体、多实体之间的协同，但是多主体间的协同、技术标准的统一，都是传统物联网模式难以克服的障碍。一方面，不同层级、不同地域的司法机关往往都有各自的物联网服务提供商，要实现司法数据的共享，就需要他们签订合作协议。① 在万物互联的环境中，双方互签协议合作的模式需要极高的信任成本、时间成本，且管理细节琐碎，这种模式基本无法实现。② 另一方面，物联网需要处理多种不同的标准，这也对互联互通造成了困难。③ 目前，司法物联网尚处于摸索阶段，拓展其应用就必须解决“数据模型、接口规范、网络协议”等各类标准不统一的问题。④ 这也是当前智慧司法建设面临“信息孤岛”“数据烟囱”问题的主要原因。

第五，应用成本高昂。受司法物联网终端的限制，各种传感器的数据必须传输回中心服务器，给数据传输、数据存储和数据计算都带来巨大的难题。⑤ 由于物联网中心服务器价格昂贵，前端分散导致电费、网络费的成本过高。移动 5G 的整体耗能更是 4G 设备的 9 倍以上。因此，很多视频设备的影像在采集、传输、存储 30 ~ 60 天后，受制于存储空间和成本的限制只能将数据删除。⑥

2. “区块链 + 司法”将为司法物联网的难题提供可行的解决方案

首先，“区块链 + 司法”的验证、加密保护和共识机制有助于避免非法或

---

① 参见刘权主编：《区块链与人工智能：构建智能化数字经济世界》，人民邮电出版社 2019 年版，第 165 页。

② 参见李志杰、郭杰群、王阳雯：《区块链 + ：重构与赋能》，格致出版社、上海人民出版社 2021 年版，第 194 页。

③ 参见杜宁等：《监管科技：人工智能与区块链应用之大道》，中国金融出版社 2018 年版，第 136 页。

④ 参见李志杰、郭杰群、王阳雯：《区块链 + ：重构与赋能》，格致出版社、上海人民出版社 2021 年版，第 194 页。

⑤ 参见徐志刚：《洞见公安区块链》，中国水利水电出版社 2021 年版，第 128 页。

⑥ 参见徐志刚：《洞见公安区块链》，中国水利水电出版社 2021 年版，第 129 页。

恶意节点接入物联网。即使黑客侵入了司法区块链网络,加密设置也使其无法对数据进行篡改和删除;而且由于区块链具有可追溯的功能,侵入的第三方甚至也无法窃取网络中的司法数据。因此,建立在司法区块链上的物联网无须担忧网络攻击、数据安全和隐私保护等问题。

其次,“区块链 + 司法”为物联网提供了点对点互联的数据传输方式,打破了司法、行政、公共机构之间信息壁垒的桎梏。借助司法区块链,物联网无须引入数据中心来进行同步传输和控制管理;在分布式对等网络和开源算法的环境中,各方能够以极低的成本建立信任,从而实现多主体协同和数据跨界共享。由于司法区块链支持的物联网建立起了可信的数据来源,众多司法机关相互独立的司法物联网可以通过区块链网络建立范围更大、维度更广的大型司法物联网网络。

最后,“区块链 + 司法”的分布式存储和分布式算力将减轻司法物联网中心服务器的负荷与成本。一方面,区块链的分布式架构为物联网提供了点对点互联的直接传输方式和分布在不同位置的存储方式,降低了传统物联网中心化结构的存储压力。① 另一方面,区块链的分布式计算是一种边缘计算,可以在物联网边缘的智能网关上就近采集数据,利用节点本身的算力就近完成计算存储的需求,不再需要中央处理器对数据进行验证和运算,大幅提升了物联网系统的处理效率。此外,随着验证、计算、存储和网络等硬件设备随着终端分布在边缘或部署在前端,②中心处理器、云服务器和数据中心的耗能也可以不断降低。

3. “区块链 + 司法”与司法物联网的融合将提升智慧法院万物智能的水平

一方面,物联网技术能够补足“区块链 + 司法”在数据真实性方面的证明效力。当前互联网法院建立的司法区块链存证平台主要是将其他电子数

---

① 参见李志杰、郭杰群、王阳雯:《区块链 + :重构与赋能》,格致出版社、上海人民出版社 2021 年版,第 196 页。

② 参见徐志刚:《洞见公安区块链》,中国水利水电出版社 2021 年版,第 130 页。

据存证平台对电子证据加密后的哈希值进行存储和验证。在严格意义上，司法区块链仅仅能够提供数据上链的存在性证明，并不能够提供真实性证明。2021 年 8 月 1 日起实施的《人民法院在线诉讼规则》(以下简称《在线诉讼规则》)第 16 条规定，“当事人作为证据提交的电子数据系通过区块链技术存储，并经技术核验一致的，人民法院可以认定该电子数据上链后未经篡改”。也就是说，对于现有的区块链电子数据存证，人民法院在没有相反证据足以推翻论证前提下，也只是认定了该电子数据上链后的完整性，并没有完全承认司法区块链的技术自证效力。毕竟，现有的区块链存证平台都只能证明链上数据确实存在；如果上链的是虚假信息，那么记录在区块链上的也依然是虚假信息，区块链技术自身无法解决虚假数据上链的问题。[①] 但是，通过“区块链 + 司法”与司法物联网技术的组合，再辅以身份认证、标识和感应技术手段，就能够保障信息来源的可靠性，从而解决了司法区块链存证对于电子数据材料在上链真实性方面的证明效力短板。

另一方面，“区块链 + 司法”与物联网、边缘计算等技术的结合将提高万物智能互联的水平。作为物理与数字世界间的桥梁，物联网可以起到将物理世界与数字世界相连接的作用，可以解决“区块链 + 司法”将物质资产转向数字资产过程中的映射问题。[②] “区块链 + 司法”配合边缘计算技术则可以解决司法物联网终端算力不足、算力分配不均衡、存储空间配置不合理等问题。“区块链 + 司法”与物联网、边缘计算等技术的结合，将提高司法人员对涉案财物的管理水平、法院物资之间的协作水平，实现数字资产的“自主连接、自主学习、自主执行”，[③]进而实现司法领域的万物智能与智能互联。

---

① 参见赵刚、张健：《数字化信任：区块链的本质与应用》，电子工业出版社 2020 年版，第 196 页。

② 参见刘权主编：《区块链与人工智能：构建智能化数字经济世界》，人民邮电出版社 2019 年版，第 149 页。

③ 参见刘权主编：《区块链与人工智能：构建智能化数字经济世界》，人民邮电出版社 2019 年版，第 149 页。

第三节 “区块链+司法”建设的重大意义

“区块链+司法”的概念不仅形成于国家治理现代化的背景之中，而且致力于互联网司法治理能力现代化的提升。十九届四中全会审议通过了《中共中央关于坚持和完善中国特色社会主义制度 推进国家治理体系和治理能力现代化若干重大问题的决定》。2019年12月，最高人民法院发布《中国法院的互联网司法》白皮书，其中首次提出“区块链+司法”的概念，同时也明确指出，“全面提升互联网司法治理能力”将成为互联网司法工作的重心。“推进国家治理体系和治理能力现代化”无疑成为“区块链+司法”概念形成的重要背景。定位于提升互联网司法治理能力的“区块链+司法”，其价值不只在于司法存证的工具、诉讼流程再造的技术，其外延相较于“审判体系和审判能力现代化”而言也将更为宽泛。因此，对于“区块链+司法”的研究，不应将其局限于工具、技术或应用的层次，而应当将其作为一种新型的司法模式，深入地探究“区块链+司法”对于互联网法治，甚至国家治理现代化所具有的重要价值与意义。

一、“区块链+司法”展现出中国互联网司法的独特价值

（一）司法便民

1. 司法便民是以人民为中心原则的集中体现

司法便民是司法为民原则的基本要求，也是“让人民群众在每一个司法案件中感受到公平正义”这一原则在司法实践中的集中体现。就基本内容而言，司法便民原则要求司法机关为当事人提供便捷的司法救济。司法便民是司法资源的“分配正义”，[①]是法治中国解决“接近正义”问题的具体

---

① 参见［美］迈克尔·桑德尔：《公正：该如何做是好?》（第2版），朱慧玲译，中信出版社2012年版，第18页。

方案,[①]体现了以人民为中心的更高水平社会主义司法文明。

2. 互联网司法在贯彻司法便民原则中的痛点

科技的进步并未如预期的那样,给司法便民的要求、接近正义或者分配正义原则的落实带来全面的改善。20 多年来,互联网的普及深刻地改变了人类的行为方式。然而,在网络广泛覆盖给人们带来信息和通信自由的同时,却由于电子数据的高流动性、复制修改的零成本和易于删除灭失等属性,使侵权变得极为简便且几乎无须付出太多的成本。同时,电子数据的存证难、取证难、认证难的“三难”问题的解决却困难重重。当事人和司法机关都很难以高效率、低成本的方式来固定互联网上的证据材料。网上高昂的维权费用和时间成本,以及复杂且难以操作的取证方式,使大量处于技术弱势地位的用户不得不对网络侵权行为听之任之。虽然现行的《民事诉讼法》和《刑事诉讼法》都承认了电子数据为法定的证据类型,但是由于前述电子证据的特殊性,人民法院在诉讼中明确采信电子证据的仅有 7.2%,未明确采信电子证据的却高达 92.8%。[②]

3. “区块链 + 司法”将为互联网案件当事人提供高效、便捷、低成本的电子数据存证

其一,人民法院通过平台和规则两方面的建设确认了区块链电子证据的法律效力。区块链本质上是“一个分布式数据库,该数据库由一串使用密码学方法产生的数据区块有序链接而成”[③]。因此,区块链中存储的一定时间内产生的数据记录信息将难以被篡改。于是,随着司法区块链电子证据存证系统的建立和最高人民法院对于区块链电子存证效力的确认,人民法院采信电子证据的状况得到了显著改善。从 2018 年开始,三家互联网法院相继建成了各自的区块链电子数据存证系统,最高人民法院也积极推动全

---

① 参见[英]理查德·萨斯坎德:《线上法院与未来司法》,何广越译,北京大学出版社 2021 年版,第 65 页。

② 参见刘品新:《印证与概率:电子证据的客观化采信》,载《环球法律评论》2017 年第 4 期。

③ 长铗、韩锋等:《区块链:从数字货币到信用社会》,中信出版社 2016 年版,第 18 页。

国统一的司法区块链。2018 年 9 月，最高人民法院发布的《关于互联网法院审理案件若干问题的规定》(以下简称《互联网法院审案规定》)对于区块链电子存证的效力予以了明确的确认。

其二，人民法院通过司法裁判的形式赋予“区块链存证平台的电子证据更高的被认可率”①。通过两则典型的案例可以看出，同为第三方电子存证平台，采用了区块链技术的电子证据将更有可能得到人民法院的支持。在“杭州华泰一媒文化传媒有限公司与深圳市道同科技发展有限公司侵害作品信息网络传播权纠纷案”，②被媒体称为“区块链存证第一案”。③ 杭州互联网法院在判决书中指出“区块链有难以篡改、删除的特点，在确认诉争电子数据已保存至区块链后，其作为一种保持内容完整性的方法具有可靠性”。本案中，作为第三方电子存证平台的保全网“采用了符合相关标准的区块链技术对上述电子数据进行了存证固定，确保了电子数据的完整性。故上述电子数据可以作为本案认定侵权的依据”。在“成都日报社与北京全景视觉网络科技股份有限公司侵害作品信息网络传播权纠纷上诉案”中，成都市中级人民法院的二审判决书指出重庆易保全网络科技有限公司出具的《电子数据保全证书》，其验证方式“仅能证明电子副本与留存于服务器上的电子数据一致……无法排除因操作者不当介入、操作计算机不清洁、网络环境不真实等因素对该电子数据造成不良影响的可能”④。因此，法院认定“在缺乏技术说明及印证证据的情况下，不足以证明被控侵权行为客观发生、被控侵权图片客观存在”。

在这两则案例中，杭州保全网和重庆易保全网络科技有限公司均属于第三方电子存证平台。二者最主要的差异在于他们的存证服务是否采用了区块链技术。对此，成都市中级人民法院二审判决书道出了其中的原

---

① 彭巍:《区块链与司法的价值共通与融合发展》，载《科技管理研究》2021 年第 6 期。

② 参见杭州互联网法院(2018)浙 0192 民初 81 号。

③ 参见《速转！全国首例区块链存证判决在杭州互联网法院诞生！(附判决书)》，载网易网 2018 年 6 月 29 日，https://www.163.com/dy/article/DLDOUBD50518IJ4K.html。

④ 参见四川省成都市中级人民法院(2019)川 01 民终 1050 号。

委——未采用区块链技术的电子存证保全证书“不足以自证”，其仍需要法院结合大量相关材料进行审查，包括审查“电子存证平台的资质、存证技术运行机制和存证全流程记录，或者依赖公证机关的公证或司法鉴定机构的鉴定”①。值得一提的是，依据人民法院的公开信息，从 2018 年 6 月杭州互联网法院的“区块链存证第一案”迄今为止，尚未在任何一起案件中出现人民法院否定区块链电子存证证据效力的情况。

其三，司法区块链存证平台降低了当事人采用电子证据的成本，增强了其获得司法救济的实效。一方面，司法区块链存证平台可以对电子证据实现瞬间验证和全程在线维权。相较于公证和司法鉴定动辄数千元的费用而言，每个区块链电子存证仅需 5 元，极大地降低当事人存证、验证的费用和成本，也在客观上减少了电子证据应用对于公证和司法鉴定机关的依赖。更具典型意义的区块链司法存证应用是对网络文学著作权的保护。网络文学作品上链确权之后，可以通过司法区块链对侵权行为进行智能监测。一旦发现盗版网站，系统可以自动抓取侵权网页进行源代码识别，并计算成哈希值上传至区块链。待相关侵权证据固定在区块链上之后，网络作家通过互联网法院的诉讼平台足不出户便可在线维权。2018 年 12 月，中国网络作家村正式上线杭州互联网法院司法区块链，成为该区块链的一个节点。仅一年多时间，作家村中有 100 多位作家上链到该区块链中，作家村的侵权纠纷发生率下降了约 20%。② 另一方面，司法区块链存证的高可信度极大缩减了当事人对于电子证据的争议。基于区块链存证技术的原理，当事人和法院对于区块链存证证据很容易达成共识。北京互联网法院院长张雯指出：“在天平链涉及的 670 件案件中，当事人对上链证据的真实性均予以认可”③，

① 彭巍：《区块链与司法的价值共通与融合发展》，载《科技管理研究》2021 年第 6 期。

② 参见陈甦、田禾主编：《中国法院信息化发展报告 No. 4(2020)》，社会科学文献出版社 2020 年版，第 328 页。

③ 《【视频】“不可思议的法院”来了！》，载证券日报网，http://www.zqrb.cn/video/gaodu-anfangtan/2020-01-03/A1578021308639.html。

“当事人极少对区块链存证证据提出鉴定申请”[①]。特别是,随着我国区块链存证平台的广泛使用,最高人民法院的证据规则和法院系统的判决也对区块链电子证据的法律效力予以认可,在社会上形成了非常正面的影响、产生了宣传和教育的作用。突出的效果体现在涉及区块链电子存证证据的案件具有极高的“调撤”比例。[②] 既提高了人民法院的工作效率、节约了司法成本,当事人也切实地感受到了卡夫卡所说的“唾手可及的法律与救济”[③]。

(二)司法公信

1. 司法公信是衡量司法改革的根本尺度[④]

“司法公信是人民群众对司法制度的认同,以及对司法权运行过程及结果的尊重与信服。”[⑤]司法公信力的价值在于它是“司法生命力的保障”[⑥]。因此,党和国家高度重视司法公信力的提升。习近平总书记在中共中央政治局第二十一次集体学习时强调,要把提高司法公信力作为深化司法体制改革的根本尺度。[⑦] 中国特色社会主义法治始终坚持以人民为中心的原则,深化司法体制改革当然也必须坚持“为了人民、依靠人民、造福人民”的立场。司法改革必须广泛听取人民的意见、深入了解人民的期待、实际解决人民的问题,以人民群众对司法的满意度作为评价改革的标准,以人民群众对于司法机关、司法活动、司法裁判和司法权威的尊重和确信,也就是司法的公信力作为评判改革成效的尺度。

---

① 陈甦、田禾主编:《中国法院信息化发展报告 No. 4(2020)》,社会科学文献出版社 2020 年版,第 326 页。

② 截至 2019 年 4 月,北京互联网法院已有 58 例涉天平链证据的案件,相关案件的电子证据争议很小,已经有 40 余件成功调解或撤诉。参见《“天平链”第一案出炉,区块链在司法领域真正落地了》,载搜狐网 2019 年 4 月 12 日,https://www.sohu.com/a/307494534_100112552。

③ [英]理查德·萨斯坎德:《线上法院与未来司法》,何广越译,北京大学出版社 2021 年版,第 65 页。

④ 参见《习近平:以提高司法公信力为根本尺度 坚定不移深化司法体制改革》,载新华网,http://www.xinhuanet.com/politics/2015-03/25/c_1114763477.htm。

⑤ 彭巍:《区块链与司法的价值共通与融合发展》,载《科技管理研究》2021 年第 6 期。

⑥ 吕中行、谢俊英:《新时代我国司法公信力的重塑》,载《河北法学》2020 年第 4 期。

⑦ 参见《习近平:以提高司法公信力为根本尺度 坚定不移深化司法体制改革》,载新华网,http://www.xinhuanet.com/politics/2015-03/25/c_1114763477.htm。

2. 司法公开的建设工作在提升司法公信力方面尚存在不足

司法公信力的提升涉及司法工作的众多方面和各个环节。其中,司法公开被广泛认为是增进司法公信力的重要方面。《人民法院信息化建设(2019—2023)》明确地指出,“人民法院应以司法公开平台为基础,进一步拓展司法公开的广度和深度,提升司法公信力”①。在人民法院信息化3.0阶段,最高人民法院建成了供各级法院共同使用的司法公开四大平台。然而,从“司法公开”到“司法公信”,文字上仅有一字之差,但在实践中司法公开的建设应用仍存在亟待改善的方面。其一,“司法公开的程度不够,留下许多暗箱操作的空间”②。“例如不是所有开庭都上网,证据获取程序、判决理由的说明等没能予以公开或者公开得不够,所以仍需不断完善。”③其二,司法工作中仍存在司法不公和司法腐败。“关系案、人情案、金钱案,领导干部干预司法,司法人员与律师交往不规范”④等问题在一定程度上影响社会的公平正义。其三,智慧法院建设中“重建设、轻应用”的意识依然存在。文书、案件、卷宗的数据质量不高,尚未进入稳定、有序的发展通道,问题从被发现到整改的过程仍未形成完整的闭环。

3. “区块链 + 司法”将以“技术信任”推动从司法公开到司法公信的跨越

第一,“区块链 + 司法”以技术信任的形式保障链上司法数据公开的真实可信。区块链的最初形态是比特币的底层技术。它被发明出来的最直接原因是电脑极客们对于美元和金融制度的不信任。由对点网络、分布式账本、哈希函数、公钥基础设施、时间戳和智能合约等工具组合而成的区块链技术,其最大的特点在于无须借助中心或中介机构,便能够在陌生的主体间建立信任,即“无信任(关系)的信任”。具体而言,区块链技术可以将一定

① 《人民法院信息化建设五年发展规划(2019 - 2023)》,载北大法宝官网,https://www.pkulaw.com/chl/c3d1f9ef3bac97b1bdfb.html。

② 吕中行、谢俊英:《新时代我国司法公信力的重塑》,载《河北法学》2020年第4期。

③ 吕中行、谢俊英:《新时代我国司法公信力的重塑》,载《河北法学》2020年第4期。

④ 李阳:《着力破解监督制约难题 全面提升执法司法公信力》,载《人民法院报》2020年8月28日,第2版。

时间内产生的数据用密码学的方式加密,再添加时间戳形成一个数据区块,然后存储在分布式账本中。接入分布式账本的所有节点根据事先的设定权限可以对该区块进行验证、查询或下载。因此,记录在区块链中的数据是难以篡改的。随着新区块的不断添加,参与的节点不断增多,篡改数据的难度越大,存储在区块链上的数据也就越安全。因此,用技术创造信任的区块链也被称为“信任机器”或“信任的制造机”。[①] 独立于比特币的联盟链技术也褪去了无政府主义的外衣。司法、政务、金融和能源等领域积极引入联盟链技术正是由于基于技术信任所展示的数据更加真实、完整、可信赖。

鉴于技术信任具有确保数据真实可靠的特点,“区块链+司法”模式采用区块链公开的司法数据将有力地提升司法的公信力。司法领域的区块链数据可以分为内外两类,外部数据主要是司法区块链存证平台存储的电子证据数据,内部数据为司法活动上链形成的司法流程数据。上文已经介绍了区块链技术给使用电子证据当事人所带来的便利。同理,“区块链+司法”主张司法工作的全业务、全类型和全流程数据上链。由此在区块链上公开的司法数据必将赢得人民群众的信任感,进而增强区块链司法的公信力。

第二,“区块链+司法”以过程监督的方式克服司法公开中的形式主义。司法公开不仅要保障可公开数据的真实性和完整性,而且应当保障司法监督的常规化和实质化。当前,人民检察院依法履行监督职能的形式有两大类:第一类是人民检察院根据举报、控告和申诉,或者针对信访案件进行落实、解答;第二类是根据对案件的审查或其他线索,人民检察院主动对司法活动进行监督。在司法监督实践中,人民检察院通常可以做到对第一类情况进行迅速、集中的问因问责。可是,仍存在“集中式、运动式”监督的问题,在监督的过程中开展“专项整顿”的情况非常普遍,监督效果的“短效性”突出。[②] 第二类监督则由于长效性机制的缺乏,致使人民检察院的监督活动往

---

① 参见郑戈:《区块链与未来法治》,载《东方法学》2018年第3期。

② 参见张军:《最高人民检察院工作报告》,载最高人民检察院官网,https://www.spp.gov.cn/spp/gzbg/201903/t20190319_412293.shtml。

往沦为“纸上谈兵”，回馈比率低、惩戒效果差，也难以起到预防和借鉴的作用。

司法工作的全业务、全类型和全流程上链将推动司法监督从结果监督、事后监督转变为过程监督、实时监督。① 从技术原理而言，区块链与司法工作的流程性可以高度契合。数据经过哈希函数加密并存储为区块，随着时间推移，新的区块不断增加并与前面的区块首尾相连，由此形成的链条便构成了区块链。司法工作的流程完全可以阶段化为一系列的事项节点，司法案件的实体信息可以碎片化为组合数据，进而以事项节点为单位将阶段的数据加密存储为区块，并按照时间顺序链接组成“个案司法区块链”，即“一案一链”。同时，人民检察院作为司法监督的主体，可以在事先设定权限的前提下成为每个“个案司法区块链”上的一个节点。于是，人民检察院可以通过该司法监督节点实时地掌握案件的进展，完整地掌握可公开的案件信息。对于第一类监督案件，人民检察院可以该节点所掌握的较为完整的司法数据进行有针对性的监督，而避免短效性的“运动式”监督。对于第二类监督案件，人民检察院通过司法监督节点可以了解案件全程的司法数据、实时发现风险点，实现主动监督的长效性、常规性和即时性。②

第三，“区块链 + 司法”以智能合约技术完成司法公开的程序闭环。司法公开的目的不仅在于，把司法活动的信息向有关部门和人民群众开放，而且在于信息公开后的有效反馈和实质应对。依据最高人民法院的统计数据，截至 2019 年全国 100% 的法院实现了案件审理各环节信息的全程记录；全程留痕、监督举报等廉洁司法类应用不断拓展。然而，在司法公开的实践中，“重建设、轻应用”的情况十分普遍。案件全程上网，电子卷宗、电子文书的信息公开起到了发现问题的作用。然而，“重反馈、轻结果”的现象也依然存在，针对反馈回来的问题，不整理、不汇报、不反思、不落实，无法对司法公

① 《人民法院信息化建设五年发展规划（2019 – 2023）》，载北大法宝官网，https://www.pkulaw.com/chl/c3d1f9ef3bac97b1bdfb.html。

② 参见李阳：《着力破解监督制约难题　全面提升执法司法公信力》，载《人民法院报》2020 年 8 月 28 日，第 2 版。

开形成有效回馈结果。

智能合约技术的应用有助于完成司法公开程序的闭环建设。智能合约是以代码形式部署,能够按照设定条件自动触发并按照程序独立执行的计算机协议。20 世纪 90 年代,哈佛大学的尼克·萨博教授最早提出了智能合约的构想。[①] 不过,直到区块链技术出现,在确保链上数据难以篡改的情况下,智能合约自动执行的价值才得以发挥。[②] 时任最高人民法院院长周强在第十三届全国人民代表大会第三次会议上所作的 2020 年《最高人民法院工作报告》[③]中强调,智慧法院建设应重视智能合约技术的应用。智能合约作为一项触发条件强、执行效率高的应用技术,可以用来建设司法公开程序中的问题归零机制。在司法信息在区块链上公开后,当相关节点依据合法渠道提出程序或实体问题时,智能合约将自动触发风险警示程序,在问题达到一定的风险等级时,将自动中止个案司法区块链上该案件的司法流程。[④] 例如,智能合约将中止电子卷宗新信息的录入。于是,办案人员必须针对该问题予以回应、排除司法程序中的存疑风险,否则,将无法继续案件的办理。待问题解决完毕,或者依法启动其他的调查或处理程序后,将触发智能合约以恢复案件原先的司法流程。智能合约支持的问题归零机制将完成司法公开的程序闭环,以技术性的手段实现从司法公开到司法公信的机制性保障。

(三)司法协同

司法协同的原则要求司法机关之间,包括人民法院的上下级之间、各部门之间,都应当通力协作,实现规则上的权责明确、工作中的依法履职和相互间的监督制约。我国《宪法》第 140 条规定:“人民法院、人民检察院和公

---

① See Nick Szabo, *Smart Contract: Building Blocks for Digital Markets*, https://www.fon.hum.uva.nl/rob/Courses/InformationInSpeech/CDROM/Literature/LOTwinterschool2006/szabo.best.vwh.net/smart_contracts_2.html。

② 参见长铗、韩锋等:《区块链:从数字货币到信用社会》,中信出版社 2016 年版,第 59 页。

③ 参见周强:《最高人民法院工作报告》,载新华网,http://www.xinhuanet.com/politics/2021lh/2021-03/15/c_1127212486.htm。

④ 参见杨永强、蔡宗辉、刘雅卓:《区块链+大数据:突破瓶颈,开启智能新时代》,机械工业出版社 2019 年版,第 127 页。

安机关办理刑事案件，应当分工负责，互相配合，互相制约，以保证准确有效地执行法律。”司法机关之间的分工负责、互相配合、互相制约是对“司法协作”的科学界定和准确描述。司法机关之间的通力协作必须以根据各自职权的分工为前提和基础；同时，各机关也必须依据法律规定提出自己独立的主张，才能够防止可能出现的风险，校正工作中的偏差，纠正已经出现的错误。[①] 事实上，除了《宪法》对于司法机关之间的分工配合进行总体性的规定以外，《刑事诉讼法》也规定了刑事诉讼中司法权的分配及协作，《五五改革纲要》对于上下级法院、跨辖区法院、法院同其他司法机关之间的业务协作也提出了改革的要求。[②] 以分工、配合、制约为内容的司法协作原则，是贯穿整个司法系统的一项工作要求，也是深化司法体制改革需要克服的一项现实挑战。

区块链的分布式共识机制为多主体间的协同合作提供了一种可行的思路和技术性的解决方案。作为一种分布式账本（或数据库）的区块链被用来为匿名用户提供一种无须中介机构背书且能够进行点对点交易的场景。为此，区块链创造了一种全网节点对交易进行共同验证、共同记录和共同决策的分布式共识机制——所有节点平等参与、排除支配性特权、采用民主决策的方式以达成共识的机制。分布式共识机制有利于维护节点之间的平等地位，并有效限制超越节点权限的行为。以太坊上出现的“分布式自治组织”[③]（DAO）正是基于这种共识机制建立起来的以“大规模协作”为特征的自治性社群。支持者们主张，基于分布式共识和参与者们的协作，社群化的组织能够以更加低廉的管理成本、更加强大的激励机制和更加自主的治理方式，建立在区块链上的分布式自治组织将发展成为一种有别于公司法人结构的组织形态。[④]

---

① 参见最高人民法院编：《中国法院的互联网司法》，人民法院出版社 2019 年版，第 78 页。

② 参见杜前主编：《互联网司法实践与探索》，人民法院出版社 2021 年版，第 29 页。

③ 郭少飞：《“去中心化自治组织”的法律性质探析》，载《社会科学》2020 年第 3 期。

④ 参见龚焱、李磊、于洪钧：《公司制的黄昏：区块链思维与数字化激励》，机械工业出版社 2020 年版，第 42 页。

“区块链＋司法”可以借鉴分布式共识机制的内在合理性，在司法机关之间和人民法院内部推动以“分工负责、相互配合、相互制约”为内容的司法协同。分工负责不是分权制衡，不会出现相互掣肘；配合制约是为了权力的高效运行和互相监督。在“区块链＋司法”的系统中，各司法机关、各单位、各部门都被设置为分散的节点。各机关（部门）的法律职权成为相应节点的权限，法律程序成为链上流程的设计依据。所有司法区块链节点依照基于法律规则的共识、以共同协作的方式推动司法权的运行。每个司法机关都只有依据其分工负责的内容和方式才能使其相应的节点正常运行。超出职权和违反程序的行为不仅会受到节点权限的制约，还将面临链上所有节点的共同监督；即便该行为在链下已经实施，在将其记录上链时，也会因为它违反了链上的共识机制而无法推动链上案件流程向下一步的推进。此时，该节点必将在全链路的“相互监督”之下，对司法行为中的错误进行纠正。已经记录上链的行为，也将受到数字签名和时间戳的固定而无法篡改。[①] 分布式共识机制能够以数据化、自动化的形式实现司法协作的内容和要求，同时，也可以将司法协同的原则贯穿于“区块链＋司法”应用流程的始终。

二、“区块链＋司法”推进信息化与司法改革的深度融合

（一）“区块链＋司法”推动法院信息化水平迈上新台阶

“区块链＋司法”改变了以往我国在法院信息化建设领域的“后发”地位。早在20世纪80年代初期，我国已经开始重视对于法治系统工程[②]、法律信息化等前沿问题的研究。[③] 但是受制于计算机、互联网技术研发和应用的滞后，直到“十一五”期间，最高人民法院作出了《关于全面加强人民法院信息化工作的决定》，才正式开启了人民法院系统大规模的信息化建设工

---

① 参见彭巍：《区块链与司法的价值共通与融合发展》，载《科技管理研究》2021年第6期。
② 参见钱学森：《钱学森同志论法治系统工程与方法》，载《科技管理研究》1981年第4期。
③ 参见龚祥瑞、李克强：《法律工作的计算机化》，载《法学杂志》1983年第3期。

作。[1] 由于起步较晚，我国在电子诉讼、电子法院方面的建设水平有待提高。党的十八大以来，最高人民法院依托我国互联网发展在规模、应用和产生方面的优势，推动互联网司法应用的不断扩展和多元发展。2017 年 8 月 18 日挂牌成立的杭州互联网法院是“全国乃至全世界首家互联网法院”[2]。2018 年 9 月，杭州互联网法院上线的全国首个司法区块链平台，北京互联网法院上线的“天平链”司法区块链电子存证平台，不仅是人民法院信息化 3.0 阶段的一项重要成果，在全球的区块链司法应用领域也都具有里程碑式的意义。

“区块链 + 司法”将我国法院信息化建设推向了“先发”创新的新阶段。一方面，司法区块链的建设推动了新工具、新方法不断涌现。区块链电子数据存证平台带来了电子证据在线存证方式的创新。以大数据、云存储和区块链技术为基础的电子数据存证平台，就在线诉讼电子证据取证难、存证难、认证难的问题提供了有针对性的方案，“大幅提高电子证据的可信度和真实性”[3]。北京互联网法院在司法区块链上嵌入智能合约技术，“在全国首次实现了调解协议的自动执行立案，实现了‘一键执行立案’”[4]。广州法院的“区块链授权见证通平台”实现了线上线下见证服务的同质化，“全面提升了港澳当事人的司法获得感”[5]，节约了诉讼成本、提高了审判质效。另一方面，作为区块链司法应用的先行者，也必须直面技先发应用的新挑战。在先行者的面前，不再有可供借鉴的成功经验和必须吸取的教训。我国法院能够在互联网法院和司法区块链领域跃居世界领先，得益于我们在电子法院[6]、电子诉讼阶段对于美国、欧盟、韩国、新加坡等国家和地区先进应用的

---

① 参见张守增、杜汉生：《姜兴长：努力开创人民法院信息化工作新局面》，载中国法院网 2007 年 8 月 13 日，https://www.chinacourt.org/article/detail/2007/08/id/259989.shtml。

② 杜前主编：《互联网司法实践与探索》，人民法院出版社 2021 年版，第 21 页。

③ 最高人民法院编：《中国法院的互联网司法》，人民法院出版社 2019 年版，第 18 页。

④ 陈甦、田禾主编：《中国法院信息化发展报告 No. 4（2020）》，社会科学文献出版社 2020 年版，第 264 页。

⑤ 陈甦、田禾主编：《中国法院信息化发展报告 No. 4（2020）》，社会科学文献出版社 2020 年版，第 264 页。

⑥ 参见吴爱明主编：《中国电子政务：法规与案例》，人民出版社 2004 年版，第 792 页。

学习和借鉴。[①] 这意味着，我们需要在基础研究和前沿科技领域不断创新，加快科技成果的应用转化，也需要正视难以避免的试错成本。为此，人民法院除了加强顶层设计和基础试点以外，还应当建立司法机关、研究机构、高等院校和企业合作研究、共同开发的常态化机制。

（二）“区块链 + 司法”为深化司法改革注入新动力

“区块链 + 司法”有助于司法工作的透明公正。区块链采用密码学的技术保护数据的内容和时序，使其具有难以篡改、可追溯、公开透明等特点。因此，多家司法区块链试点单位尝试将其应用于保全、查封和执行工作的精细化管理。[②] 采用区块链技术实施的查封或执行工作，实现了全过程留痕。留痕的数据具有可追溯性，保障了司法工作全流程中数据、扫描材料、相关证据的安全性，查封或执行信息被完整地固定且难以篡改，有效实现了工作目标与执行结果的一致性。此外，通过数据的可倒查性，确保各个司法人员的查封或执行工作可以高效衔接，执行局（庭）长、执行法官、执行干警、外勤人员均可以随时回溯任务信息和执行情况。公开、透明、可信的执行工作将有效地预防腐败的滋生。

“区块链 + 司法”有助于提升司法工作的效率。例如，北京法院区块链试点单位探索发挥区块链集体维护的特点并应用于司法改革，建立起诉讼保全与立案系统、审判系统、执行系统相衔接的联动系统。[③] 该联动系统几乎覆盖了人民法院业务工作的所有流程，实现了“外网的保险行业、当事人、律师的网上申请与内网法官的审核、审批、办理等全流程联动”[④]。司法链上的各节点可以对联动系统中流转的存证文件进行快速验证，进一步打破了不同机构之间的数据壁垒，实现了保全、审判、执行全流程、跨机构之间的数

---

① 参见张淑秋：《吉林电子法院“e”流程变革审判方式——法院信息化建设不再满足于小修小补实现全业务全方位全天候全流程覆盖》，载《吉林人大》2015 年第 11 期。

② 参见陈瑞华：《司法体制改革导论》，法律出版社 2018 年版，第 57 页。

③ 2020 年北京法院司法链应用试点单位包括北京市高级人民法院、北京市第一中级人民法院、北京市海淀区人民法院、北京互联网法院。

④ 陈甦、田禾主编：《中国法院信息化发展报告 No. 4（2020）》，社会科学文献出版社 2020 年版，第 263 页。

据开放和共享。数据交互同步监督制约的改革创新，在强化权力监督的同时也确保了司法工作的及时高效。

“区块链 + 司法”有助于维护司法数据的安全。数据安全是法院信息系统正常运行的前提条件。司法链上的各参与人都需要按照严格的标准验证身份。验证后，各方提交的数据均使用非对称算法加密、再按照区块链规范进行交互。司法程序进程中产生的数据经过脱敏、加密处理后在司法链上存证，之后便不可篡改。将司法数据上传至司法链后，将获取存证区块的信息，包括存证编号、区块高度、区块哈希和数据的哈希值，以便此后进行数据溯源、数据展示和数据验证。在数据平台给数据加密后，通过自定上传时间设置，数据将采用分布式或“分布 + 集中”相结合的方式自动存储在大型存储服务器中。例如，广州互联网法院网通法链上的数据，将在广州政务云和广州法院云中存储数据及摘要，[①]有效地维护了数据的安全，避免了数据材料的灭失或被篡改。

(三)“区块链 + 司法”推动信息化和司法改革的融合迈向新阶段

最高人民法院在提出“区块链 + 司法”模式概念的同时，强调新模式应“推动互联网技术与审判方式、诉讼制度深度融合”[②]。这意味着，最高司法机关对“新型司法模式”提出了致力于推动信息化与司法改革融合发展的更高要求。实际上，“区块链 + 司法”模式的形成正是法院信息化建设和深化司法改革的共同成果。“区块链 + 司法”模式的发展又将促进二者的进一步融合。详言之，新型司法模式运用区块链技术，在助力人民法院信息化和智能化发展的同时，也在为司法改革赋能增信，实现审判职能的延伸、转型和再造。得益于“区块链 + 司法”模式的支持，人民法院的信息化与司法改革

---

① 参见陈甦、田禾主编：《中国法院信息化发展报告 No. 4(2020)》，社会科学文献出版社 2020 年版，第 277 页。

② 《最高人民法院关于人民法院为海南自由贸易港建设提供司法服务和保障的意见》，载最高人民法院网 2021 年 1 月 15 日，https://www.court.gov.cn/xinshidai-xiangqing-284531.html。

的深度融合将共同推动互联网司法建设步入新的阶段。① 例如,基于“区块链＋司法”的公共法律服务体系和社会信用体系,都属于法院信息化建设与司法职能延伸的共同成果。

其一,基于法律数据共享的公共服务体系。互联网法院通过跨链、互信等方式,将司法区块链与协同单位(如民政、公安、公证、规划和自然资源委员会等)的业务区块链相链接。于是,司法区块链上的案件信息、文书存证和电子卷宗等可公开数据同上述协同单位的链上数据将实现相互验证和同步共享。基于法律数据共享的公共服务体系通过对共享法律数据的深度挖掘,可以为优化营商环境、网络空间法治和社会治理数字化等工作提供有价值的决策参考。

其二,基于信用黑(白)名单的社会信用体系。互联网法院采用智能合约技术,根据网络交易和网络金融行为设置了“信用黑名单”和“信用白名单”。② 当事人的行为一旦触发智能合约设置的条件,将被自动识别并纳入相应的名单。被纳入“信用黑名单”的用户将被限制或禁止使用司法区块链联盟单位提供的交易或金融服务。被纳入“白名单”的用户可以获得更低的签约门槛、更优惠的价格。随着参与联盟链的单位和个人不断增多,互联网法院将在司法区块链上建立起新型的社会信用体系。

---

① 参见最高人民法院编:《中国法院的互联网司法》,人民法院出版社 2019 年版,第 18 页。

② 参见杜前主编:《互联网司法实践与探索》,人民法院出版社 2021 年版,第 67 页。

第二章　国家治理视角下“区块链 + 司法”的基本原理

从司法区块链到“区块链 + 司法”，不只是名义上称谓的改变，而且是从司法技术向司法模式的变革。多年来，人民法院将深化体制改革和信息化作为司法事业发展的“两轮”或“双翼”。[①] 司法区块链一直是人民法院信息化 3.0 阶段一项技术突破，特别是互联网法院建设的应用创新。不过，在“十四五”的开局，人民法院信息化 4.0 阶段伊始，[②]最高人民法院对于“两轮”“双翼”进行了新的部署。2021 年 3 月 8 日，时任最高人民法院院长周强在第十三届全国人民代表大会第四次会议的工作报告中强调“坚持深化改革与信息化建设紧密结合”[③]。这意味着，深化司法改革与信息化建设将不只是双轨并行、齐头并进，而且是要紧密联系、融合发展。尤其是在人民法院下一步的工作中，已明确将“加强互联网法院建设”作为“深化司法改革”的组成部分和题中之义。“区块链 + 司法”模式的问题将不再局限于信息化建设中“技术应用”的范畴，而是需要从国家治理的视角，研究和探索“模式创新”对于全面提升司法治理能力的意义。

---

① 参见于子茹：《陈志远：司法改革和信息化是“车之两轮、鸟之双翼”》，载中国法院网 2017 年 3 月 12 日，https://www.chinacourt.org/article/detail/2017/03/id/2577029.shtml。

② 参见孙航：《认真学习贯彻习近平法治思想　全面深化智慧法院建设》，载中国法院网 2020 年 12 月 3 日，https://www.chinacourt.org/article/detail/2020/12/id/5643536.shtml。

③ 《最高人民法院工作报告——2021 年 3 月 8 日在第十三届全国人民代表大会第四次会议上》，载最高人民法院官网 2021 年 3 月 15 日，https://www.court.gov.cn/zixun/xiangqing/290831.html。

第一节　国家治理视角下“区块链 + 司法”的基本原则

中国法院能够率先提出建设“区块链 + 司法”模式的目标，得益于我国在国家治理框架下对区块链进行了适合于中国特色社会主义法治现代化建设场景的形塑和改造。经过筛选的区块链技术能够迅速地融入人民法院的信息化建设，为“区块链 + 司法”模式的建立提供了必要的前提条件。在此进程中，也形成了我国“区块链 + 司法”模式应遵循的基本原则。

一、国家治理对于“区块链 + 司法”的系统规定性

“区块链 + 司法”的基本原则决定于国家治理的整体结构。致力于互联网司法治理能力提升的“区块链 + 司法”，其定位决定了对它的外延并不限于审判体系和审判能力现代化的范畴。按照韦伯解释学派的观点，只有了解系统整体的组合方式，才能充分理解部分的含义。① 政治系统理论的创始人戴维·伊斯顿(David Easton)对于政治系统中整体与部分的关系也有类似的见解。伊斯顿认为政治系统可以理解为一组处于不同层次的结构。低阶子系统的每个等级都包含在高阶的子系统之中。高阶系统对于低阶系统结构变量的范围设限，在有助于后者形成的结构中也造就了前者结构的嵌套性特征。最高层次的结构或者总体秩序便可以通过逐级嵌套的关系，将其影响向下延伸至最低层次。分层秩序与嵌套结构表明，“要想理解低阶结构的特征，必须参考其所在的、由高阶结构代表的整体”②。按照伊斯顿的政治系统理论，国家治理是一个嵌套若干子系统的结构，也是能够代表我国治理现代化整体的最高阶结构。“区块链 + 司法”所定位的“互联网司法治

---

① 参见[美]戴维·伊斯顿:《政治结构分析》，王浦劬等译，北京大学出版社 2016 年版，第 281 页。

② [美]戴维·伊斯顿:《政治结构分析》，王浦劬等译，北京大学出版社 2016 年版，第 306 页。

理"可以视为"司法治理"的低阶系统，而"司法治理"又属于高阶系统"国家治理"的子系统。依据伊斯顿的理论，低阶子系统的特定需要在整体系统结构这一大背景下才能够理解。因此，只有将"区块链+司法"放置于国家治理的整体系统中，才能理解它在互联网司法治理中应遵循的基本原则。

"坚持党的领导"是国家治理对于"区块链+司法"治理原则的本质规定。王浦劬教授指出，在推动国家治理体系与治理能力现代化的建设与研究中，要注意防止按照西方的"治理"概念套用、曲解我国"国家治理"的倾向。自20世纪90年代以来，西方学者借助"治理"的概念来表达"社会中心主义"的倾向，主张政府放权并向社会授权，实现多主体、多中心的社会自我治理，强调社会自治主体与政府的平等共治。我国的"国家治理"是中国共产党在执掌政权、运行治权，探索中国特色社会主义道路的历史进程中治国理政经验的高度总结。党的十八届三中全会在中国特色社会主义道路发展和改革开放的目标层面，把国家治理体系和治理能力的现代化确定为改革的关键和目标。党的十九届四中全会又进一步将推进国家治理体系和治理能力现代化确定为坚持和完善中国特色社会主义制度的关键内容。我国的"国家治理"不同于西方的"治理"——多主体、多中心的社会自治，而是要坚持中国共产党作为领导核心总揽全局、统筹各方，其实际运行是在坚持党的领导前提下的多方参与、各司其职和协同共治。① 因此，"区块链+司法"应当遵循国家治理的本质规定性，摒弃来自虚拟货币的"去中心化"主张和分权立场，将"坚持党的领导"贯穿于其内在规定性和治理应用的基本原则。

二、"币链"分离原则

(一)采用"币链"分离原则克服比特币的无政府主义倾向

受到2007年美国次贷危机的波及，2008年9月15日，美国四大投行之一的雷曼兄弟申请破产保护。随后，美国政府采取量化宽松政策，用增发货币来刺激经济。这些政策遭到民众的广泛质疑。在此背景下，2008年10月

---

① 参见王浦劬：《国家治理现代化：理论与策论》，人民出版社2016年版，第36页。

31 日，署名为中本聪的人发布《比特币：一种点对点式的电子现金系统》的文章，[①]提出了一种不受任何金融机构控制、由用户自己管理、实现了点对点交易的数字货币。电子货币或虚拟货币的主张并非比特币首创，在 20 世纪 90 年代先后出现过 Handcash、B – Money、ECash 和 Bit Gold 等虚拟货币。比特币汲取了“先辈”们相继失败的教训，综合采用了分布式数据库、点对点网络、非对称加密、时间戳和共识机制等组合技术的架构来支撑其去中心化的理想。比特币的这套底层技术架构就是区块链，其本质在哲学上是一种无政府主义，其“无政府、反监管、自金融”的思想在相当长的时间内也影响了区块链项目的基本立场。[②]

我国采用“币链”分离的原则，以便杜绝虚拟货币的无政府主义给区块链发展带来的违法风险。无政府主义的立场导致虚拟货币始终无法解决其被用来洗钱和非法地下交易的问题。一方面，虚拟货币为了实现“去监管”的技术特性给非法操作者提供了“恶意”的功能。[③] 匿名性的初衷是保护消费者的隐私，可是却被少数犯罪分子当作隐藏身份的工具。不可逆转性在防止当事人违反合同义务的同时，也会阻碍追回赃款。例如，不法分子采用黑客的方式洗劫加密货币交易所，或者用比特币和其他虚拟货币来洗钱。[④]另一方面，用以贯彻彻底民主化主张的“去中心化”使现实世界的犯罪壁垒在虚拟货币的场景中被削弱。[⑤] 由于缺乏单一、确定的被监管主体，监管者很难对去中心化的领域实施有效的约束。这致使比特币沦为了非法交易和勒索软件攻击的首选支付方式。为了克服虚拟货币内生的无政府主义和违

---

① See *Bitcoin is an Innovative Payment Network and a New Kind of Money*，载比特网，http://bitcoin. org/bitcoin. pdf。

② 参见王焕然、常晓磊、魏凯：《区块链社会：区块链助力国家治理能力现代化》，机械工业出版社 2020 年版，第 25 页。

③ 参见［美］威廉・马格努森：《区块链与大众之治》，高奇琦、陈志豪、张鹏译，上海人民出版社 2021 年版，第 143 页。

④ 参见［美］威廉・马格努森：《区块链与大众之治》，高奇琦、陈志豪、张鹏译，上海人民出版社 2021 年版，第 143 页。

⑤ 参见［美］威廉・马格努森：《区块链与大众之治》，高奇琦、陈志豪、张鹏译，上海人民出版社 2021 年版，第 149 页。

法倾向,我国采取了极为特殊的“币链”分离原则,为区块链的健康发展独创了“去币化”的发展道路。

(二)采用区别监管的原则创造安全合法的应用环境

一方面,我国对比特币和其他虚拟货币采取了严格防范的举措,划清了“币与链”之间的界限。2013 年 12 月 3 日,中国人民银行等五部委于出具的《关于防范比特币风险的通知》中明确了比特币是非法定货币,不具有法偿性和强制性等货币属性; 2017 年 9 月 4 日中国人民银行等七部委发布《关于防范代币发行融资风险的公告》,严格禁止了在我国境内的代币发行行为,清退了境内的虚拟货币交易所;2021 年 5 月 18 日,中国互联网金融协会、中国银行业协会、中国支付清算协会联合发布《关于防范虚拟货币交易炒作风险的公告》,禁止了法定货币与虚拟货币兑换及虚拟货币之间的兑换业务;2021 年 5 月 21 日,国务院金融委明确要求打击比特币挖矿和交易行为。相较于其他世界主要经济体,我国对于虚拟货币采取了最为严厉的监管政策。①

另一方面,我国对区块链则采用了扶持和规范的政策,为“区块链+司法”的建设赋能。2016 年 12 月 15 日,国务院印发《“十三五”国家信息化规划》首次将区块链作为战略性前沿科技列入规划;2017 年 11 月 19 日,国务院《关于深化“互联网+先进制造业”发展工业互联网的指导意见》提出促进人工智能、边缘计算、区块链等新兴前沿技术在工业互联网中的应用研究与探索;2019 年 10 月 24 日,中共中央政治局就区块链技术进行的第十八次集体学习中,将区块链上升到国家战略的新高度,成为“区块链+”迅速发展的重要契机。② 2019 年 10 月 26 日全国人大常委会审议通过的《密码法》,2018 年 9 月 3 日最高人民法院审判委员会审议通过的《互联网法院审案规定》,2021 年 6 月 16 日最高人民法院发布的《在线诉讼规则》等规范,创造

---

① 参见思二勋:《中国区块链政策现状及趋势分析报告》,载叶蓁蓁、罗华主编:《中国区块链应用发展研究报告(2019)》,社会科学文献出版社 2019 年版,第 413 页。

② 参见梁威、薛文:《2019 年中国区块链行业政策梳理及分析》,载姚前主编:《中国区块链发展报告(2020)》,社会科学文献出版社 2020 年版,第 35 页。

了“币链”分离的中国场景，为“区块链 + 司法”的建立提供了合法、安全与可信的法治环境。

三、“公链分离”原则

（一）公有链的“反监管”性质成为区块链治理的内生性障碍

依据区块链最传统的分类方式，即按照去中心化程度的不同，区块链可以分为公有链、私有链和联盟链。[①] 公有链是能够全面体现区块链的去中心化、分布式存储、全节点共治等特点的一种类型。任何人都可自由参与（或退出）公有链，成为链上的一个节点。在公有链上，任何节点都可以发生交易、获得该区块链的有效确认，并参与该链的共识过程。公有链是最早、也是应用最为成熟的区块链。不过，由于公有链具有完全“去中心化”的内在属性，该属性也成为监管治理的棘手问题。马格努森教授梳理了治理违法犯罪的三项理论，即功利主义理论、规范理论和破窗理论，[②]并尝试将它们用于解决去中心化所带来的问题。遗憾的是，马格努森教授认为现有的预防违法犯罪的机制对于去中心化系统均难以奏效。[③] 鉴于公有链仍未能在中心化监管与去中心化系统之间寻找到治理的平衡点，[④]它仍然不适合应用于“区块链 + 司法”的建设领域。

（二）易监管、效率高的联盟链是更适合于“区块链 + 司法”的技术类型

鉴于公有链及其内在特点不符合我国现行法律和监管的要求，2019 年中共中央第十八次集体学习将联盟链上升到了国家战略的层面。一方面，联盟链具有“监管友好”的特点，有利于增强“区块链 + 司法”的透明度和公

---

① 参见杨东：《链金有法：区块链商业实践与法律指南》，北京航空航天大学出版社 2017 年版，第 16 页。

② See George L. Kelling & James Q. Wilson, *Broken Windows: The Police and Neighborhood Safety*, ATLANTIC, Mar. 1982.

③ 参见［美］威廉·马格努森：《区块链与大众之治》，高奇琦、陈志豪、张鹏译，上海人民出版社 2021 年版，第 178 页。

④ 参见王焕然、常晓磊、魏凯：《区块链社会：区块链助力国家治理能力现代化》，机械工业出版社 2020 年版，第 64 页。

信力。公有链、私有链和联盟链还可以根据节点的权限分为“非许可链”(Permissionless Blockchain)和“许可链”(Permissioned Blockchain)。公有链的节点拥有相同权限,并可以自由参与/退出,因而属于“非许可链”;联盟链和私有链的节点权限不同,而且上链、成为节点必须满足一定条件,因而属于“许可链”。虽然联盟链不具有公有链那种去中心化和匿名性等特点,但是我国之所以将联盟链上升至国家战略的高度,主要是因为联盟链能够在中心化或者多中心化的前提下,进行点对点的加密数据传输,并杜绝数据造假的可能。易言之,联盟链将互联网的数据串联结构改变为数据并联结构。监管机关只需在联盟链的并联结构中建立一个节点,便可以随时更新全链的数据,从而对整个业务进行全面的监管。鉴于目前,“世界上基本上没有非虚拟货币的其他广泛使用的公有链应用”①,并且许可链(联盟链和私有链)是更适合于企业与行业级的应用,因此,联盟链是当前最适合于人民法院建设“区块链 + 司法”模式的技术类型。对于人民法院来说,只有有效监管做到“区块链 + 司法”,才能够确保司法程序的公开透明,增强司法改革的公信力。

另一方面,联盟链具有“低成本”的优势,有利于提高“区块链 + 司法”的应用效率。由于区块链技术仍无法解决“不可能三角形”的问题,“安全性”、“扩展性”和“去中心化”之间只能三取二。② 公有链为了维护安全性并坚持去中心化,便不得不以牺牲扩展性为代价,表现为两点:其一,处理交易的效率低;其二,达成共识的时间长。而且,随着公有链规模的扩大,可扩展性低下的问题则越加突出。相反,由于联盟链降低了对于“去中心化”的要求,可以支持“高速网络”,因而在“可扩展性”方面具有明显的优势。③ 此外,我国选择联盟链作为区块链发展的主力军,还在于它可以降低“对账成

---

① 单志广、何亦凡:《正本清源:为什么区块链是一次新的信息化革命》,载人民网,http://blockchain.people.com.cn/n1/2019/1028/c417685-31424459.html。

② 参见王焕然、常晓磊、魏凯:《区块链社会:区块链助力国家治理能力现代化》,机械工业出版社2020年版,第58页。

③ 参见杨东:《链金有法:区块链商业实践与法律指南》,北京航空航天大学出版社2017年版,第16页。

本和开发成本”[①]。可以预见，联盟链以其更高的每秒处理交易的笔数（Transactions Per Second，TPS）和更低的运行支出，为“区块链＋司法”赋能增效，提高司法工作的效率、降低司法救济的成本，增强人民群众的获得感。

四、“安全与创新”原则

（一）安全与创新并重的监管方式

面对具有变革意义的新兴技术，各国政府通常有三种监管方式或政策选择。[②] 第一种，宽松型监管。政府往往采用制定新法规、新政策的方式鼓励该技术的发展，以便该技术能够带动经济的繁荣。第二种，放任型监管。政府采用无为而治的策略，由市场主导新技术的发展，让企业和消费者自发承担该技术的成本、风险和收益。[③] 第三种，限制型监管。为了避免新技术潜在的风险和隐患，政府通过修改法律或强力监管禁止该技术的应用和发展。欧美学者认为，各种选择都有相应的回报和独特的风险，英国、美国和中国对于比特币和区块链的政策选择是上述三种监管类型的代表。2015年，英国率先发起“沙盒计划”（监管沙盒），为辖区内的金融科技公司、数字加密公司放宽各种监管限制，[④]宽松型的监管使本国企业更具竞争优势。于是，2016年以后，已有10多个国家和地区相继推出了各自的监管沙盒。[⑤] 美国则被视为放任型监管的代表。截至目前，美国国会和监管机构依然“回避了发布具有法律约束力的规则”[⑥]。尽管由于区块链的监管缺乏明确性而招致投资人士的批评，但是一些学者还是肯定了政府有意识不修改法律法规

---

① 单志广、何亦凡：《正本清源：为什么区块链是一次新的信息化革命》，载人民网，http://blockchain.people.com.cn/n1/2019/1028/c417685－31424459.html。

② 参见［美］威廉·马格努森：《区块链与大众之治》，高奇琦、陈志豪、张鹏译，上海人民出版社2021年版，第264页。

③ 参见高奇琦：《主权区块链与全球区块链研究》，载《世界经济与政治》2020年第10期。

④ See Regulatory Sandbox, Fin. Conduct Auth., https://www.fca.org.un/firms/regulatory-sanbox.

⑤ See Hilary J. Allen, *Regulatory Sandboxes*, 87 Gro. Wash. L. Rev. 579(2019).

⑥ ［美］威廉·马格努森：《区块链与大众之治》，高奇琦、陈志豪、张鹏译，上海人民出版社2021年版，第268页。

的做法。他们认为此举有利于保持监管结构的稳定性，避免了创制新规则的困难和昂贵的成本。[①] 我国对于比特币和区块链的监管被列入限制型监管的范围。[②] 学者们认为限制型管制的好处在于防止新技术给民众造成无法弥补的伤害，弊端在于其同时也限制了技术的改进和创新。[③]

我国在对比特币和区块链的监管中所采取的“二重分离”原则是对传统监管政策的突破，也是在治理方式上的创新。通过上文的分析不难发现，欧美学者对于我国区块链监管政策的认识并不全面，“限制型管制”的界定也不甚准确。实际上，我国的监管政策可以概括为“二重分离”原则，即“币链”分离、“公链”分离（联盟链与公有链分离、许可链与非许可链分离）。也就是说，我国明确区分了虚拟货币和区块链。对于比特币和其他虚拟货币，以及“借区块链之名、行发币之实”的行为均予以严格禁止。对于区块链，也进行了进一步的区别监管。作为非许可链的公有链，被排除在现行法律法规之外，原则上不可以在我国“合法落地和运营”[④]。对于作为许可链的联盟链，国家不仅赋予其合法合规的地位，而且上升至国家战略的高度，举全国之力推动其发展。“二重分离”的原则是在保障金融系统安全、避免违法风险的前提下，对区块链技术的内容和类型进行的甄别与筛选，是不同于传统监管政策的机制创新。

（二）安全与创新型的治理方式

安全与创新型的治理方式是“二重分离”原则的实质性展现。“二重分离”原则通过区别性的科技监管意在排除比特币和公有链的风险，进而对联盟链形成一种选择性的创新激励。“二重分离”原则的实施有赖于目标始终一致、步骤前后衔接的治理方式予以落实，本书将该方式称为安全与创新型

---

① See Sharon B. Jacobs, *The Administrative State's Passive Virtues*, 66 Admin. L. Rev. 565 (2014).

② See Geery Mullany, *China Restricts Banks' Use of Bitcoin*, N. Y. Times, Dec. 5, 2013.

③ See Chao Deng & Paul Vigna, *China to Shut Bitcoin Exchanges*, Wall St. J. Sept. 11, 2017.

④ 单志广、何亦凡：《正本清源：为什么区块链是一次新的信息化革命》，载人民网 2019 年 10 月 28 日，http://blockchain.people.com.cn/n1/2019/1028/c417685-31424459.html。

治理方式。

安全与创新型的科技治理将为“区块链 + 司法”的应用创造理想的发展条件。一方面，防止与区块链相关的欺诈和垄断，有利于建立“区块链 + 司法”的社会公信力。区块链目前尚处于发展应用的初期阶段，并不容易为公众所理解。前些年虚拟货币的炒作和投机又加剧了公众对于区块链核心逻辑的误解。只有杜绝虚拟货币、代币发行和挖矿行为，才有利于全社会科学地理解法定数字货币和联盟链应用，也有利于公众对国家推动科技金融、“区块链 + 司法”、区块链政务形成广泛的信任感和使用的积极性。另一方面，将联盟链作为国家的战略选择，有利于“区块链 + 司法”的技术改进和制度创新。经过“二重分离”的甄别与筛选，作为国家战略性选择的联盟链被视为“我国区块链技术未来发展的主力军”①。这意味着，联盟链成为国家将集中优势资源着力发展的技术，“区块链 +”的各个领域也将受益于央地两重优惠政策、超大型的国内市场和高质量智力资源的支持。“区块链 + 司法”的核心技术创新以及“技术与制度”的深度融合，都将因获得举国之力的推动，而步入加速发展的快车道。

五、“协同共治”原则

（一）对公有链“去中心化”的反思

区块链的根源可以追溯至霍布斯与洛克之间关于“分权”与“集权”的争论。尽管在西方的公众舆论中，洛克有关“中央集权政府是有缺陷的，必须通过分权加以调和”的观点已广为接受，但是在一群密码朋克和计算机专家看来，社会的变革需要比洛克的“分权”论更为激进的解决方案。② 为了对冲政府向民众征收沉重赋税的行为，防止精英银行家、企业家和政客们滥用他们的权力，中本聪发明了完全去中心化的电子现金系统——比特币，即

① 单志广、何亦凡：《正本清源：为什么区块链是一次新的信息化革命》，载人民网 2019 年 10 月 28 日，http://blockchain.people.com.cn/n1/2019/1028/c417685-31424459.html。

② 参见［美］威廉·马格努森：《区块链与大众之治》，高奇琦、陈志豪、张鹏译，上海人民出版社 2021 年版，第 268 页。

一种由用户自己决策、自己管理和自己维护的虚拟货币。政府、银行和企业无法创造它、无法监控它，也几乎没有发言权。[①] 中本聪认为，相较于以往的电子货币，比特币的创新和成功在于它是完全去中心化的系统——没有最终的决策者来决定货币的发展方向，没有权威机构来决定争端，用户以分权的方式获得了自己决策的可能，还将按照民主原则，集体决定比特币的未来。对于密码朋克们而言，去中心化就是将权力从少数人手中分散到多数人手中，分权的理想从此获得了实现的可能。[②]

起初，比特币、区块链是为了提供一种不可破解、匿名和去中心化的电子现金，然而，随着虚拟货币受众的不断扩大，其价值也在不断地被放大。一方面，去中心化被解释为一种权力分配机制。另一方面，区块链被美化为运行民主的审议机制。在数字经济领域中，尽管早期的虚拟货币拥护者将区块链视为“让世界更加民主”的技术，但后来的矿工们则视其为谋利的手段。行业的权力从分散开始向大公司和政府移转，区块链也正在转变为权力集中的一种形式。可是，支持者们仍然会以“权力来源的分散性”、系统在不同程度上表现出的分权倾向，来强调这些区块链应用在去中心化的正当性。

（二）“协同共治”原则源自“区块链＋司法”的建设实践

我国的“区块链＋司法”以问题为导向，在解决新型司法模式痛点的过程中形成了“协同共治”的原则。一方面，基于联盟链的“区块链＋司法”建设超越了“去中心化”的意识形态。我国在对区块链技术进行过系统化的甄别后，深刻地认识到，虽然建立“去中心化”系统的技术已经十分成熟，但是要维持系统的“去中心化”特征却极为困难。于是，我国通过“二重分离”的方式放弃了公有链，选择以联盟链为主要的应用类型。“区块链＋司法”选择采用联盟链的技术架构，意味着我们超越了“去中心化”，不迷信于“分

---

① See Satoshi Nakamoto, *Post to P2P Foundation* (Feb. 15, 2009), http://p2pfoundation.ning.com/forum/topics/bitcoin-open-source? commentId=2003008%3AComment%3A9543.

② See Satoshi Nakamoto, *Bitcoin P2P E-cash Paper*, Metzdowd (Nov. 2, 2008.), http://www.metadowd.com/pipermail/cryptography/2008-October/014810.html.

权”技术的话语和“民主”网络的辞藻。[1] 相反，我们的智慧法院建设选择了更为务实的方式——在安全、可控的范围内探索联盟链的技术优势与司法规律相结合的路径与方案。

另一方面，在问题导向的路径中，“区块链 + 司法”建设提炼出“协同共治”的适用原则。其一，多技术协同。在区块链平台上，通过司法人工智能、司法大数据、司法物联网等技术的协同合作，不仅实现了技术互补，而且为“区块链 + 司法”模式进一步赋能增效。其二，多主体协同。为了破解不同部门间的信息孤岛问题，通过各司法机关、法院的各部门的共同上链、数据共享，司法联盟链不仅使案件的全流程更加公开透明，而且实现了数据多流转、群众少跑路的目标，提升了“区块链 + 司法”的社会公信力。其三，跨层级协同。随着我国城市群建设的推进及其辐射效应的产生，京津冀、长三角等城市间的交往越发高效和密切。经济社会的司法需求推动不同地域、不同层级法院之间的协作和统一，也给人民法院的一站式服务带来更高的效率、更广的范围和更丰富的内容。

（三）“协同共治”是区块链技术的合理内核

“协同共治”是我们在“区块链 + 司法”和多个联盟链场景应用中提炼出来的适用原则。随着世界领先的“区块链 + 司法”引发全球的关注并产生示范效应，区块链与实体经济的深度融合给数字经济带来巨大的活力，“协同共治”与“去中心化”的鉴别、论辩和研究将不可避免，将两项原则进行比较有如下发现。

第一，二者的适用范围不同。“去中心化”原则只能在公有链环境中适用，并且它主要应用于虚拟货币的场景。[2] “协同共治”原则既可以适用于联盟链，也可以适用于公有链；既可以服务于数字货币，也可以应用于“区块

---

① See Jeffrey E. Alberts & Bertrand Fry, *Is Bitcoin a Security*, 21 B. U. J. SCI. & TECH. L. 1 (2015).

② See Peter van Valkenburg, *Bank Secrecy Act, Cryptocurrencies, and New Tokens: What is Known and What Remain Ambiguous* (2017), https://coincenter.org/files/2017-05/report-bsa-crapto-token1.pdf.

链 + "的各种场景。

第二,二者的稳定程度不同。"去中心化"原则要求公有链的所有节点拥有相同的权力,共同进行决策。可是,随着各节点在算力、软件、存储能力等方面的差距不断扩大,超级节点的产生使"去中心化"面临难以为继的困境。① "协同共治"对于节点并没有平等化的要求,相反,它允许特定节点具有管理、监督和决策的权力。只要将"协同"的程序和"共治"的方式写入智能合约,该原则便可以持续进行并保持稳定。②

第三,二者体现不同的政治理想。"去中心化"原则对应西方近代历史上的"分权"思想。因此,"去中心化"原则可以与民主、自由、市场竞争、资本主义等众多概念建立广泛联系、形成完整的逻辑。"协同共治"原则对应"人类命运共同体"思想以及"共建共治共享"的原则,具有服务于未来的特点和前瞻性的优势。

第四,二者居于不同的发展阶段。"去中心化"原则是在比特币的设计过程植入的思想和理念,它是具有先验意义的理性判断和价值选择。"协同共治"原则是在"区块链 + 司法"的建设过程中,对解决问题的方案的概括和对智慧法院建设经验的总结。它是具有实践性和建设性的经验,是适合于我国"区块链 + "发展的原则。不过,"协同共治"原则还没有形成完整的理论体系,它的内容还需要在实践中不断丰富。

概言之,"协同共治"是在去除"去中心化"的无政府主义倾向的前提下,为我国"区块链 + 司法"建设所提炼出的区块链技术的合理"内核"理论。③ 坚持"协同共治"的原则将有助于区块链司法模式的完善,继而推动区块链与审判方式、诉讼制度以及互联网司法治理实践的深度融合。

---

① 参见[美]威廉·马格努森:《区块链与大众之治》,高奇琦、陈志豪、张鹏译,上海人民出版社 2021 年版,第 66 页。

② See Roger Wattenhofer, *The Science of Blockchain*, Inverted Forest Publishing, 2016.

③ 参见大数据战略重点实验室:《块数据 3.0:秩序互联网与主权区块链》,中信出版集团 2017 年版,第 60 页。

第二节　“区块链 + 司法”的基本结构

“区块链 + 司法”模式将如何推进和深化司法改革？对此问题的回答，首先需要厘清应当如何理解我国既有的“司法模式”，进而才能阐明“区块链 + 司法”将如何推动既有模式的变革与创新。依据美国耶鲁大学荣休讲席教授米尔伊安·R. 达玛什卡在《司法和国家权力的多种面孔》一书中提出的“科层—协作”二元司法类型理论，[①]国内很多学者倾向于将我国的司法模式纳入“科层司法”的类型。[②] 本节将借助达玛什卡有关理论框架，阐明“区块链 + 司法”给我国司法结构带来的深层变革。

一、科层型司法结构的痛点

（一）科层型司法的含义

鉴于传统的“纠问制—对抗制”司法类型理论对于世界各国司法管理方式存在解释力不足的缺陷，达玛什卡教授依据“权力结构—政府职能”的新范式提供了一种“法律程序的类型学”分析。[③] 他依据第一项主题——程序性权力的组织结构——把世界各国的司法模式划分为“科层型”与“协作型”两类。进而，依据第二项主题——司法服务的目的，指出各国的司法职能在“政策实施”与“纠纷解决”这两方面会有所侧重。在达玛什卡教授看来，由于欧陆国家具有更明显的垂直性权力分层结构，它们的司法在程序上更接近于科层型模式。

① 参见[美]米尔伊安·R. 达玛什卡：《司法和国家权力的多种面孔》(修订版)，郑戈译，中国政法大学出版社 2015 年版，第 11 页。

② 参见郑戈：《在法律与科技之间：智慧法院与未来司法》，载《中国社会科学评价》2021 年第 1 期；李拥军：《司法改革中的体制性冲突及其解决路径》，载《法商研究》2017 年第 2 期；丁晓雨、候华北：《论内设机构改革背景下审判管理权的重塑》，载《法律适用》2018 年第 19 期；付磊：《我国司法科层制的建构路径及其背景透视》，载《财经法学》2015 年第 5 期。

③ 参见[美]米尔伊安·R. 达玛什卡：《司法和国家权力的多种面孔》(修订版)，郑戈译，中国政法大学出版社 2015 年版，第 17 页。

科层型司法的特点在于,“递进式法律程序在权力等级体系中渐次展开”①。审判采用渐进的方式分段进行,材料的收集也采用分步的方式;程序的官方性、职业化,对于私人推动司法程序的活动予以压制;由于权力来自最上方,按照等级逐层向下配置,权力对于秩序感和一致性的要求体现在裁决更偏爱一般性的标准和逻辑法条主义;不同阶段收集到的材料必须被汇集起来,裁决主要依赖书面文档,卷宗是整个司法程序的中枢。

(二)科层型司法的痛点

科层型司法具有较强的稳定性。可是,结构易于固化、严格等级的不平衡性以及官僚主义的滋生等问题,已成为当前科层型司法亟待解决的痛点。

首先,科层型司法固化的结构难以满足人民群众日益增长的司法救济需求。人民法院的受案数量逐年递增,“案多人少”的问题日趋严峻。2019年,全国地方各级法院受理案件3156.7万件,审结、执结2902.2万件,分别较上一年度上升12.7%和15.3%。② 科层型结构具有极强的稳定性,全国法院系统难以通过司法资源的结构性调整来解决地区分配不平衡的问题。于是,多年来“案多人少”的问题始终是部分法院难解之痼疾。

其次,科层型司法固化的结构难以因应数字社会不断丰富的多元化司法需求。随着我国城市群建设的不断推进,新的社会发展方式也给人民法院提出了多元化、新形态的司法需求。区域经济一体化的发展趋势要求国家机关、征信机构、互联网企业等平台进行数据共享,打破信息壁垒、价值深井。数据、信用、市场的一体化发展也对人民法院的工作提出了司法一体化的需求。③ 然而,人民法院间跨地域、跨层级的建设要求却存在与科层型法院系统结构相冲突的情况。制度性、结构性的障碍成为制约司法一体化的

---

① [美]米尔伊安·R.达玛什卡:《司法和国家权力的多种面孔》(修订版),郑戈译,中国政法大学出版社2015年版,第63页。

② 参见《最高人民法院工作报告(摘要)》,载中国人大网2021年3月9日,http://www.npc.gov.cn/npc/kgfb/202103/9febc902cf264ecfa4f7f19958e6ba2b.shtml。

③ See Jake Goldenfein & Andrea Leiter, *Legal Engineering on the Blockchain: "Smart Contracts" as Legal Conduct*, 29. L. Crit. 141(2018).

首要问题。

最后，科层型司法固化的结构难以杜绝人民法院内部的官僚主义和司法腐败。科层制意味着严格的等级秩序，不同级别之间的权责并不平等。每上一层都将承担更大的责任，也拥有更大的权限。当上下级之间存在分歧时，上级法院相对于下级法院，院长、庭长相对于审判人员在依法享有的职权以外，还占据着众多优势和资源，可以要求下级审判组织按照上级的意见或要求来处理案件。在相对封闭的科层制司法系统内，法律监督、人大监督、民主监督、人民监督和舆论监督的影响都大打折扣，这便给官僚主义、形式主义和司法腐败的滋生提供了土壤。

二、“区块链＋司法”推动司法结构的创新

（一）“区块链＋司法”将联盟链引入司法体系的现代化建设

在诞生之初曾作为比特币底层技术的区块链，其坚守的“去中心化”也具有较强的无政府主义的倾向。[①] 为了安全地利用区块链带来的科技红利，我国采用“二重分离”的措施，坚持区块链与比特币相分离、联盟链与公有链相区别的原则，最终选择将联盟链作为我国区块链发展战略的主要技术类型。联盟链具有不同于公有链的两个特点：其一，它是许可型的区块链，[②]即参与联盟链的节点必须经过认证，通过授权后才能进入或者退出联盟链，从而降低了匿名攻击、非法交易的法律风险。[③] 其二，联盟链允许部分节点进行管理，可以授权或剥夺其他节点的权限，也就是所谓的超级节点。[④] 因此，联盟链的最显著特征是呈现为“多中心”形式的“中心化”结构，而非公有链

① 参见长铗、韩锋等：《区块链：从数字货币到信用社会》，中信出版社 2016 年版，第 47 页。

② 参见杨东：《链金有法：区块链商业实践与法律指南》，北京航空航天大学出版社 2017 年版，第 17 页。

③ 参见袁勇、王飞跃：《区块链技术发展现状与展望》，载《自动化学报》2016 年第 4 期。

④ 参见周立群、李智华：《区块链在供应链金融的应用》，载《信息系统工程》2016 年第 7 期。

的“去中心化”。[①] “区块链 + 司法”模式实际上是将联盟链应用于人民法院系统的各个领域,进而通过联盟链技术与审判制度、执行制度、司法服务的深度融合,以期实现“技术 + 法律”意义上的制度创新。

(二)联盟链推动司法体系的“液态扁平化”

扁平化来源于公共管理领域的组织模式创新和管理方式改革。[②] 经过局部性的试点,2015 年最高人民法院将扁平化改革的要求写进了《关于全面深化人民法院改革的意见——人民法院第四个五年改革纲要(2014—2018)》(以下简称《四五改革纲要》),[③]作为完善人民法院管理体系的指导方针。扁平化与科层制的管理思路截然相反。科层制主张通过增加管理层次来实现有效动员;扁平化强调通过减少层次、增加幅度来提升管理的效能。当管理层次缩减且幅度延伸时,金字塔式的管理组织将被压缩为扁平状的形式,因而被称为“扁平化”。

联盟链与司法体制的结合有利于通过技术上的“协同合作”实现司法组织形式的“液态扁平化”。通过上下级法院共同上链,或者法院内部的不同机关共同上链,不同层级的法院或机构都成为联盟链上的多个节点。在这个过程中,原来链下的多个层级,在“协同合作”的场景中被(部分)取消;原来不同的层级在节点化以后,便可以实现跨越层级的直接联系。“区块链 + 司法”对法院组织进行管理形式的改造以实现“协同合作”,不仅将减少固化的层级,而且通过司法链的协同打破数据壁垒,从而在层级间、同级间建立起更加灵活、趋于液态式的共治结构。各司法节点之间可以实现数据直通,在多节点共同组成的司法多中心场景下,也可以实现司法数据的跨层级共享。“区块链 + 司法”通过“协同合作”技术优势将推动法院系统的扁平化

---

① 参见杨东:《链金有法:区块链商业实践与法律指南》,北京航空航天大学出版社 2017 年版,第 17 页。

② 参见[美]斯蒂芬·P. 罗宾斯、[美]玛丽·库尔特、[美]戴维·A. 德森佐:《管理学:原理与实践》,毛蕴诗译,机械工业出版社 2019 年版,第 144 页。

③ 参见《最高人民法院关于全面深化人民法院改革的意见——人民法院第四个五年改革纲要(2014—2018)》,载北京市政府网,http://www.beijing.gov.cn/zhengce/zhengcefagui/201905/t20190522_58518.html。

建设,进而实现“让司法数据多跑路、人民群众少跑路”的改革目标。[①]

三、“多中心化”的挑战与互联网法院的对策

（一）联盟链的特性与人民司法的性质之间的张力

“多中心化”在政治哲学上的“分权”倾向是联盟链与我国司法体制相融合的结构性障碍。联盟链、公有链、私有链是区块链的三种基本类型。公有链是指任何节点都可以参与链上事务决策的区块链类型。公有链的特点是“去中心化”或者“完全非中心化”。联盟链是指仅有经过允许的节点才可以参与决策的区块链类型。联盟链的特点是“多中心化”。私有链是指仅有内部节点可以参与决策的区块链类型。私有链主要适用于特定机构的内部数据管理,具有“中心化”的特点,因而适用范围有限。“去中心化”“多中心化”不只是技术层面的特点,而且可以形成广泛的社会影响和具有深远的政治意义。美国学者威廉·马格努森认为,区块链的根源在于政治哲学中的分权思想。[②] 我国学者王浦劬也指出,“多中心”是西方“治理”理论的基本主张。20 世纪末在西方兴起的“治理”理论,强调弱化政府权威,主张“多中心”“多主体”的社会自治以及社会组织与政府的平等共治。[③] 显然,联盟链的“多中心化”在政治哲学上的“分权”立场,以及在“治理”理论上“社会自治主义”的倾向,都与我国政治制度、司法体制坚持党的领导、以人民为中心的价值取向格格不入。因此,联盟链的这些特性与我国司法的性质之间的张力是“区块链＋司法”研究必须正视并解决的理论问题。

（二）北京互联网法院搭建“天平链”的实践智慧

天平链的共识机制允许北京互联网法院的节点拥有最大权限,形成了

---

① 参见刘旭:《我国法院扁平化改革实践探索与路径选择》,载《黑龙江社会科学》2021 年第 1 期。

② 参见[美]威廉·马格努森:《区块链与大众之治》,高奇琦、陈志豪、张鹏译,上海人民出版社 2021 年版,第 23 页。

③ 参见王浦劬:《国家治理、政府治理和社会治理的含义及其相互关系》,载《国家行政学院学报》2014 年第 3 期。

具有“中心化”特点的特殊联盟链结构。2021 年 6 月，笔者曾前往北京互联网法院进行实地调研。通过调研了解到，天平链司法存证平台采用联盟链技术，由 2 个级别、17 个节点和 25 个外接应用组成联盟链的基本架构。其中共有 8 个权威节点、9 个一般节点，并由权威节点负责验证和记账。本质上，联盟链属于托管记账的分布式账本，确定记账节点及其权限的共识机制是该区块链的关键点和整个架构的核心。天平链独特的共识机制决定了它与一般“多中心化”的联盟链不同。天平链的共识机制允许北京互联网法院的节点拥有比其他权威节点更大的权限，比如，只有它可以授权外部单位加入和退出天平链平台。天平链在保持多个权威节点共同维护联盟链架构的前提下，合理地运用共识机制的议定性和灵活性，通过记账权限的非均等分配，巧妙地为核心机构在区块链上设置了特殊“中心化”的地位。特殊“中心化”节点虽然拥有最大的权限，但是它仍然需要同其他权威节点进行协同合作才能有效地运行该联盟链。其他权威节点仍拥有记账、查询和管理数据等权限，在它们与“中心化”节点协同共治区块链的同时，也对该“中心化”节点的决策形成了实际意义上的监督和约束。这种部分保留“中心化”节点的联盟链架构与我国的司法体制具有较高的契合度。因为天平链的架构既尊重并维护人民法院的性质、职能与基本结构，又通过司法存证平台将区块链“协同共治”的技术优势引入科层型司法的体制和机制改革之中。可以说，天平链以其精细设计的共识机制为弥合联盟链与我国司法体制之间张力，提供了合理化解决方案的一份样本。

四、“协同式中心化”的司法结构

（一）“协同式中心化”司法结构的正当性

互联网司法治理是国家治理的重要组成部分。作为互联网司法治理新型模式的“区块链 + 司法”也构成国家治理体系整体结构中的一环。“协同式中心化”结构是坚持国家治理基本原则、贯彻国家治理体系建设要求的一种特殊区块链结构形式。因此，“协同式中心化”应成为“区块链 + 司法”模式推进互联网司法治理所应采用的基本结构形式。

1. “协同式中心化”是坚持国家治理基本原则的区块链结构

“协同式中心化”是“区块链 + 司法”因应国家治理原则所采用的特殊区块链结构形式。通过对区块链“前世今生”的简要回顾，有助于我们理解该技术与国家治理之间的张力。在以区块链为底层技术的比特币诞生之前，密码朋克们通过密码学的方式创建的电子货币（比特币、以太币问世之前的虚拟货币）在20世纪90年代便因其具有削弱金融监管的能力而在全球掀起了短暂的浪潮。当时，去中心化的难以实现成为早期虚拟货币消失的直接原因。不过，随着区块链于2008年问世，克服了关键技术障碍的虚拟货币在最近10余年间才得以突飞猛进。在早期虚拟货币出现的同一时期，西方治理理论也开始兴起。看似并无瓜葛的技术和理论却在政治哲学上具有高度一致的价值主张，即弱化政府和削弱监管的分权思想。虚拟货币和区块链技术主张“货币去中心化，将货币体系的权力交给使用货币的人”。西方治理理论主张“政府分权，实行多中心、多主体的社会自治”①。

国家治理对西方治理概念的扬弃，为“区块链 + 司法”的结构选择提供了有益的指引。针对国家治理与西方治理理论的区别，王浦劬教授指出：国家治理理论扬弃地吸收了西方“治理”概念关于管理方式的有益要素。因此，我国国家治理在本质上不同于“西方政治和管理理论中倾向于向政府分权、实现社会多中心自治的‘治理’概念”②。同理，我国“区块链 + 司法”也应当扬弃地应用区块链技术。互联网司法治理是国家治理整体系统中的一个环节，必须坚持和贯彻党的领导、人民当家作主和依法治国有机结合的根本要求，解决摒弃分权、弱化国家权力以及社会中心主义等错误倾向。“协同式中心化”是北京互联网法院合理运用区块链共识机制，成功搭建的联盟链结构形式。它延续了区块链协同合作的有益要素，建立起特殊的“中心化”结构。因此，致力于推动互联网司法治理的“区块链 + 司法”建设，在其

---

① 王浦劬：《国家治理现代化：理论与策论》，人民出版社2016年版，第35页。

② 王浦劬：《国家治理现代化：理论与策论》，人民出版社2016年版，第36页。

基本结构的搭建中应当选择"协同式中心化"形式,从而在本质上区别于具有"分权"倾向的"去中心化"或"多中心化"结构。

2."协同式中心化"是贯彻国家治理体系本质要求的联盟链设计

互联网司法治理体系必须贯彻国家治理体系的本质要求。互联网司法治理体系是国家治理体系的重要组成部分,应当把党的领导落实到互联网司法治理的各个环节之中。借助美国著名政治学家戴维·伊斯顿的政治结构理论,更深刻地阐释对国家治理体系的整体对各领域制度建设体系的决定性影响。按照政治结构理论的分析框架,政治结构可以分为高阶结构和低阶结构两部分。高阶结构是需要推断的抽象结构,它作为整体,是政治系统最广阔的背景,如国家治理体系。低阶结构是可以从经验中观察到的结构,它的形式更为具体,如各领域的制度建设体系。高阶结构与低阶结构是一种嵌套关系,前者内含后者并对后者变量的范围设限或设置物理边界,从而形成后者的主要特性。① 如果说国家治理体系属于高阶结构,司法治理体系属于低阶结构,那么互联网司法治理体系便属于更低层级的次低阶结构。想要理解司法治理体系的特性,必须参考其所在的、由国家治理体系代表的整体。我国国家治理体系的根本特征在于中国共产党在国家治理中处于核心地位。按照戴维·伊斯顿政治结构的嵌套关系理论,②互联网司法治理体系被包含在国家治理体系之中,并根据后者形成自身的主要特性。因此,嵌套于互联网司法治理体系的"区块链 + 司法"也必须贯彻国家治理体系的本质要求,搭建有利于保证党的领导的区块链基本结构。

"协同式中心化"结构将有利于维护党在互联网司法治理体系中的领导地位。"区块链 + 司法"模式要在互联网司法治理体系中贯彻国家治理体系的本质要求,就必须搭建有利于保证"党的领导"的基本结构形式。按照区块链的一般原理,公有链、联盟链和私有链是区块链的三种基本类型。鉴于

---

① 参见[美]戴维·伊斯顿:《政治结构分析》,王浦劬等译,北京大学出版社 2016 年版,第 281 页。

② 参见[美]戴维·伊斯顿:《政治结构分析》,王浦劬等译,北京大学出版社 2016 年版,第 281 页。

公有链并不符合我国的法律规定和监管政策，而私有链是一种封闭的内部应用形式，因此，联盟链是“区块链 + 司法”建设所采用的主要技术类型。通常联盟链采用有限节点进行决策的方案设计，因而联盟链也被视为“多中心化”的代名词。“多中心化”的外部特征源自联盟链的共识机制规定参与记账的有限节点拥有同等的决策权，不允许个别节点拥有超出其他记账节点的决策权限。按照“多中心化”的逻辑，“区块链 + 司法”的全部记账节点对于互联网司法治理工作拥有均等的决策权限。那么，代表党委的节点便无法在区块链上发挥总揽全局、协调各方的领导核心作用。按照“协同式中心化”的逻辑，针对特定的互联网司法治理场景，联盟链的共识机制可以对党委节点发挥领导核心作用进行有针对性的设计。采用联盟链的“区块链 + 司法”模式可以为党委节点设定特定的权限，避免因机械地适用“多中心化”原则使党委节点与其他司法职能节点拥有相同或均等的权限，从而在保障党委政治领导的前提下，又在技术上限制了不当的个案干预。于是，“区块链 + 司法”模式必然呈现出一定程度的“中心化”特征。同时，由于该联盟链赋予其他记账节点对互联网司法治理的事项拥有协同合作的权限，使“区块链 + 司法”模式具有“中心化 + 协同共治”的特征，从而有利于支持和保障相应的司法机关（或部门）“依照宪法法律积极主动、独立负责、协调一致开展工作”①。

（二）“协同式中心化”司法结构的合理性

1.“多中心化”的技术形态与“中心化”司法体系之间的矛盾

互联网司法治理体系的现代化建设，至少涉及审判体系、司法体制综合配套改革体系、一站式多元化纠纷解决服务体系等三个治理体系。随着区块链与司法全面、深入融合，一般技术形态与特定场景需求之间的矛盾便逐步显现。从“司法链”到“区块链 + 司法”的演进是从司法技术应用向司法模式创新不断深化的过程，也是区块链与司法之间的内在张力被逐步认识

---

① 中共中央文献研究室编：《习近平关于社会主义政治建设论述摘编》，中央文献出版社2017年版，第29页。

的过程。在司法技术应用阶段,技术的一般性与场景的特殊性的矛盾尚未充分显现。司法链主要是发挥区块链的部分技术优势有针对性地解决电子证据存证、取证、质证难问题。在此阶段,互联网法院仅采用区块链技术集群中的加密、分布式存储和时间戳等部分技术。因此,区块链与司法之间的矛盾尚不突出。

在司法模式创新阶段,一般技术形态与特定场景需求之间的矛盾便凸显出来。"区块链 + 司法"建设的目标是通过区块链司法基础设施的迭代推动互联网司法治理体系和治理能力的现代化。在区块链与审判流程、诉讼制度和司法体制深度融合的过程中,区块链多主体共治的基本形态与科层型司法的垂直结构之间必然形成不容忽视的张力与矛盾。鉴于区块链技术的设计初衷与"洛克和霍布斯"之争有着深刻的渊源关系,"去中心化"(包括"多中心化")通常以"分权""民主""大众之治""机器信任"等标签来塑造其不证自明的正当性基础。任何系统既有的"中心"甚至"中介"都被视为"集权"的象征和"不可信任"的对象。然而,由于互联网司法治理体系的现代化建设并不会改变人民法院科层型的垂直权力结构,因此,区块链司法基础设施也必须以人民法院既有的科层体制和层级结构为迭代更新的前提和依据。例如,在最高人民法院建立的司法区块链体系中,最高人民法院作为人民法院系统的最高司法机关,在该司法链的对应节点势必享有比其他法院节点更大、更权威的管理权限。显然,一般意义上的"多中心化"并不符合我国司法体系的基本要求。我国司法的"中心化"结构与联盟链"多中心化"的形态之间的张力便无法回避。

2."协同式中心化"结构为解决一般技术形态与特定场景需求之间的矛盾提供了可行的方案

"协同式中心化"是联盟链技术因应我国司法体制的结构创新。面对区块链与司法之间的内在矛盾,人民法院应当针对区块链技术的应用形态进行必要的调整,以因应我国互联网司法治理体系现代化建设场景的特定需求。北京互联网法院在天平链建设中的创新为解决区块链技术一般形态与我国互联网司法治理特殊应用需求之间的矛盾提供了有益的经验。源自天平链建设经验的“协同式中心化”结构，其合理性在于，“区块链＋司法”模式在遵循我国司法体制基本结构的前提下，可以对联盟链技术进行合乎规律的革新和续造。“区块链＋司法”模式在延续区块链技术合理内核的前提下，可以保留司法系统中必要的“中心”节点，同时，它以非对称加密、难以篡改、分布式协同等技术优势，将避免因“中心化”设置的存在而造成权力的过度集中。“协同式中心化”结构实现了区块链分布式协同、信息公开可信、数据不可篡改等优势与科层型司法的无缝衔接，为我国互联网司法治理体系全面步入区块链阶段提供了可行的实施方案与建设路径。

“协同式中心化”结构将实现纵向的科层体制与横向的协同治理之间的平衡。根据达玛什卡教授的研究，科层型司法的原型可以追溯至12世纪罗马天主教廷依据教会的司法组织结构对中世纪纠纷解决机制的改造。[①] 19世纪，科层型司法的模式已基本形成。[②] 即使到了今天，科层型司法的稳定结构及其对于司法资源的广泛动员力，也使它的存续仍具有充分的正当性与合理性。尽管科层型司法在步入数字化时代的进程中暴露出其固有的问题和发展的痛点，但以区块链为代表的新兴技术的引入，预示着互联网司法治理体系正在升级迭代，而并非推倒重建。新型司法模式的创新路径并不是对传统形式的否定或对既有模式的颠覆，而是对司法运行和发展规律的尊重、革新与续造。在实质意义上，“区块链＋司法”是通过区块链技术与司法制度的深度融合，建立起一种“中心化”与“协同治理”相融合的新型司法结构。[③] 在此结构中，具有穿透各个层级优势的科层制仍将发挥其垂直结构的优势。最高人民法院相对于全国各级法院，上级法院相对于各下级法院，院长、庭长相对于其领导的院、庭、室的“中心”地位将得以延续、巩固和创新，避免了因为“去中心化”“多中心化”的分权属性而面临被解构或削弱的

---

① 参见[美]米尔伊安·R.达玛什卡：《司法和国家权力的多种面孔》（修订版），郑戈译，中国政法大学出版社2015年版，第268页。

② 参见[美]米尔伊安·R.达玛什卡：《司法和国家权力的多种面孔》（修订版），郑戈译，中国政法大学出版社2015年版，第271页。

③ 参见高奇琦：《将区块链融入科层制：科层区块链的融合形态初探》，载《中国行政管理》2021年第7期。

风险。同时,区块链通过分布式的信息系统让信息更加公开化;通过水平化的动员结构,让更多的参与者在同等重要的平台上可以进行个性化的表达、实现对多元主体主动性的充分调动。概言之,“协同式中心化”将有利于人民法院在纵向的科层结构与横向的协同治理之间实现平衡,在互联网司法治理中实现整合力与分布式的辩证统一。

（三）“协同式中心化”司法结构的创新性

“协同式中心化”结构克服了联盟链的“多中心化”与我国司法体制的内在矛盾,通过以“中心化”为前提的“协同共治”,①为“区块链 + 司法”赋予“液态扁平化”的结构性优势。

第一,“协同式中心化”结构具有较强的灵活性,可以根据互联网司法的多元需求,进行有针对性的调整或改造。人民法院审判监督管理工作的完善离不开法院行政管理、审判事务管理与审判监督的区分与合理配置。②“区块链 + 司法”模式可以将上述三类事务进行“分链”管理,使“与审判无关的行政、人事管理”和“审判相关事务管理”相分离,二者可以根据各自的管理规律分别在独立的区块链上对管理结构进行重新安排。通过将不同性质的工作纳入各自独立的区块链流程并遵循对应的规律,“协同式中心化”结构将以更加科学、高效的司法管理系统践行“让审理者裁判,由裁判者负责”的改革方针。

第二,“协同式中心化”结构因互联网司法工作内容的数据化而具有液态性的特征。在“区块链 + 司法”的审判监督管理结构中,因监督、管理工作转移至区块链上,被监督和管理的事务都将经过数字化的改造,比如法律文书、案件卷宗、证据材料以及各种司法资源的电子化和数据化。在审判监督管理的各方上链后,以往的信息壁垒将被打破,被监督或管理的事项均以司法数据的形态流转并在各主体间实现异地同步的数据更新。司法数据在区

① 参见高奇琦:《将区块链融入科层制:科层区块链的融合形态初探》,载《中国行政管理》2021 年第 7 期。

② 参见刘旭:《司法扁平化改革的思考与展望》,载《中国社会科学报》2020 年 7 月 15 日,第 4 版。

块链上的同步更新、共同治理和因此形成的相互监督，将从根本上改变审判监督管理的基本形态。一些僵化的层级、部门间不必要的壁垒将被司法数据液态化的流动方式消减，从而在实质意义上推动司法体制的“扁平化”改革。

第三，“协同式中心化”结构为互联网司法系统的延展提供便捷的司法基础设施。不同部门、不同机构、不同地区间的司法协同仅需在原有的区块链上增设节点，或者将相互独立的区块链进行跨链链接。例如，杭州互联网法院联合上海市第一中级人民法院、苏州市中级人民法院、合肥市中级人民法院合作建立的大型司法链——长三角司法联盟链。① 长三角司法联盟链是“区块链＋司法”深层次、大范围应用的重要尝试，不仅突破了科层式的纵向限制，也跨越了扁平化建设的横向维度。审判监督管理系统的延展以及系统之间的衔接势必需要突破地区间、层级间、法院间的重重限制。在以往，这种延展或衔接势必意味着高昂的司法成本和时间成本的投入，而凭借新型的司法基础设施，“协同式中心化”司法结构使司法区块链平台节点的增加、司法数据共享共治范围的扩大，将以近乎零成本的方式实现。审判监督管理系统通过“液态扁平化”的改革，还将确立自由度高、灵活性强、扩展空间大等新的结构性优势。

第三节 “区块链＋司法”的基本职能

在区块链推动各国司法体制、机制升级迭代的同时，技术引发的“去法院中心化”倾向也正在酝酿一场对司法制度的全新挑战。鉴于人民法院的“区块链＋司法”已成为“中国特色、世界领先”的区块链司法应用的最新成就；有关“区块链＋司法”的理论研究应当通过对基本司法职能的梳理与总结，为广大发展中国家因应未来司法制度的挑战提供可行的中国方案。

① 参见杜前主编：《互联网司法实践与探索》，人民法院出版社2021年版，第67－68页。

一、“区块链 + 司法”基本职能的研究背景

(一)基于传统司法职能理论的“去法院中心化”

司法职能的“纠纷解决”说是“改变法院中心地位”的理论主张的逻辑起点。达玛什卡教授在对普通法系司法制度进行总结时,结合司法程序中法官与陪审团的分工协作、官方行动与私人行动之间的相互渗透等现象,将英美的司法程序归结为“协作理想型”,并将英美的主要司法职能界定为“纠纷的解决”。[①] 司法职能的“纠纷解决”说认为,英美司法程序的显著特征之一在于“公私协作”,私人程序、非官方行为是司法程序的必要组成部分。普通法系的司法职能并非如同大陆法系国家那样由专门的官方机构独立承担。按照这类学说的主张,在法院无法为公众提供充分、便捷和可负担的司法救济时,由非官方机构提供替代性或多元化纠纷解决机制(ADR)以满足社会的救济需求,不仅具有现实层面的迫切性,也具有制度层面的正当性。20 世纪 90 年代中期以后,随着互联网的普及,在线纠纷解决机制(ODR)迅速崛起。伊森·凯什和奥娜·拉比诺维奇·艾尼指出,随着在线纠纷解决机制从早期的“在线的替代性纠纷解决机制”(O - ADR)蜕变为独立的纠纷解决机制(ODR),它不仅在纠纷解决的数量上远胜于法院,而且在新技术的助力下还形成了法院所不具备的“纠纷预防”职能。学者们进而主张,鉴于(美国)法院对于最新科技成果的消极姿态,它对公众的影响力正在逐渐减弱,法院以及法律的中心地位正在被改变。[②] 毕竟,根据司法职能的“纠纷解决”理论,由公私协作所组成的“司法”与由非官方机构建立的“纠纷解决机制”,在本质上居于同等的地位。因而,当后者的职能优于前者,并能够更有效地满足公众的救济需求时,法院中心地位的改变在理论层面是具有充分的合理性的。

---

① 参见[美]米尔伊安·R. 达玛什卡:《司法和国家权力的多种面孔》(修订版),郑戈译,中国政法大学出版社 2015 年版,第 119 页。

② 参见[美]伊森·凯什、[以]奥娜·拉比诺维奇·艾尼:《数字正义——当纠纷解决遇见互联网科技》,赵蕾、赵精武、曹建峰译,法律出版社 2019 年版,第 104 页。

区块链在“改变法院中心地位”理论主张的基础上进一步掀起了“去法院中心化”的浪潮。如果说在线纠纷解决机制（ODR）通过解纷效率的提升、成本的降低和职能的扩展，使法院中心地位的改变成为可能的话，那么随着区块链技术引发加密纠纷的出现和新型纠纷解决机制的产生，技术上“去中心化”的信条将不可避免地在纠纷解决领域衍生出“去中心化司法”的方案，进而产生“去法院中心化”的影响。①

首先，在国际上，区块链上的数字资产和虚拟货币交易通常采用加密和匿名的形式。加密交易、匿名纠纷使法院在案件受理和法律适用中面临难以克服的制度性障碍。其次，基于区块链的纠纷解决机制借助自动执行的技术优势，使法院对于强制执行的垄断地位面临瓦解的风险。通常只有司法机关独立享有强制执行的权力。这也是调解、仲裁和在线纠纷解决机制（ODR）无法取代法院中心地位的关键因素。然而，商业解纷机构借助智能合约的“赋能”，用自动执行方式（在一定范围内）可以达到只有强制执行才能实现的效果。数千年来，法院垄断强制执行权的历史正在被新兴技术改写。最后，在公有链环境中，法院仅作为一个普通的节点，并无法改变“去中心化”场景的基本结构。在全球较为成熟的比特币、以太坊等公有链上，即便法院参与其中，也只能成为一个新的节点、享有与其他节点相同的权限。按照“去中心化司法”的应用实践和学者们的理论设想，未来在区块链上，法院与调解、仲裁以及商业化的纠纷解决机构都将居于同等的地位。② 当事人将拥有选择权，可以自主决定采用哪个节点的“服务”来解决自己的纠纷。

（二）“去法院中心化”对发展中国家司法主权的潜在挑战

“去法院中心化”将会给发展中国家的司法主权带来潜在的挑战。首先，“去法院中心化”的蓝图是一种全球司法不平等发展的图景。对于以英、美、澳为代表的国家，持“去法院中心化”立场的学者们指出，（经济发达国家

---

① 参见［阿根廷］费德里科·阿斯特、［法］布鲁诺·德法因斯：《当在线纠纷解决遇到区块链：去中心化司法的诞生》，张智豪译，载《中国应用法学》2021 年第 6 期。

② See Jean Bacon & Johan David Michels et al. ,*Blockchain Demystified: A Technical and Legal Introduction to Distributed and Centralized Legders*,25 Rich. J. L. & Tech. 2(2019).

的）法院应当借鉴基于区块链的纠纷解决机制，积极推进区块链技术应用并成为公有链的节点之一，进而与链上调解、仲裁以及商业解纷机构平等并立，为纠纷的解决提供多样化的救济服务。① 对于技术落后的广大发展中国家，一些学者和开发人员指出，鉴于技术落后国家的法院无法为民众提供公正高效的司法救济（如数量惊人的法院积案），他们主张采用市场化的方式，发挥基于区块链的纠纷解决机制的技术优势直接服务于落后国家的民众。商业化的解纷机构不仅可以为发展中国家的民众提供高效、便捷和廉价的纠纷解决服务，而且可以借此对非法治国家的司法进行更为直接和有效的改造——哈德菲尔德教授指出这是发达国家 20 多年来一直试图推动却未见成效的工作。② “去法院中心化”学说对于发达国家和发展中国家的不同发展方案，虽然在形式上具有推进后发国家“法治化”的意义，但是它将以纠纷解决市场化的方式对后发国家独立的司法主权形成实质上的干涉和削弱，并在客观上进一步加剧不同发展程度国家的司法在技术与能力上的差距和不平等。

其次，“去法院中心化”的司法理论将形成具有支配性的意识形态。“去法院中心化”学说不仅是接续普通法传统的区块链司法研究的前沿理论，而且它与英美的政治、法律和社会理论密切关联。第一，“去法院中心化”学说是以“公私协作”为特点、以“纠纷解决”为内容的英美司法职能理论与以“去中心化”为基本特征的区块链（公有链）技术相结合的产物。第二，“去法院中心化”学说与西方政治哲学的“分权”思想、西方治理理论的社会自治主张、在线纠纷解决机制研究者的“数字正义”理论等都具有高度一致的价值立场。概言之，“去法院中心化”方案是依据西方分权思想和标榜“大众之治”的区块链技术对英美司法制度的改造。这套话语系统很有可能成为束缚广大发展中国家司法体制的价值藩篱。因为，大多数国家的法院通常会

① See Jean Bacon & Johan David Michels et al. ,*Blockchain Demystified: A Technical and Legal Introduction to Distributed and Centralized Legders*,25 Rich. J.L. & Tech. 2(2019).

② See Gillian K. Hadfield,*Rules For A Flat World*,Oxford University Press, 2017, p.39.

将纠纷解决作为其基本司法职能。当各国法院无力应对“诉讼爆炸”时，调解、仲裁、在线纠纷解决机制的相继出现已经被认为是符合“接近正义”的基本原则的。按照相同的逻辑，商业化纠纷解决机制通过“数字正义”的概念，也在为自己赋予充分的正当性与合法性。[①] 随着商业化的基于区块链的纠纷解决机制的出现，它正在改变以往非诉讼纠纷解决机制与法院之间的关系。按照学者们的规划，发达国家的法院通过区块链技术的应用升级，将与基于区块链的调解、仲裁和商业解纷机制居于同等的地位可供当事人自主选择。[②] 可是，对于发展中国家的法院而言，由于它们缺乏技术、资金和人才的投入，短时间内难以完成信息基础设施的升级。在此过程中，以跨国资本为背景的基于区块链的纠纷解决机制将很可能对技术落后国家链上纠纷的解决形成垄断。可是，当“去法院中心化”学说演变为一种意识形态时，司法权威被弱化、司法权力被干涉的情况不仅会成为现实，而且将具有难以辩驳的“正当性”。

最后，“去法院中心化”思潮正在催生出可以挑战司法主权的新型“长臂管辖”。按照“去中心化司法”的应用实践，“去法院中心化”理论主张纠纷解决能力越强的机构越是有理由取代法院的中心地位。实践中，一些掌握区块链技术和纠纷解决服务市场的企业已经开始展现出它们强大的纠纷解决能力。新的研究表明，基于区块链的纠纷解决机制解决纠纷的范围已经扩展至链下的传统合同纠纷、知识产权纠纷以及婚姻纠纷等。[③] 于是，这些商业化的纠纷解决机制很有可能借助技术与市场的双重优势，形成由商业机构主导的一种特殊的“商业化长臂管辖”。面对这种“商业化长臂管辖”，技术落后国家的政法机关将很难有所作为。一方面，受制于技术鸿沟，发展中国家法院的司法治理能力相对于国际上商业化纠纷解决机制的解纷能力

---

① See Orna Rabinovich - Einya & Ethan Katsh, *Blockchain and The Inevitability of Disputes: The Role for Online Dispute Resolution*, 2019 J. Disp. Resol. 47.

② See Jean Bacon & Johan David Michels et al., *Blockchain Demystified: A Technical and Legal Introduction to Distributed and Centralized Legders*, 25 Rich. J. L. & Tech. 2(2019).

③ 参见杨锦帆：《基于区块链的纠纷解决机制研究》，载《陕西师范大学学报（哲学社会科学版）》2021 年第 4 期。

而言的确存在较大的差距，前者难以效仿发达国家，在本国的纠纷解决领域建立起法院与商业化纠纷解决机制的平等地位。另一方面，受制于发达国家主导的司法话语体系，发展中国家政府对“商业化长臂管辖”的必要干预也将失去正当性的基础。由于商业化纠纷解决机制早已借助“接近正义”“数字正义”等概念，在“去法院中心化”司法话语体系中完成了价值证成，当发展中国家为了维护本国独立的司法主权对“商业化长臂管辖”实行限制的时候，将很可能被描绘成分权民主、现代法治、市场经济和大众之治的“对立面”。因此，按照“去法院中心化”的未来图景，后发国家的法院很可能在全球司法的不平衡发展中，因技术、市场和司法理论等多重劣势而逐步丧失完整的司法主权，甚至可能沦为被法治发达国家支配的地位。

二、“区块链＋司法”基本职能的内容

鉴于“去法院中心化”的方案所构建的并不是一幅均衡发展的未来司法图景，越是技术落后的国家，其司法主权将越有可能面临“商业化长臂管辖”的挑战。“区块链＋司法”模式是中国特色、世界领先的区块链司法应用的前沿成果。它能否超越“去法院中心化”的构想，为世界各国提供一种捍卫法院作为公平正义最后防线的平等发展路径，在一定意义上，取决于“区块链＋司法”模式是否具有其他纠纷解决机制所无法取代的司法职能。

（一）人民法院“矛盾纠纷化解”的基本职能

1. 中国特色社会主义法治国家是独立的国家类型

“能动—回应”型的国家类型二分法不足以准确地界定我国的国家形态。在达玛什卡教授看来，“司法”的职能并不是由其组织结构决定的，而是受到国家“性情倾向”（dispositions）的影响。通过对两大法系的观察和体验，他认为国家分为两种：一种倾向于管理社会；另一种倾向于只为社会提供一个制度框架。[①] 他将前一种定义为“能动型”国家，后一种定义为“回应

① 参见［美］米尔伊安·R.达玛什卡：《司法和国家权力的多种面孔》（修订版），郑戈译，中国政法大学出版社 2015 年版，第 92 页。

型”国家。达玛什卡教授认为,“能动型”国家致力于实践一种关于美好生活图景的理论;社会生活的全部领域,都需要接受国家政策的评价,并按照国家政策要求进行塑造;国家成为政治活动唯一的正当性依据,社会问题和社会政策消解为国家问题和国家政策;法律源自国家的政策而不是发生于市民社会的契约,因此,法律难以转化为规制框架中的个人权利。[①] 对于“回应型”国家,达玛什卡教授认为,其政府的任务是为追求自我目标的公民提供一个支持性的框架;政府只做两件事:维护秩序,为解决公民间的纠纷提供一个平台;回应型意识形态的极端形态倾向于将秩序的维护简化为纠纷的解决。他强调,因为回应型的国家没有独立的利益,也就无法被单独侵犯;秩序的破坏源于某人的权利遭到侵犯,当某人寻求救济无果时,国家方可展开行动。因此,维护秩序就是解决纠纷。对于回应型国家的法律,达玛什卡教授指出在这里私人权利至上,国家法的使命是为支持市民社会成员的自我规制提供支持和便利。因此,“任何国家规制都很容易转化为一张个人权利和义务之网”[②]。上述概括表明,在达玛什卡看来国家大致可以分为两种类型:一种是“广泛介入社会生活”的国家,另一种是“奉行自由放任原则”的国家。然而,这两种类型及其相关的理论并不符合我们全面建设中国特色社会主义法治国家的需求。

中国的国家形态是中国特色社会主义法治国家。我们的国家“性情倾向”是坚持走中国特色社会主义法治道路,建设中国特色社会主义法治体系。我们的国家形态,既不是奉行自由放任原则的“柴郡猫”,也从不试图缔造广泛介入社会生活的“利维坦”,[③]而是坚持党的领导、人民当家作主、依法治国有机统一的社会主义法治国家。社会主义法治建设的经验表明,党的领导是人民当家作主和依法治国的根本保证,人民当家作主是社会主义

① 参见[美]米尔伊安·R.达玛什卡:《司法和国家权力的多种面孔》(修订版),郑戈译,中国政法大学出版社2015年版,第109页。

② [美]米尔伊安·R.达玛什卡:《司法和国家权力的多种面孔》(修订版),郑戈译,中国政法大学出版社2015年版,第99页。

③ 参见[美]米尔伊安·R.达玛什卡:《司法和国家权力的多种面孔》(修订版),郑戈译,中国政法大学出版社2015年版,第90页。

民主政治的本质特征,依法治国是党领导人民治理国家的基本方式。我国的法律既不将私人权利、个人权利、团体权利视为神圣,也不是国家政策的同义表达。在我们的法律体系中,宪法是国家的根本法,是全面依法治国的根本依据,是我们党长期执政的法律依据。[1] 因此,在分析司法职能的问题上,我们可以借鉴达玛什卡的理论框架和分析方法——将国家形态作为影响司法职能的关键因素,但绝不可以照搬其有关国家形态的分类结论,更不应当简单地套用“能动型”和“回应型”的概念,给我们的国家形态贴上非此即彼的标签,而是应当坚持社会主义法治国家的基本形态,坚持法律是对党和人民统一意志和共同愿望的体现,是国家意志的表现形式。

2.“政策实施与纠纷解决”均不符合人民法院的司法职能

“政策实施与纠纷解决”的司法职能二分法不符合新时代我国的司法职能类型。达玛什卡教授指出,观察受能动主义影响的司法程序,一个辨识度较高的特点是,能动型国家将司法作为实现其政策的工具,“法律程序独立于纠纷解决过程之外”[2]。公民之间的纠纷被当作向司法机关发出的讯号,因纠纷引发的诉讼程序并非以解决该纠纷为真实目的。从国家政策视角来看,当事人的纠纷只是针对某一社会问题发现合理解决方案的切入点,原被告之间冲突的救济可能会被忽视,因为国家司法机关更关注由原被告的冲突所展现出来的社会问题。可以说,能动型国家司法的目的“在于将国家政策贯彻到法官所审理的案件之中”[3]。在我国,促进社会公平正义是司法工作的核心价值追求。党和国家为司法机关确定了“努力让人民群众在每一个司法案件中感受到公平正义”的目标。司法机关紧紧围绕这个目标来改进工作,并不是国家政策的实施工具。那种因为我国司法的结构带有“科层”式的特征,便牵强地将我国司法归类为“政策实施”型的做法显然不符合

---

① 参见习近平:《关于我国宪法和推进全面依法治国》,载习近平:《论坚持全面依法治国》,中央文献出版社 2020 年版,第 213 页。

② [美]米尔伊安・R. 达玛什卡:《司法和国家权力的多种面孔》(修订版),郑戈译,中国政法大学出版社 2015 年版,第 109 页。

③ [美]米尔伊安・R. 达玛什卡:《司法和国家权力的多种面孔》(修订版),郑戈译,中国政法大学出版社 2015 年版,第 113 页。

司法工作的现实情况。

针对回应型国家，达玛什卡教授指出其司法永远意味着解决纠纷。回应型国家促使它“把市民社会视为纠纷解决的主要依靠”[①]，当事人之间的分歧应当尽可能寻找和解与调停的途径，诉诸司法被视为最后一种救济手段。回应型国家司法的基本原则是，诉讼程序是当事人之间的竞赛。在当事人将纠纷提交到法院时，使当事人在庭审中相互对抗，被认为是合理的。法官仅负责主持双方的争论，如果两造之间的竞争是公平的，那么败诉方就没有理由质疑失败的正当性，唯一可以责怪的人是自己。于是，整个社会都保持着对司法中立的信心。[②] 在我国，公正司法的原则要求受到侵害的权利一定会得到保护和救济，违法犯罪活动一定要受到制裁和惩罚。因此，类似“纠纷解决”型司法的做法，将维护公平正义的责任推诿给当事人、让两造竞赛以解决纠纷的方式并不符合人民法院秉承的“以人民为中心”的公正司法原则。

3. 矛盾纠纷化解是人民法院的基本司法职能

对司法职能的准确描述必须建立在对法院最主要工作进行完整概括的基础之上。达玛什卡教授有关司法程序的研究成果之所以能够在比较法学界获得高度评价，很大程度上得益于他提炼的“政策实施”与“纠纷解决”概念，[③]相比传统的“纠问制”与“对抗制”的分类理论能够更加精准地反映20世纪后期欧美司法制度的发展状况，较为全面地概括出欧陆和英美法官工作的主要内容和实质意涵。[④]

依据上述研究经验，本书提出当前人民法院的主要司法职能形态可以

---

① ［美］米尔伊安·R. 达玛什卡：《司法和国家权力的多种面孔》（修订版），郑戈译，中国政法大学出版社2015年版，第102页。

② 参见［美］米尔伊安·R. 达玛什卡：《司法和国家权力的多种面孔》（修订版），郑戈译，中国政法大学出版社2015年版，第102页。

③ See Roberto Unger, *Social Theory: Its Situation and Its Task*, Cambridge University Press, 1987.

④ See Pablo Cortes, RafalManko, *Developments in European Civil Procedures*, Oxford University Press, 2016.

概括为“矛盾纠纷化解”型司法。2021 年《最高人民法院工作报告》提出，要“不断提升新时代人民法院化解矛盾纠纷、服务人民群众的能力水平”。“矛盾纠纷化解”能力的提升是高水平服务人民群众的必然要求。① 并且“矛盾纠纷化解”已成为最高人民法院在“十四五”开局之年高度重视的任务。在“非诉讼纠纷解决机制挺在前面”“法院诉讼断后”的新格局中，“矛盾纠纷化解”型司法的提出，是对当前人民法院多元工作和主要任务的全面概括。

一方面，“化解”一词可以广泛涵盖当前法官参与的各项工作。本节以 2019 年、2020 年和 2021 年的《最高人民法院工作报告》为例，摘选了部分有关“矛盾纠纷化解”的内容。②

第一类，审理裁判。例如，“重庆、郑州、成都、西安、兰州法院妥善化解国际铁路联运合同纠纷”，“广西、云南法院创新巡回审判机制，及时化解边境贸易纠纷”，“围绕推进法治政府建设，改革完善行政审判工作机制，依法保护行政相对人合法权益，推动行政争议实质性化解，监督和支持行政机关依法行政”。

第二类，司法调解联动、诉调对接。例如，“坚持把非诉讼纠纷解决机制挺在前面，加强人民调解、行政调解、司法调解联动，强化非诉讼和诉讼对接，积极推动矛盾纠纷源头预防化解”。

第三类，人民法院参与一站式多元解纷机制。例如，“人民法院对接‘老马工作室’等代表委员调解工作站，合力化解纠纷”。

第四类，人民法院参与基层治理。例如，“深入开展巡回审判，为偏远地区群众提供优质司法服务，把矛盾纠纷化解在林区草场、田间地头，让司法更加便利人民、贴近人民”。

第五类，服务供给侧结构性改革，防范经济风险。例如，“充分发挥破产

---

① 参见《最高人民法院工作报告(摘要)》，载最高人民法院官网 2022 年 3 月 9 日，https://www.court.gov.cn/zixun-xiangqing-349871.html。

② 参见《第十三届全国人民代表大会第三次会议关于最高人民法院工作报告的决议》，载最高人民法院公报网 2021 年 10 月 1 日，http://gongbao.court.gov.cn/Details/e83007142dac8251d1e141641e5577.html;《最高人民法院工作报告》，载中国法院网 2019 年 3 月 19 日，https://www.chinacourt.org/article/detail/2019/03/id/3791943.shtml。

制度促进市场主体优胜劣汰、化解地方金融风险、维护社会和谐稳定的重要作用”;“天津法院依法支持国企重整混改,促进化解国企债务风险”。

从上述整理的内容来看,“化解”一词是对当前法官多项工作内容的全面概括。“化解”既包括人民法院针对司法案件的审理裁判、诉调对接,也包括针对非诉纠纷的多元解纷、对于社会矛盾的基层治理,还包括针对尚处于隐形、未暴露为问题的金融、债务风险的防范等。而且,有必要指出,鉴于当前我国法官工作类型繁多、内容庞杂,并不适宜采用“纠纷解决”一词来概括。这不仅是因为达玛什卡将英美的司法职能概括为“纠纷解决”型,“名同意殊”的情况难以避免使用者忽略中美两国法官工作的重大差异,而且在我国司法工作的语境中,“纠纷解决”主要是指多元解纷,并不包括法官从事的审理裁判、社会治理、风险防范等工作。因此,结合相关司法文件的文本,“化解”一词是可以用来对当前法官多项工作进行全面概括的。

另一方面,“矛盾纠纷”一词可以涵盖当前法官工作的多重对象。例如,针对提升司法能力的问题,2021 年《最高人民法院工作报告》指出“突出实战实用实效导向,让干警在服务和保障抗疫斗争、化解矛盾纠纷、攻坚改革难题中受考验、长才干”①。从上述对报告的梳理中也可以看到,“矛盾纠纷”涵盖了司法案件、行政争议、非诉纠纷、社会矛盾和经济风险等多项法官工作处理的对象。“矛盾纠纷”一词可以较为全面地涵盖当前法官工作的多元内容。

(二)“区块链＋司法”基本职能的权威性与终极性

人民法院中心地位的确立,既是司法体制的结构性要求,也是司法职能的权威性使然。“区块链＋司法”模式是互联网司法在区块链时代的延伸与发展,它应当坚持把矛盾纠纷化解作为基本的司法职能。“区块链＋司法”对人民法院基本司法职能的承袭与续展,是对人民司法的权威性和司法为民的终极性的坚持和捍卫,从而将确保人民法院的中心地位不会被其他的

---

① 《最高人民法院工作报告(摘要)》,载最高人民法院官网 2022 年 3 月 9 日,https://www.court.gov.cn/zixun－xiangqing－349871.html。

纠纷解决方式所改变或取代。

一方面,“以人民为中心”是矛盾纠纷化解职能的本质特征,也是人民司法始终具有权威性的根本依据。人民法院的所有举措都应当坚持以习近平新时代中国特色社会主义思想为指导,践行以人民为中心的发展思想。矛盾纠纷化解职能的根本特点是“以人民为中心”,这也是人民法院的司法职能显著区别于其他国家的法院职能和其他纠纷解决机制基本职能的关键所在。“区块链 + 司法”是人民法院智慧司法建设与司法体制改革的共同成果,它应当在新的技术场景中坚持我国司法职能的根本特点。英美司法职能具有鲜明的以法律“职业”为中心的特点,[①]而商业化的纠纷解决机制则始终以“盈利”为中心。“区块链 + 司法”只有始终坚持人民法院的中心地位,才能在新的司法基础设施的基础上践行“以人民为中心”的司法职能。

另一方面,“定分止争”是矛盾纠纷化解职能的基本特征,也是司法为民的终极性不会被取代的根本原因。人民法院以矛盾纠纷化解为内容的司法职能与英美国家纠纷解决型司法职能的本质区别在于,前者包括“定分”与“止争”两个层面,而后者基本上只涉及从法律上进行“定分”这一个层面。作为司法职能的“纠纷解决”主要是指在法律上对当事人权利义务的厘清。特别是受到“救济先于权利”的法律传统的影响,英美的法院更加注重从程序上保障当事人以平等的形式进行直接对抗。只需分出胜负,纠纷的解决便可以宣告结束。至于当事人之间的矛盾是否得到化解的问题,则完全不在法院的职能范围之内。既然纠纷解决的实质主要是对双方的争议作出合乎程序要求的居中裁断,那么,在商业机构看来,将这种裁断工作作为一项有偿服务并无不妥。尤其是在区块链赋予多元化纠纷解决机制“自动执行权”的场景中,商业机构(如去中心化司法)坚持“去中心化”的技术要求,甚至提出法院应当与它们进行“平等竞争”的主张,似乎也言之有理。然而,人民法院的矛盾纠纷化解职能,不仅要求法院在法律上裁量当事人的权利义

---

① 参见[美]米尔伊安·R. 达玛什卡:《司法和国家权力的多种面孔》(修订版),郑戈译,中国政法大学出版社 2015 年版,第 113 页。

务、解决经济上的利益纷争，而且还要求法院应当化解当事人心理上的对立和社会关系中的冲突。定分止争不仅要求法院在法治意义上实现实体正义和程序公正，而且应当在德治意义上实现情理法的平衡。因此，矛盾纠纷化解职能的本质特征决定了，在我国，其他的纠纷解决机制都只是人民法院司法职能的补充，二者不是并列或者竞争的关系。“区块链+司法”通过延续矛盾纠纷化解的基本职能，维护以“司法为民”为基本特征的司法职能的权威性，从而将在基于区块链的多元化纠纷解决体系中，始终捍卫人民法院不可取代的中心地位。

三、“区块链+司法”基本职能的体系

（一）“区块链+司法”基本职能的新层次

“区块链+司法”模式的产生，使矛盾纠纷化解职能的内涵更为丰富。结合在线纠纷解决机制解纷职能的二层次说[①]（纠纷解决和纠纷预防）和有关线上法院司法职能的三层次说（纠纷解决、纠纷控制与纠纷预防），[②]本部分将“区块链+司法”的基本职能划分为四个层次。

第一层：矛盾纠纷的解决——审理裁判。审理裁判工作不仅是法院的核心业务，是所有法律制度、司法体制的关键组成部分，[③]也是解决矛盾纠纷的终局性和权威性方式。人民法院的“区块链+司法”模式所提供的司法服务也必然包括为了解决矛盾纠纷而进行的审理和裁判。而且，审理裁判工作的裁判质效、透明指数、公正程度、诉讼成本、社会评价等[④]将是衡量“区块链+司法”模式优劣的最关键因素。值得一提的是，区块链技术正在推动人

---

① 参见［美］伊森·凯什、［以］奥娜·拉比诺维奇·艾尼：《数字正义——当纠纷解决遇见互联网科技》，赵蕾、赵精武、曹建峰译，法律出版社2019年版，第104页。

② 参见［英］理查德·萨斯坎德：《线上法院与未来司法》，何广越译，北京大学出版社2021年版，第98页。

③ 参见［英］理查德·萨斯坎德：《线上法院与未来司法》，何广越译，北京大学出版社2021年版，第66页。

④ See Richard Susskind, *Tomorrow's Lawyers: An Introduction to Your Future*, Oxford University Press, 2013.

民法院的审理裁判工作更加显著地发挥“定分止争”的作用。一方面，区块链司法存证系统的创建为解决电子证据“三证难”问题提供了有效的途径；另一方面，司法区块链实现了案件的全流程记录、全链路可信，大幅降低了当事人对案件事实的争议。区块链技术的引入正推动矛盾纠纷的审理裁判工作取得“案结事了”的积极效果，主要体现在案件审结周期的大幅缩短和一审结案比率的显著提高。

第二层：矛盾纠纷的控制——一站式多元纠纷解决服务。从比例原则的角度来看，并非所有的矛盾纠纷都适宜通过提交法院、等待裁决的方式来解决。[①] 从当事人的救济成本与维权收益的关系来看，一些小额纠纷、在线纠纷和法律关系简单的民事纠纷、需要快速处理并获得结果的案件，还有一些一旦进入诉讼很有可能会加剧双方当事人的对抗或者造成合作关系破裂的结果的案件，采用仲裁、调解的“性价比”可能远胜于诉讼的途径。2019年，最高人民法院创造性提出建设一站式多元纠纷解决和诉讼服务体系。随后，各级法院积极推动多元解纷、诉讼服务和参与社会治理融合发展。区块链技术在多元纠纷解决和诉讼服务领域也有广阔的应用空间。例如，区块链在电子证据存证、电子送达、司法鉴定和远程身份鉴定等方面的应用，显著提升多元纠纷解决服务的效率，也大幅节省了司法资源和当事人的救济成本。此外，基于智能合约的执行立案文书的自动生成系统，通过诉调衔接的自动化建设，切实地提升了当事人对于多元解纷方式的信任程度与适用比率。

第三层：矛盾纠纷的预防——风险防范服务。正如在医学领域，免疫和接种疫苗可能远比依靠高明的医术去治理所产生的疗效更好，在司法领域，防范风险、预防纠纷的重要性并不逊于诉讼、仲裁和调解。半个多世纪以来，接近正义的概念赢得广泛认可的原因，正是在于其提倡人民可以更便捷、更广泛、更低成本地获得法律指导。然而，风险的防范、规避、预警和控

---

① 参见［英］理查德·萨斯坎德：《线上法院与未来司法》，何广越译，北京大学出版社2021年版，第66页。

制往往需要专业的知识、及时的服务和有效的措施。区块链显然是传播法律和专业知识的新途径。例如,在源头治理的领域,互联网金融平台建立的基于司法大数据的金融纠纷预防机制。该机制不仅在交易之前可以帮助当事人对互联网金融风险进行评估,以规避金融纠纷,而且在交易过程中还可以主动对金融风险进行预警。随着人民法院的基本职能扩展到矛盾纠纷的预防,司法也从严格意义上的被动性转向一定程度的主动性。

第四层:矛盾纠纷的自行处置——司法辅助下法律问题的自主管理。萨斯坎德教授在构建其接近正义理论时,提出“法律状态改善”的更高理想。就司法的未来而言,他认为应当让“公民能够自行管理他们自身的法律问题”[①]。实际上,近年来人民法院已经把“对人民群众的司法赋能”纳入司法改革建设目标。《五五改革纲要》提出推进智慧诉讼服务建设,研发智能辅助软件,为当事人提供诉讼风险评估、诉前调解建议、自助查询咨询、业务网上办理等服务,切实减轻人民群众诉累。《最高人民法院关于深化人民法院一站式多元解纷机制建设推动矛盾纠纷源头化解的实施意见》(以下简称《矛盾纠纷源头化解的实施意见》)也提出,互联网金融平台应结合司法区块链,开发服务于当事人自主和解互联网金融纠纷的系统。“区块链＋司法”模式正在超越解决纠纷、控制纠纷和避免纠纷的层级,通过为人民群众提供自主管理自身法律问题的工具帮助他们了解法律带来进步,赋能他们自行处理可能的风险、矛盾或纠纷。这不仅是接近正义概念的最高层次,同样是司法治理体系和司法治理能力现代化的更高要求。

(二)“区块链＋司法”基本职能的系统化

“区块链＋司法”通过基本职能的系统化,将切实提升司法治理的能力与效能,从而使人民法院的中心地位得以巩固和强化。前文有关“去法院中心化”的论述表明,该趋势的出现,一方面是由于区块链技术创建了“去中心化”的场景和“去中心化司法”的应用;另一方面是由于科技资本开发的基于

---

① [英]理查德·萨斯坎德:《线上法院与未来司法》,何广越译,北京大学出版社2021年版,第68页。

区块链、智能合约的纠纷解决机制在实践中已经展现出法院和传统纠纷解决机制所不具备的能力和效率。[①] 反观我国的司法实践，受制于严格的审判程序和有限的司法资源，互联网审判能力提升的幅度已无法满足因互联网纠纷的激增而对司法治理所提出的更高要求。那么，对于我国的“区块链＋司法”而言，通过司法职能的系统化以实现司法治理能力与效能的提升，不仅是当前司法体制改革的重要内容，也是未来维护人民法院中心地位的必然要求。

第一，“区块链＋司法”职能体系的多层次结构将推动互联网司法治理能力的结构性提升。当前，互联网司法治理面临的突出问题是依赖审判能力提升的单一途径已无法因应互联网纠纷的持续增长。一方面，互联网审判处理案件的代数式提升水平始终落后于互联网纠纷的量级式增长幅度；另一方面，诉源治理工作使法官们不得不承担审判业务以外的治理职责，人民法院内部“案多人少”的现实问题并未得到实质性的改善。[②] 对此，“区块链＋司法”职能的多层次建构，不仅在审理裁判之前设置多个化解矛盾纠纷的层次，而且借助前置层次与司法链的衔接，通过运用司法数据的支撑取代法官的直接参与，从而在减轻法官职责的前提下实现对于互联网矛盾纠纷的实质性分流。例如，《矛盾纠纷源头化解的实施意见》指出，互联网金融平台应结合司法链建立互联网金融纠纷的和解系统。[③] 互联网金融平台的“和解系统”凭借司法链和司法大数据的支持，将为参与和解的当事人赋能。争议双方能够以更加高效、便捷、自主、低冲突的方式化解互联网金融纠纷，使大量标的数额小、法律关系简单的案件在“区块链＋司法”职能的审判前置层次中得以化解。通过职能体系多层次结构对案件的分流和审判外司法职

---

① 参见李伟：《司法区块链的“去中心化”困局与出路——以“去中心化”争议解决机制为研究对象》，载《西南政法大学学报》2021 年第 3 期。

② 参见张春和、林北征：《司法区块链的网络诉源治理逻辑、困惑与进路》，载《中国应用法学》2019 年第 5 期。

③ 参见《最高人民法院印发〈关于深化人民法院一站式多元解纷机制建设推动矛盾纠纷源头化解的实施意见〉》，载中国法院网 2021 年 9 月 28 日，https://www.chinacourt.org/article/detail/2021/09/id/6289887.shtml。

能的发挥，人民法院可以尽可能地减少员额法官在审判工作以外的治理职责，以利于集中力量提升他们审理裁判重大、复杂互联网案件的能力。同时，矛盾纠纷的自主处置、预防和控制等层次在化解互联网纠纷时所产生的司法数据又将进一步增强“区块链 + 司法”的实际治理能力。

第二，“区块链 + 司法”职能体系的协同性原则将对互联网司法的治理资源形成系统性动员。有效的互联网司法治理离不开人民法院对各种治理资源的全面调动和系统配置。兴起于 20 世纪 90 年代的西方治理理论指出，现代国家难以对社会实现有效治理的根本原因在于国家机关凭借有限的公共资源将无法全面应对具有无限复杂性的社会事务。于是，资源协同、合作共治便成为治理学说的基本共识。当前，人民法院正在越来越多地担负起司法治理的职责。该趋势势必要求人民法院不仅应当对有限的审判资源进行必要的整合，而且需要对广阔的社会资源进行动员与协同。[①] 就法院系统内部而言，区域经济一体化的发展趋势对审判机关提出了跨区域协同合作的迫切要求。对此，“区块链 + 司法”模式不仅为跨地域、跨行政区划、跨层级的法院间协作提供了必要的司法基础设施，也将推动裁判标准、审判资源和人才建设等方面的协调和统一。就法院系统外部而言，数字经济的司法治理有赖于司法数据壁垒的打破和各类数据的协同应用。最高人民法院的《矛盾纠纷源头化解的实施意见》提出建立基于司法链的互联网金融风险预防系统。实际上，金融纠纷和互联网金融纠纷的司法数据是搭建互联网金融风险识别、预警系统最直接，也是最可信赖的资源。“区块链 + 司法”职能的协同治理方式可以解决互联网金融调解、仲裁、审判的数据孤岛问题，还可以实现调解、仲裁与诉讼数据的深度衔接。借助司法数据的共建共治共享，概言之，“区块链 + 司法”的基本职能体系采用协同性的原则，可以对互联网司法治理的各类资源实现全面动员，以集成各种社会力量致力于互联网法治建设的合作共治与系统协作。

---

① 参见丁颖、李建蕾、冀燕娜：《在线解决争议：现状、挑战与未来》，武汉大学出版社 2016 年版，第 39 页。

第三，“区块链＋司法”职能体系的中心化系统将引导科技资本服务于人民法院主导的互联网司法治理。通过遵循国家治理的原则与要求，“区块链＋司法”职能的中心化系统将克服区块链与司法的结构性矛盾，为科技资本开创服务于互联网司法治理的发展路径，特别是采用公私合作方式，以因应未来“去法院中心化”浪潮的冲击。[①] 当前，以“去中心化司法”为代表的国际科技资本与传统法院公私竞争的方式正在酝酿一场“去法院中心化”的潮流。在虚拟货币、通证经济和数字金融浪潮的助推下，国际科技资本开始进入基于区块链的纠纷解决领域。对于商业化的纠纷解决机制而言，借助其领先于司法机关的技术优势，它们将对未来的纠纷解决服务市场形成难以撼动的支配（或垄断）地位。对于科技资本而言，“公私竞争”的路径可能是短时间内实现利润最大化的捷径。可是，对于技术落后国家的司法体制而言，来自“去中心化司法”的国际“竞争”将不啻为一场颠覆性的挑战。[②] 于是，为了因应未来“去法院中心化”浪潮的冲击，我国的“区块链＋司法”将提供一种捍卫法院权威的中国方案，从而帮助广大发展中国家步入自主、平等、协同、合作的司法治理体系和治理能力的现代化进程。“区块链＋司法”职能体系的中心化系统将坚决维护人民法院的中心地位，科技资本应服务于互联网司法治理，商业化的纠纷解决机制将始终坚持人民司法的权威性。“区块链＋司法”所确立的“公私合作”的方式，将为科技资本与互联网司法提供协同共治的发展路径——不仅科技企业将得益于长尾效应，可以从长期、稳定的数据业务中获益，广大发展中国家的法院也将获得区块链技术的赋能，在司法主权独立的前提下，提升互联网司法治理的能力与效能。

---

① 参见［阿根廷］费德里科·阿斯特、［法］布鲁诺·德法因斯：《当在线纠纷解决遇到区块链：去中心化司法的诞生》，张智豪译，载《中国应用法学》2021 年第 6 期。

② 参见李伟：《司法区块链的“去中心化”困局与出路——以“去中心化”争议解决机制为研究对象》，载《西南政法大学学报》2021 年第 3 期。

第三章　基于“区块链+司法”模式的电子数据存证的依法治理

2021年8月1日起实施的《人民法院在线诉讼规则》(以下简称《在线诉讼规则》)是对我国区块链数据存储应用实践的总结,[①]也是对近年来区块链司法存证理论研究工作的检验。[②] 当前研究领域存在的对公有链欠缺合法性依据的失察、对“去中心化”原理的误解、[③]把国外立法经验向我国司法链实践强行移植等问题都逐渐趋于清晰。[④] 借助《在线诉讼规则》出台的契机,厘清区块链司法存证中混淆的基本概念、阐明我国联盟链应用的基本原理、确立区块链存证“技术自证”原则的理论基础,应是当前区块链司法存证理论研究工作的重心。

---

① 参见最高人民法院编:《中国法院的互联网司法》,人民法院出版社2019年版;杜前主编:《互联网司法实践与探索》,人民法院出版社2021年版;陈甦、田禾主编:《中国法院信息化发展报告No.5(2021)》,社会科学文献出版社2021年版。

② 参见张玉洁:《区块链技术的司法适用、体系难题与证据法革新》,载《东方法学》2019年第3期。

③ 参见杨继文:《区块链证据规则体系》,载《苏州大学学报(哲学社会科学版)》2021年第3期。

④ 参见施鹏鹏、叶蓓:《区块链技术的证据法价值》,载《检察日报》2019年4月17日,第3版。

第一节　区块链司法存证研究中的认识误区

一、对公有链法律属性的误判

（一）公有链应用的非法属性

当前，监管部门已在规范层面对公有链应用给予了否定性的评价。从2013 年 12 月 3 日，中国人民银行等五部委联合发布的《关于防范比特币风险的通知》，到 2017 年中国人民银行等七部门联合发布的《关于防范代币发行融资风险的公告》，明确了在我国代币发行融资为非法活动。为了落实上述文件，2021 年 5 月 18 日中国互联网金融协会、中国银行业协会、中国支付清算协会联合发布《关于防范虚拟货币交易炒作风险的公告》，强调虚拟货币交易的违法属性。

在定性虚拟货币交易为非法后，国家监管部门又进一步完善司法指导性文件。2021 年 9 月 15 日，中国人民银行、中央网信办等十部委联合发布《关于进一步防范和处置虚拟货币交易炒作风险的通知》。该通知不仅再次强调虚拟货币业务属于非法金融活动，而且首次明确境外虚拟货币交易所向境内居民提供服务同样属于非法之列。

虚拟货币交易的非法属性也间接影响公有链在我国的应用。如果说，此前虚拟货币或许曾存在法律上的模糊空间的话，那么自 2021 年以后，虚拟货币及其相关交易、挖矿等行为在我国不具有合法性的性质已经确定无疑。然而，一个非常关键却并未引起足够重视的问题是，到目前为止，在世界上获得广泛使用的公有链应用几乎都属于虚拟货币或类“虚拟货币”。上述规范虽然没有在文本中明确规定公有链技术的法律性质，但是，从立法的结果而言，国际上成熟的公有链应用在我国境内均不能合法落地和公开运营。简言之，在我国当前大规模的区块链应用中，并不存在合法的公有链场景。

（二）公有链技术的监管困境

制约公有链技术的主要障碍在于监管风险。2019 年 10 月 24 日，中共中央政治局首次就区块链技术发展现状和趋势进行了集体学习，中国工程院院士陈纯教授就区块链技术及应用作了讲解。他的主要观点是，区块链要在我国大规模应用，必须以监管可控为前提。因此，介于低信任的公有链和高信任的私有链之间的联盟链是更适合于赋能我国的经济建设的区块链类型。陈纯院士指出公有链技术具有去中心化、难以篡改、低成本等特点。可是，这些特点也给监管工作带来极大的挑战。“如果（公有链）被用来传播有害信息，会给区块链技术的产业布局和发展带来不利影响”。[①] 可以预见，在监管部门掌握公有链可监管的解决方案之前，在我国境内将不可能出现规模化的公有链应用。

（三）公有链合法性前提的缺失

合法性本应是区块链司法研究工作需要遵循的基本前提。然而，从国内有关区块链司法理论研究的相关文献来看，合法性前提缺失的情况却并非个案。突出表现在，研究者们缺乏对公有链应用的非法属性的深刻认识，以及忽略了公有链技术不合乎我国监管要求的现状，[②]诸如，基于公有链的司法改革方案、[③]有关公有链的证据规则理论等。[④] 尽管大多数文献并未对研究对象进行严格的区分，仅笼统地谈“区块链司法问题”，[⑤]但是，从文献内容所包含的“去中心化”“匿名化”“不可篡改”等公有链的标志性概念来看，在实质意义上，大多数有关区块链司法问题的研究论文所讨论的对象其实是公有链。此外，还有少部分文献虽然区分了区块链技术的不同类型，但

---

① 包慧：《陈纯谈“区块链+”的关键》，载财经网，https://www.zilian8.com/216646.html。

② 参见孙梦龙：《区块链取证与可信时间戳技术梳理适用》，载《检察日报》2021 年 9 月 1 日，第 3 版。

③ 参见温颖、张玉洁：《电子证据时代司法区块链的实践困境与因应》，载《长江论坛》2021 年第 4 期。

④ 参见张耘堂：《区块链伪链及其治理模式分析》，载《自然辩证法研究》2021 年第 6 期。

⑤ 参见杨继文：《区块链证据规则体系》，载《苏州大学学报（哲学社会科学版）》2021 年第 3 期。

是,仍然将公有链作为我国区块链司法应用的一个主要场景。

理论界对公有链欠缺合法性的问题应当引起高度的重视。毕竟,区块链是一项具有战略意义的信息技术。然而,公有链的潜在风险——应用引发的系统性金融风险和技术产生的监管风险——决定了它不会成为当前我国区块链大规模应用所采用的基本技术类型。可以说,公有链不符合我国监管要求的情况是战略选择的结果,而不是一种暂时性的状态。因此,对公有链法律属性存在误判的问题应当尽快得到纠正。毕竟,合法性前提的缺失不仅会危及司法理论研究的学术价值,而且将造成区块链司法研究成果与"区块链+司法"建设实践的严重脱节。

二、对"去中心化"概念的误解

(一)将"去中心化"的专属性误解为共同性

对"去中心化"概念的误解集中体现在,以公有链为模型的区块链司法存证理论与基于联盟链的司法存证实践存在严重的脱节。在严格意义上,"去中心化"并非各种区块链技术类型共同的属性,而是公有链独有的技术特征。当有关区块链研究的命题涉及"去中心化"的时候,其实,已经不再泛指"区块链",而是专指"公有链"①。然而,当前区块链司法存证研究的众多学者却对"去中心化"具有专属性这一基本原理存在误解,普遍将"去中心化"当作各种形态的"区块链"的共有属性。② 例如,在区块链司法存证的相关研究文献中,学者们普遍认为,"区块链的'去中心化'结构将起到证据公证的作用"③。

(二)"去中心化"是公有链的特有属性

区块链"去中心化"的思想源自公有链的形态,主要是指通过P2P技术,将传统中心机构核对信息的控制权力分布在多个用户之下,将中心主体掌

---

① 参见马治国、刘慧:《中国区块链法律治理规则体系化研究》,载《西安交通大学学报(社会科学版)》2020年第3期。

② 参见史明洲:《区块链时代的民事司法》,载《东方法学》2019年第3期。

③ 杨继文:《区块链证据规则体系》,载《苏州大学学报(哲学社会科学版)》2021年第3期。

据的信息公告给所有参与者。去中心化的思路是排除第三方监管的前提下，保障当事人交易或信息交换的安全有序。将去中心化原理应用于证据领域，就是通过去中心化、可追溯、可验证的方式实现区块链证据存证中立性。区块链证据存证在无第三方介入的前提下，通过区块链及其存证机制，实现多主体间沟通的便捷化、电子数据的去中心化、证据材料的加密化，起到了类似公证的作用。

（三）名为“区块链”实为“公有链”的理论背离了我国的“联盟链”实践

联盟链是我国区块链战略确定的基本技术类型。当前杭州互联网法院的司法链、北京互联网法院的天平链、广州互联网法院的网通法链均采用联盟链的技术，根本不存在众多理论文献所推崇的“去中心化”结构。以北京互联网法院为例，天平链现有两个级别共 17 个节点，其中包括人民法院、公证处、鉴定机构等 8 个权威节点，大型企业、金融机构、互联网平台等 9 个一般节点。[①] 天平链还与 25 家司法机构、金融机构、第三方数据平台建立应用链接。天平链并非去中心化的区块链网络，而是由 8 个权威节点负责验证、记录的联盟链。在一般联盟链的多中心（而非去中心）结构中，权威节点拥有管理网络的权限，其他一般节点、接入节点均无权记录、验证证据信息，更无权参与联盟链的管理。天平链并非一般的联盟链——在权威节点中，互联网法院拥有比其他 7 个权威节点更大的权限——它是一种既保持权威节点的协同性，又保留一定中心化特征的协同式中心化结构。

理论界将“去中心化”误解为各类型区块链的共同特征，并以此立论继而形成的学术成果，其实都只是名义上的“区块链”司法理论，实质上都是“公有链”司法理论。[②] 然而，以“公有链”司法理论指导“联盟链”司法实践，将不可避免地造成理论与实践的脱节。理论界与实务界有关《互联网法院

---

① 参见叶蓁蓁、罗华主编：《中国区块链应用发展研究报告（2019）》，社会科学文献出版社 2019 年版，第 225 页。

② 参见张中、崔世群：《司法区块链证据真实性审查》，载《检察日报》2021 年 1 月 20 日，第 3 版。

审案规定》第 11 条的争论即为例证,各方争执不休的理论根源正是在于对区块链基本原理的误解。

三、对公有链原理的误用

(一)公有链原理一:区块链共识算法使证据材料具有“去信任”的信任

区块链基于共识算法、时间戳和去中心化的信任机制,实现了点对点的机器信任。通过智能合约,司法区块链可以实现区块链证据材料的线上存证和算法信任,超越了以往“平等的双向信任”和“纵向的单向信任”的形式。[①] 算法信任将除去信任关系中人的因素,可以实现证据材料与事实认定的代码合意,以及案件事实情况全过程记录的算法信任,也就是一种无信任或去信任的信任。[②]

但是,在多中心化的联盟链结构中,少数负责记录、验证和管理工作的权威节点,比公有链网络节点拥有更大的权力。[③] 而在天平链的“协同式中心化”联盟链结构中,北京互联网法院拥有最大的管理权限。在其他权威节点的监督下,中心化权威节点不仅可以决定接纳新的节点或清除现有的节点,甚至可以修改或删除链上记录的信息。当然,“协同式中心化”结构也不同于完全的中心化结构,因为在完全的中心化结构中,独自掌握算法的中心节点以及其他人为的因素,都能影响证据的材料的完整性。因此,完全的中心化结构将难以保证去信任的信任,而“协同式中心化”结构则可以在保留中心节点部分权威性的前提下发挥区块链协同共治的技术优势。

(二)公有链原理二:所有节点同步记账的方式将确保证据材料的完整性

去中心化的区块链是一个所有节点权利平等,都可以验证、查询、记录

---

① 参见何宝宏主编:《读懂区块链》,中共中央党校出版社 2020 年版,第 19 页。

② 参见高晋康、杨继文主编:《迎接智能法学的到来》,法律出版社 2019 年版,第 135 页。

③ 参见韩璇、袁勇、王飞跃:《区块链安全问题:研究现状与展望》,载《自动化学报》2019 年第 1 期。

的点对点网络。基于共识算法，每个节点都同步更新全网新的交易记录信息，因而都拥有区块链上完整的交易记录。分布式数据库只能添加新的记录而不能删除或修改已有的数据。只有在中心化的结构或网络规模小，少数节点可以控制51%算力的情况下才能修改。因此，在大规模去中心化的网络中，区块链完整的构造：全部记录（区块）+验证（时间戳）=完整的区块链——使建立在分布式数据库和智能算法基础上的证据信息可以保持完整、持续的状态。[①]

但是，在联盟链多中心结构中，权威节点不仅有权决定其他节点进入或退出，也有权记账和管理账本，甚至可以决定是否需要采用分布式数据库来存储证据材料。因此，多中心化的网络节点之间难以建立起基于算法信任的机器信任，也便无法基于算法共识而形成完整、全面、不可篡改的证据材料。易言之，联盟链系统并不能完全脱离对于主体的信任。

（三）公有链原理三：匿名机制给区块链证据材料带来认证的困难[②]

匿名性是公有链的一项重要特征，也是比特币、以太坊交易的必要条件。[③] 由于节点之间的数据交换遵循固定且预知的算法，因而其数据交换是无须信任的，可以基于地址而非个人身份进行，因此交易双方无须通过公开身份的方式让对方产生信任。非对称加密技术可以确保区块链上的当事人在匿名状态下实现证据信息的有效转递。

然而，在多中心的联盟链环境中，当事人使用公钥与私钥的加密技术并不是为了在链上匿名，而只是为了保障加密证据的安全性和完整性。以“蓝牛仔公司与华创汇才公司侵害作品信息网络传播权案”为例。蓝牛仔公司作为原告方，曾向第三方存证平台版权家申请被侵权证据电子数据存证。

---

① 参见［美］凯文·沃巴赫：《链之以法：区块链值得信任吗?》，林少伟译，上海人民出版社2019年版，第48页。

② 参见杨继文：《区块链证据规则体系》，载《苏州大学学报（哲学社会科学版）》2021年第3期。

③ 参见唐文剑、吕雯等编著：《区块链将如何重新定义世界》，机械工业出版社2016年版，第69页。

版权家通过跨链技术将该案的区块链摘要数据在天平链上存证，同时获得天平链存证编号，再将此编号返还给蓝牛仔公司，以便案件进入审理阶段，它可以提供给法院用来验证侵权证据。[①] 在上述过程中，原被告两造均非匿名，加密存证工作也并不影响第三方存证平台、天平链和北京互联网法院与当事人之间的联系。匿名机制造成区块链证据材料认证困难的问题在多中心化的区块链结构中并不存在，甚至，它在我国当前的区块链环境中尚不构成一个潜在的问题。

第二节　“不合法”公有链证据技术的“合法化”争鸣

一、公有链证据规则中“技术自证”理论的兴起

（一）美国佛蒙特州支持“技术自证”的公有链证据规则[②]

佛蒙特州是美国第一个将区块链证据纳入规定的州，立法的重点是允许当事人将区块链上保存的数字记录作为法庭证据，并率先在区块链证据规则中确立了“技术自证”的原则和方式。[③] 第一，依据《联邦证据规则》第901条、第902条的规定，只要区块链证据足以自我鉴真，则无须外来证据。第二，根据2016年生效的《H868法案》，有时间戳标记的链上文件符合州法律规定的条件。[④] 第三，区块链证据受传闻证据规则的约束。第四，通过区块链技术核实的事实或记录推定为真实，但效力不适用于内容的真实性。

（二）倾向于技术性的欧、日区块链证据规则

受到美国立法的影响，欧盟、日本等国家（地区）也出台了有关区块链证

① 参见伊然：《区块链技术在司法领域的应用探索与实践——基于北京互联网法院天平链的实证分析》，载《中国应用法学》2021年第3期。

② 参见温颖、张玉洁：《电子证据时代司法区块链的实践困境与因应》，载《长江论坛》2021年第4期。

③ 参见施鹏鹏、叶蓓：《区块链技术的证据法价值》，载《检察日报》2019年4月17日，第3版。

④ See Jimmy Nguyen, *The Risks of Segregated Witness*: *The Risks of Segregated Witness*: *Problems under Electronic Contract and Evidence Laws*, The Computer & Internet Lawyer, 2017(11).

据规则的法案，内容主要集中于平台标准、评估方法以及审查与治理规则。欧盟的《区块链：前瞻性贸易政策》于2018年出台，[①]呼吁各领域平台间数据标准的统一以便规范区块链服务。日本的《区块链项目具体评估方法》[②]涉及可扩展性、可靠性、性能及效率等。

二、我国区块链存证“技术自证”说的提出

（一）区块链存证第一案及相关司法解释的出台

2018年6月27日，杭州互联网法院对“杭州华泰一媒文化传媒有限公司诉深圳市道同科技发展有限公司侵害作品信息网络传播权纠纷案”作出（2018）浙0192民初81号民事判决书，首次确认了“区块链证据的证据效力”[③]，成为人民法院“采用区块链证据进行案件事实认定的第一案”[④]。同年9月6日，最高人民法院发布《互联网法院审案规定》，该规定第11条第2款认可了采用电子签名、可信时间戳、哈希值校验、区块链等技术手段或存证平台固定电子证据的情况。[⑤] 区块链存证第一案和《互联网法院审案规定》的出台，表明我国在“区块链证据”的法律实践领域步入了世界先列。随后三大互联网法院区块链司法存证平台的建设则意味着我国在该领域已居于全球领先的位置。司法实践领域的一系列创新不仅将区块链证据这一全新的技术推向了中国社会，也被学界视为将我国“技术证明”研究推向了一个新的阶段。于是，由美国佛蒙特州区块链证据立法所推动的“技术自证”原则，也为我国学

---

① See Advait Deshpande & Katherine Stewart et al. , *Understanding the Landscape of Distributed Ledger Technologies/blockchain: Challenges, Opportunities, and the Prospects for Standards*, https://www.rand.org/pubs/research_reports/RR2223.html, 2021-10-01.

② 参见杨白雪、周涛等：《区块链加速服务实体经济》，载《信息通信技术与政策》2018年第7期。

③ 张玉洁：《区块链技术的司法适用、体系难题与证据法革新》，载《东方法学》2019年第3期。

④ 杨继文：《区块链证据规则体系》，载《苏州大学学报（哲学社会科学版）》2021年第3期。

⑤ 参见《〈最高人民法院关于互联网法院审理案件若干问题的规定〉的理解与适用》，载中国法院网2018年9月8日，https://www.chinacourt.org/article/detail/2018/09/id/3489797.shtml。

者所接受,并认为其代表了区块链证据理论与实践的发展趋势。[①]

（二）公有链证据的“技术自证”原则及影响

受美国区块链证据“技术自证”立法的影响,我国理论界围绕三种区块链形态展开了全面性和一般性的“技术自证”研究。学者们认为,区块链时代已经到来,“区块链技术的信用背书并不是国家强制力而是区块链技术本身的技术特征”[②],理论界也相信“人类已经进入了一个新的阶段,一种通过代码来起草和阐述法律规则,而非单纯通过代码来执行法律”[③]的新阶段。有关中美两国区块链证据“技术自证”问题的比较研究随即展开,学者们指出美国的区块链证据不以法院为节点,中国则尚未形成有关区块链证据的法律规则。[④] 鉴于美国并没有采用类似我国互联网法院建设的以联盟链为基础的区块链司法存证平台,理论界有关“技术自证”的研究开始综合区块链的三种类型,[⑤]即公有链、联盟链和私有链,以研究其各自不同的证明能力、反驳推定标准、审查要素等证据法问题。值得注意的是,借鉴美国区块链证据技术自证理论的学者,在全面推动三种区块链类型证据规则研究的时候,却忽视了公有链在我国不具有合法性的原则性问题。

（三）对公有链证据“技术自证”原则的反思

被标签化的区块链存证技术并未实现逻辑自洽,旋即也引发了实务界的不解与质疑。将“去中心化”“公开透明”“匿名隐私保护”作为标签的区块链存证,并没有因为技术理论的光环而在实践中顺利推广。尤其是将公有链技术自证原理套用于联盟链存证实践的做法,很快遭到了法官们的质疑。一面听着公有链基于“去中心化”的方式便可确证电子证据真实性的说辞,一面却面对实际上由联盟链有限节点支持的存证平台,北京市东城区人民法院的法

---

① 参见施鹏鹏、叶蓓:《区块链技术的证据法价值》,载《检察日报》2019 年 4 月 17 日,第 3 版。

② 刘品新:《印证与概率:电子证据的客观化采信》,载《环球法律评论》2017 年第 4 期。

③ [日]稻盛和夫:《解密日航重生的五大引擎》,曹岫云译,载《中外管理》2013 年第 4 期。

④ 参见郑观、范克韬、吴泓:《区块链电子证据真实性的认定路径》,载《人民司法》2020 年第 4 期。

⑤ 参见季卫东:《人工智能时代的司法权之变》,载《东方法学》2018 年第 1 期。

官和四川省成都市中级人民法院的法官先后在判决中表达了对于将公有链技术自证原则适用于联盟链区块链存证实践的不信任。这两位法官,并没有效仿区块链存证第一案中法官的做法,也没有按照《互联网法院审案规定》第 11 条第 2 款的字面解释,而是出于对商业化区块链存证平台的不信任,对存证技术本身进行了审查。① 广州互联网法院的法官也撰文,针对区块链存证“技术自证”的倾向,对可能“滑向技术中心主义的潜在危险”表达了担忧。②

实际上,理论界将公有链证据理论生搬硬套到联盟链存证平台的做法已经暴露出难以自圆其说的尴尬。姑且不论公有链在我国不具有合法性的因素,即便只是出于常识也可以有所体会。③ 理论上宣称“去中心化”的技术能够自证证据的真实性,从经验意义上来说,就是通过人人参与、人人见证的方式获得证据真实性的证明。但是实践中的联盟链存证平台却仅有屈指可数的记账节点,与全民参与见证证据真实性的说法相去甚远。在此场景下,法官不拘泥于司法解释的字面含义,转而审查区块链存证技术是否通过国家质量检验的做法是合乎情理的。理论界将这一现象归结为中心化司法体系天然排斥去中心化技术的说法似乎有些牵强。④

三、“不合法”公有链证据技术的“合法”化

(一)以证据规则体系化的方案回应“对区块链证据审查”的质疑

鉴于实务界对于司法解释的质疑,理论界在不合法的路径上提出采用绵密的证据规则来解决证据合法性问题的方案。考虑到法官们对于《互联网法院审案规定》第 11 条第 2 款的质疑与批评,学者们的对策是建立更为绵密的

---

① 参见北京市东城区人民法院(2018)京 0001 民初 4624 号和北京知识产权法院(2018)京 73 民终 2163 号;四川省成都市中级人民法院(2019)川 01 民终 1050 号。

② 参见段莉琼、吴博雅:《区块链证据的真实性认定困境与规则重构》,载《法律适用》2020 年第 19 期。

③ 参见[法]普里马韦拉·德·菲利皮、[美]亚伦·赖特:《监管区块链:代码之治》,卫东亮译,中信出版社 2019 年版,第 198 页。

④ 参见孙梦龙:《区块链取证与可信时间戳技术梳理适用》,载《检察日报》2021 年 9 月 1 日,第 3 版。

区块链证据规则体系。围绕去中心化的区块链证据，既要建立内部证据规则和外部证据规则，[①]也要对区块链证据进行内容与载体的二维鉴真，[②]还要对区块链证据进行“三性”证据规范与“去中心化”技术规范审查。[③]

（二）证据规则体系化的方案与“技术自证”原则的背离

在不合法的路径上的更多的对策，反而会距离合法性的目标更加遥远。一方面，技术自证的原则要求证据规则应给予区块链证据技术更充分的自证空间。但是越来越绵密的证据规则却是在不断地限缩通过技术自身展现证据真实性的范围。另一方面，公有链证据理论主张对于区块链存证平台是否属于去中心化系统进行严格的技术审查。这些理论实际上是在将公有链的原理套用于联盟链的平台。可以说，要求协同式中心化存证平台建立去中心化结构的主张，无异于缘木求鱼、问道于盲。

第三节　联盟链及其证据原理

一、何谓联盟链？

（一）联盟链、公有链、私有链的概念

1. 联盟链（Consortium Blockchains）

联盟链又称共同体区块链，是指参与区块链的节点是经过事先许可的，节点间通常有高度的互信、良好的网络连接及合作关系。联盟链是部分意义上的分布式，可以理解为“多中心化”或“部分去中心化”。[④] 联盟链由哪些节点

---

① 参见杨继文：《区块链证据规则体系》，载《苏州大学学报（哲学社会科学版）》2021年第3期。

② 参见龚善要：《论区块链电子证据的双阶鉴真》，载《西安交通大学学报（社会科学版）》2021年第1期。

③ 参见雷蕾：《从时间戳到区块链：网络著作权纠纷中电子存证的抗辩事由与司法审查》，载《出版广角》2018年第15期。

④ 参见唐文剑、吕雯等编著：《区块链将如何重新定义世界》，机械工业出版社2016年版，第205页。

参与信息验证以及验证和管理的权限，均取决于构建联盟链的运行节点；链上的数据是公开还是内部的，也取决于运行节点对于联盟链的设计及其共识。典型的联盟链应用有超级账本（Hyperledg－er）、区块链联盟 R3CEV 等。

2. 公有链（Public Blockchain）

公有链也称公链、公共区块链，是指全网任何人都可自由进入、成为链上节点，可读取、可发送交易信息并进行有效性确认，任何节点都能平等参与公有链共识过程的区块链。共识机制是维持公有链分布式数据库一致性、准确性的关键技术。共识过程的参与者通过密码学技术共同维护公共区块链数据的安全、透明、不可篡改。公共区块链的典型应用包括比特币、以太坊等。

3. 私有链（Privale Blockchain）

私有链参与的节点只有有限的范围，比如特定机构的自身用户等，数据的访问及使用有严格的权限管理。[①] 完全私有的区块链中写入权限仅在参与者手里，读取权限可以对外开放，也可以进行任意程度的限制。其典型应用如 E-ris Industries（厄里斯实业公司）。

（二）联盟链的基本原理

联盟链通过加密技术、点对点信息传输，将以往业务工作串联式的数据交互结构调整为并联结构。在多中心系统中建立结构一致的共享数据库，任何一方的数据增加，其他各方的账本都会实时更新，从而大幅提高数据传输的效率、大幅降低数据处理的成本。联盟链与公有链的区别主要体现为：

第一，联盟链是由少数节点组成的多中心结构；公有链对用户不加区别，任何人都可以成为节点，从而形成去中心化的结构。联盟链的节点被限定于特定的用户，节点之间的权限也有所区别，所谓多中心结构，其实质上仍具有中心化的特征。例如，北京互联网法院的天平链只有 17 个节点，其中 8 个是权威节点。

第二，联盟链是许可链，任何节点都需要经过审核和验证。联盟链内部会

① 参见韩婷婷：《区块链存证证据真实性认定问题研究——以互联网法院司法联盟链为视角》，载《沈阳工程学院学报（社会科学版）》2020 年第 4 期。

设立管理机构,筛选参与联盟链的单位,限制可以访问区块链的节点。例如,天平链内部由北京互联网法院对加入的节点进行审核、验证,并由它决定吸纳新的单位成为链上节点,以及取消已有单位的节点资格。①

第三,联盟链上节点的权限并不对等。节点权限的区分设置有利于联盟链的管理,因为不同节点的性质和在链上的作用并不一致。天平链上有 8 个权威节点记账、验证和存储信息,其他 9 个一般节点、25 个接入应用,则无权参与记账或验证。

第四,联盟链具有更高的运行效率。联盟链的连接状态较好、验证效率较高,只需较低的运行成本,可以很容易解决区块链的扩展性问题。联盟链不需要通过共识机制来进行决策,也无须高冗余以保障数据的安全,节点不采用匿名化的方式,②因此,它拥有更好运行决策和更高运行效率。③ 联盟链不是完全公开和透明的,因此,也不容易受到攻击,具有更高的安全性,易于保护链上数据的隐私。

第五,联盟链无须依赖共识机制。公有链系统的运行离不开内部基于算法的共识机制和激励机制。联盟链内部的信任很大一部分来自有限的可信任节点,联盟链的信任架构可以表现为对可信第三方的信任。不过,联盟链也并非完美,仅需有限节点便可达成共识的方式存在潜在的风险——在达成共识的前提下,参与节点可以共谋篡改数据。当然,大型的联盟链通常会有严格的准入机制和较高的信誉要求,“成员均是有声誉的组织,因此他们不太可能从事恶意行为”④。

---

① 参见张中、崔世群:《司法区块链证据真实性审查》,载《检察日报》2021 年 1 月 20 日,第 3 版。

② See Jean Bacon & Johan David Michels et al. ,*Blockchain Demystified*:*A Technical and Legal Introduction to Distributed and Centralized Legders*,25 Rich. J. L. & Tech. 2.

③ See Minhaj Ahmad Khan & Khaled Salah,*IoT Security*:*Review*,*Blockchain Solutions*,*and Open Challenges*,82 Future Generation Computer SYS. 395, 405 (2018).

④ Zachary A. , Ramink A. , Shehar B. , et al. ,The Libra Blockchain,https://developers. libra. org/docs/assets/papers/the – libra – blockchain. pdf.

二、联盟链对于监管治理的价值

（一）运营成本降低

所有涉及交易、支付、金融等业务的系统都必须支付高昂的对账成本以防止数据作假、数据出错和数据丢失。不过，即使有两两对账措施也无法防止数据交互中的纰漏和上下共谋的造假。同样的工作，在联盟链并联结构中，各方共享数据库，任何一方更新，其他各方将立即拥有完全一致的数据，从而省去了烦琐、复杂的数据对账及审计工作。[①]

（二）防止单方造假、便于数据获取

在以往串联式的业务系统中，交互双方都看不到对方的数据库，数据造假无法被杜绝。在联盟链并联结构中，任何一方随时掌握其他各方的数据变化，从根本上避免了任意一方欺上瞒下、数据造假的可能性。同时，任何一方都无须依赖他方进行数据传递，大大提高各方获取业务数据的效率。

（三）去中介环节

在串联业务流程中，为了方便业务数据信息的传递，不可避免地存在不从事业务工作的中介环节或中间商。在联盟链的并联结构中，跨区域数据的传递和获取都将更加高效便捷。随着区块链跨链技术的应用，不同区块链之间的数据传递可以达到联盟链内部数据共享的速度和效率，大幅拓展了区块链的应用范围。

需要注意的是，联盟链的“去中介化”（取消中间环节）与公有链的“去中心化”有相近之处，但意义完全不同。“去中介化”与“去中心化”都强调中间环节的取消，以提高数据流通的效率和质量。但是“去中介化”并不要求区块链的组织架构采用“去中心化”的形式。易言之，多中心结构，甚至中心化结构的联盟链都可以省去中间环节，而且无须将区块链改变为公有链的形态。

---

① 参见王君宁：《区块链存证技术在证据领域的应用困境及完善》，载《现代商贸工业》2021年第8期。

（四）容错能力提升

在串联结构中，任何一个系统或环节出现宕机都将造成整个流程的全部中断。在联盟链并联结构中，任何系统、任何环节的宕机、断线或遭到攻击，都不会影响其他系统的运行，也就不会中断整个流程的数据处理工作。[①]待宕机的系统或环节恢复后，也将同步更新数据，不会造成数据损坏、丢失的不良后果，整个系统的容错能力将显著提升。

（五）监管范围扩大

在串联结构中，监管机构只能根据“条块”分割的安排，对某个（些）节点进行监管，无法实现对整条线监管。一旦违法者在违法行为的线性流程中规避了监管机构的固定点位，监管失效将在所难免。在联盟链并联结构中，监管机构虽然仍是一个点，但可以通过参与联盟链、共享数据库等方式，全面、及时地掌握各方的数据变化，从而将在最大范围内实现对整个流程的全面监管。

三、联盟链证据原理的澄清

（一）联盟链存证平台通过加密和时间戳的方式确保区块链证据的真实性

联盟链证据的“真实性”有赖于哈希加密和时间戳技术。不同于公有链采用去中心化结构和人人记账的方式来“见证”区块链证据的完整性，联盟链平台只有有限的节点参与记账和验证。[②] 有限的节点并不能够通过它们同时记录和保存证据的方式令证据获得公信力。以天平链为例，平台上的节点单位，在收到当事人的存证申请后，将证据固定，添加电子签名、加盖时间戳并给证据加密产生对应的哈希值。随后，该单位将哈希值存在天平链上，同时获得对应的编号。待当事人参与庭审程序时，可以提交该编号。北

① See Brandon Ferrick, *Modernizing the Stockholder Shield: How Blockchains and Distributed Ledgers Could Rescue the Appraisal Remedy*, 60 B. C. L. Rev. 621(2019).

② 参见长铗、韩锋等：《区块链：从数字货币到信用社会》，中信出版社 2016 年版，第 72 页。

京互联网法院依据相应的编号校验当事人提交的哈希值与天平链上存证的哈希值是否一致。根据《互联网法院审案规定》第11条第2款的规定，“当事人提交的电子数据，通过电子签名、可信时间戳、哈希值校验、区块链等证据收集、固定和防篡改的技术手段或者通过电子取证存证平台认证，能够证明其真实性的，互联网法院应当确认”①。也就是说，当哈希值校验成功时，互联网法院将认定该证据的真实性。联盟链平台的“加密+时间戳”技术与公有链“去中心化”结构都能够在一定范围内保证区块链证据的真实性、完整性和可信度。不过，二者的技术路径各异，对应的证据存证原理也不尽相同。前者凭借加密技术实现对电子数据材料的完整固定，后者通过人人见证的方式确保证据难以被篡改。

(二)区块链的“信任要素二分法”

1. 联盟链的双重信任要素

联盟链平台保存证据的方式和流程表明，影响区块链证据可信度的因素既包括技术要素即“机器信任”，也包括人的要素即“主体信任”。② 实际上，不只是存证平台，整个联盟链系统“信任”的产生都不能仅依靠“机器信任”这个单一要素。前文有关联盟链的原理表明，在多中心结构中，联盟链上的节点权限不同，权威节点不仅拥有联盟链的管理权，而且拥有设定自己权限的权力。易言之，只要联盟链上的权威节点达成共识，它们即有权设置或改动自己节点。③ 因此，从理论上说，联盟链的权威节点是可以修改链上记录的，而且无须高昂的成本。尽管，联盟链具有防止单一节点篡改数据的功能，不过，权威节点通过“共谋”，即达成共识的方式，仍然能够以较低的成本完成对于链上数据的修改。因此，在联盟链存证平台上，证据的信任将受

---

① 《〈最高人民法院关于互联网法院审理案件若干问题的规定〉的理解与适用》，载中国法院网2018年9月8日，https://www.chinacourt.org/article/detail/2018/09/id/3489797.shtml。

② 参见[意]乌戈·帕加罗：《谁为机器人的行为负责?》，张卉林、王黎黎译，上海人民出版社2018年版，第162页。

③ 参见[英]理查德·萨斯坎德：《线上法院与未来司法》，何广越译，北京大学出版社2021年版，第203页。

到“机器信任”与“主体信任”双重因素的影响。这也是《互联网法院审案规定》第 11 条第 2 款,罗列了 6 项有关区块链证据生成的技术性标准用于审查证据真实性的原因所在。

2. 公有链的单一信任要素

公有链只需要“机器信任”单一信任要素便可以确保证据的真实可信。公有链的颠覆性在于信任的创造机制。公有链基于非对称加密的算法原理进行信用机制的重构,通过算法而无须借助第三方的担保来创造信任,利用公有链自身的技术特点来保障证据记录、传输、存储结果都是可信的。① 公有链的体系可以让当事人在没有中心化机构的情况下达成共识,形成通过非对称加密方式保存的区块链证据。

公有链的单一信任要素与联盟链存证平台的双重信任要素是有关区块链存证理论的重要分析工具。② 后面,此“信任要素二分法”——联盟链存证平台依托“机器与人”的双重要素,公有链则仅靠单一要素来确保链上证据的可信性——将帮助我们深刻地理解《互联网法院审案规定》与《在线诉讼规则》相关规定的合理性。

第四节　回归我国联盟链的“区块链司法存证”理论

一、坚守合法性底线的区块链“司法存证”系统

(一)联盟链视角下“区块链本质”的重新解读

根据工业和信息化部发布的《中国区块链技术和应用发展白皮书(2016)》对于区块链的定义,“区块链是分布式数据存储、点对点传输、共识

---

① See Jake Goldenfein & Andrea Leiter, *Legal Engineering on the Blockchain*: “*Smart Contracts*” *as Legal Conduct*, 29. L. Crit. 141(2018).

② See Zachary L. Catanzaroa & Robert Kain, *The Revolution Will be Memorialized*: *Selected Blockchain - Based Smart Contract Use Cases*, 94 - OCT Fla. B. J. 52(2020).

机制、加密算法等计算机技术在互联网时代的创新应用模式”①。这是国内区块链法学研究领域所广为接受的定义。然而，对于该定义的解释却五花八门，由此也造成区块链存证基本概念含混不清、研究时常突破合法性底线的现状。在坚持合法性基本原则的前提下，本书将对区块链的本质进行重新解释。

在合法性的前提下，“分布式数据存储”可以理解为“多中心的分布式数据库”。前文已述，公有链在我国是不具有合法性的，我国最基本的区块链形态是联盟链。例如，以往将区块链解释为“大量共同记账的主体作为节点构筑成区块链网络，任何一个服务器都可以加入这一网络成为节点”。② 这种解释把区块链等同于公有链，易于造成脱离我国区块链合法性框架的理解。

1. 多中心的“分布式数据库”

“多中心的分布式数据库”是指在我国合法的区块链的结构和数据存储方式只能是“多中心化”或“特殊的”中心化结构，而不可以是“去中心化”形态的。在我国将区块链等同于“去中心化”的方式，基本上是“没有搞清楚联盟链和公有链的区别”③。

2. 多中心的“分布式记账”

“分布式数据存储”也包含“多中心分布式记账方式”的含义。在以往有关区块链的语境中，“分布式数据库”“分布式账本”“分布式记账方式”等概念经常混同使用，都被当作“去中心化”的表现形式，因而也成为混淆公有链和联盟链的原因之一。在当前以联盟链为合法形态的框架内，“分布式记账方式”也应解释为“多中心的分布式记账方式”，与中心或中心化的记账方

① 《中国区块链技术和应用发展白皮书（2016）》，载百度文库 2021 年 10 月 1 日，https://wenku.baidu.com/view/7d7ab73f09a1284ac850ad02de80d4d8d05a01f4.html。

② 胡萌：《区块链存证的效力及审查规则》，载《人民法院报》2021 年 8 月 5 日，第 8 版。

③ 大数据战略重点实验室：《块数据 3.0：秩序互联网与主权区块链》，中信出版社 2017 年版，第 203 页。

式相对，但不可以是“去中心化的记账方式”。①

3. 多中心的证据保全方式

从证据学的角度来看，“分布式数据存储”不仅是多中心的数据库，也是一种多中心的证据保全方式。联盟链虽然不具有公有链“去中心化”的结构特征和人人见证的技术特点，但是它也可以通过点对点传输、加密算法、时间戳和共识机制，起到对电子数据保存、固定和对抗篡改的作用。因此，联盟链形态的区块链也可以用于程序法领域证据保全。

（二）基于联盟链的“区块链司法存证”

1. 区块链存证

“区块链存证”的内容丰富，既包括对电子数据进行抓取、加密、存储、保全、审查和证明等技术，也包括对电子数据存储的过程以及包含上述工作在内的法律服务。

2. 基于联盟链的司法存证

区块链存证采用算法加密的方式存储电子数据。区块链存证采用加密算法计算出电子数据信息的哈希值，作为数据摘要，其具有唯一性、难以篡改、占用空间小等优势，②以确保海量哈希值保存在区块链存证系统中也不会出现拥堵、宕机等问题。联盟链的存证节点将哈希值保存在区块链司法存证系统中时，将会获得对应的编码。③ 当发生纠纷时，当事人可以提交编码供法院验证。哈希值验证成功的电子数据将被认定为未被篡改或具有完整性的证据。互联网法院搭建的司法区块链存证平台，通过对当事人提交的哈希值的验证来审查电子数据的真实性。④

（三）基于联盟链的“区块链证据”

区块链证据是指由当事人提交、经区块链存证系统保存的电子数据，经

---

① 参见杨东：《链金有法：区块链商业实践与法律指南》，北京航空航天大学出版社 2017 年版，第 261 页。

② 参见胡萌：《区块链存证的效力及审查规则》，载《人民法院报》2021 年 8 月 5 日，第 8 版。

③ See Brandon Ferrick, *Modernizing the Stockholder Shield: How Blockchains and Distributed Ledgers Could Rescue the Appraisal Remedy*, 60 B. C. L. Rev. 621(2019).

④ 参见胡萌：《区块链存证的效力及审查规则》，载《人民法院报》2021 年 8 月 5 日，第 8 版。

人民法院对其真实性进行审查并认可其证据效力的证据。① 区块链证据的来源是电子数据，根据生成的不同方式可以分为链上生成型和链下转化型两类。② 链上生成型电子数据是在区块链系统中生成、记录、存储的原始证据材料。③ 其真实性易于验证，可靠性程度高，能够实现自我验真。④ 链下转化型电子数据是通过技术手段抓取电子数据信息并备份上链的证据材料。链下转化型电子数据在上链前的真实性可能会被质疑。此时，需要按照《在线诉讼规则》第 18 条的规定，由提交该电子数据的一方当事人提供证据证明上链前数据的真实性。上链前数据真实性的证明相当于英美证据法证据鉴真理论中的“铺垫性”证明，也就是对上链存储前取证过程的真实性进行证明。

（四）联盟链视角下有关《互联网法院审案规定》第 11 条相关争鸣的厘清

运用“信任要素二分法”，我们可以对《互联网法院审案规定》第11 条的理论争鸣进行重新解读，进而获得新的理解。区块链存证第一案问世、《互联网法院审案规定》的出台及相关案例的出现，引发了理论界有关区块链存证，特别是“技术自证”原则合理性的争鸣。⑤ 整个过程可以概括为：理论界认为在区块链存证应用中实务界的做法有悖“技术自证”原则的要求；实务界则针对“技术自证”说提出了“以技证技”的批评。⑥ 本书主张运用“信任要素二分法”理论，可以对围绕《互联网法院审案规定》第 11 条的理论争鸣予以合理的解释。

---

① See Jeff Lingwall & Ramya Mogallapu, *Should Code be Law? Smart Contracts, Blockchain, and Boilerplate*, 88 UMKC L. Rev. 285(2019).

② 参见胡萌：《区块链存证的效力及审查规则》，载《人民法院报》2021 年 8 月 5 日，第 8 版。

③ See Sylvia Polydor, *Blockchain Evidence in Court Proceedings in China – A Comparative Study of Admissible Evidence in The Digital Age*, 3 Stan. J. Blockchain L. & Pol' y 96(2020).

④ 参见谢登科：《电子数据的鉴真问题》，载《国家检察官学院学报》2017 年第 5 期。

⑤ 参见申卫星、刘云：《法学研究新范式：计算法学的内涵、范畴与方法》，载《法学研究》2020 年第 5 期。

⑥ 参见段莉琼、吴博雅：《区块链证据的真实性认定困境与规则重构》，载《法律适用》2020 年第 19 期。

1. 理论界对公有链原理的误用

虽然理论界在区块链形态分类中也注意到了我国区块链司法存证采用的是联盟链技术，但是，在中美区块链证据规则比较和区块链存证问题研究时，大多数学者所采用的理论以公有链为原型。[①] 在理论界看来，既然中美都在依据区块链技术完善各自的证据规则和证明理论，那么，借鉴佛蒙特州有关区块链证据技术自证的规定并无不妥。而且，我国的区块链司法存证系统还具有司法机关的背书，那么，区块链证据的技术自证功能理应获得广泛的认可与实务部门的接纳。因此，在区块链存证第一案和《互联网法院审案规定》第 11 条的基础上，还应当赋予区块链存证与其技术相匹配的独立证明资格。[②] 在他们看来，北京市东城区人民法院、四川省成都市中级人民法院在审判过程中审查区块链存证技术的做法是对区块链存证应用的阻碍，也是对“技术自证”原则的背离。

2. 实务界基于联盟链实践的反思

法官们面对名为“去中心化”、实为“多中心化”的电子存证时，[③]必然深刻地认识到，案件中亟待认定的区块链证据与理论上的公有链原理其实相去甚远。在法官们看来，一些学者宣称立法和司法都应支持区块链存证具有“技术自证”属性的说辞，存在技术中心主义的倾向，根本无法排除实务界对区块链存证“以技证技”的合理怀疑。相关的论述前文已有所展开，在此不再赘述。

3. 基于“信任要素二分法”的重释

(1) 对中美区块链证据规则的辨析

“信任要素二分法”有助于区分不同的“区块链”系统对电子存证的不同影响。一方面，公有链技术的单一信任要素原理与美国佛蒙特州区块链

---

① 参见郑观、范克韬、吴泓：《区块链电子证据真实性的认定路径》，载《人民司法》2020 年第 4 期。

② 参见施鹏鹏、叶蓓：《区块链技术的证据法价值》，载《检察日报》2019 年 4 月 17 日，第 3 版。

③ 参见龚善要：《论区块链电子证据的双阶鉴真》，载《西安交通大学学报（社会科学版）》2021 年第 1 期。

证据规则的创新具有逻辑上的一致性。公有链技术，从原理到应用方案再到实践，无不贯彻着以“机器信任”弥补制度信任之不足的设计初衷。美国佛蒙特州区块链证据规则有关“技术自证”的规定与公有链技术对“机器信任”的追求是高度一致的。[①] 另一方面，联盟链技术的双重信任要素理论与我国司法区块链存证的基本原理也高度吻合。联盟链技术的信任度是由“机器信任”与“主体信任”双重要素共同决定的。共识加密机制、时间戳和分布式数据存储等技术上的先进性并不足以取代链上多中心权威节点的影响力，更无法杜绝权威节点集体共谋的潜在危险。将联盟链主体信任的风险公之于众，并非意在扼杀这项技术于襁褓，而是希望集众人之智慧，为防范主体信任的风险创造出更多合理且可行的方案。然而，我国理论界基于对美国佛蒙特州区块链证据立法的认识，转向对我国区块链司法存证进行研究时，却严重忽略了中美两国在区块链技术上的根本性差异。脱离区块链证据的底层技术，抽象地套用“技术自证”原理，将不可避免地因基本概念的混淆，造成理论界、实务界与司法解释相互之间深刻的误解。

（2）基于“信任要素二分法”对上述误解的厘清

《互联网法院审案规定》第11条第1款“从电子数据生成存储的平台资质、取证技术及数据完整性等6项审查要件列明了判断项目”[②]。该规定的实质并不是通过审查技术的方式来验证技术本身，而是通过审查电子数据在平台的存证行为来规避“主体信任”失范的潜在风险。易言之，《互联网法院审案规定》第11条第1款的规定不是“以技证技”，而是“以技证人”。理论界对于司法解释和实务界审判工作不理解，误以为保守踯躅的行为，却是后二者依据各自不同的方式对双重信任要素的补强。[③] 理论界有关区块链证据规则体系完善化的主张，借助越来越绵密的区块链证据规则和审

---

① 参见刘品新：《印证与概率：电子证据的客观化采信》，载《环球法律评论》2017年第4期。

② 段莉琼、吴博雅：《区块链证据的真实性认定困境与规则重构》，载《法律适用》2020年第19期。

③ 参见谢登科：《电子数据的鉴真问题》，载《国家检察官学院学报》2017年第5期。

查方式,固然可以回应实务界对于区块链电子数据“真实性”审查不足的担忧。[①] 可是,将区块链证据规则系统化、绵密化的方案却又同“技术自证”原则要求给予区块链技术更大自证空间的发展趋势相冲突。

(五)基于“信任要素二分法”对《在线诉讼规则》的解析

《在线诉讼规则》有关区块链存证效力范围和审查标准的规定,为建立符合联盟链系统的“技术自证”方案,提供了有益的解决思路。

首先,《在线诉讼规则》实质性地推动了区块链存证延续“技术自证”方向的发展趋势。通过对区块链存储数据赋予“推定”上链后未经篡改效力的规定,在联盟链技术条件下,对区块链存储数据的“技术自证”给予了规范层面的保障。

其次,《在线诉讼规则》通过对上链数据确立真实性的审查标准,解决了“主体失信”的潜在问题。其第 17 条明确了上链后数据真实性的审查认定规则,特别是第 2 项,强调“当事人与存证平台是否存在利害关系,并利用技术手段不当干预取证、存证过程”。这项规定与区块链存证第一案中法官的审查思路一脉相承,都是通过“以技证人”的方式来防范由“主体信任”危机而引发的潜在风险。

最后,《在线诉讼规则》推动区块链存证按照“技术自证”方向发展的规定,符合联盟链“双重信任”要素的基本运行规律。第一,《在线诉讼规则》采用“推定”区块链存储数据效力的方式解决了“技术信任”问题。第二,《在线诉讼规则》延续“以技证人”的思路,解决了“主体信任”问题。第三,将《在线诉讼规则》第 16 条至第 19 条的内容与美国佛蒙特州有关区块链证据规则的规定相比较,不难发现,二者都为区块链证据/存证保留了合理的技术自证空间,而且各自的方式也分别适合于相应的区块链技术形态。

---

① 参见胡萌:《区块链存证的效力及审查规则》,载《人民法院报》2021 年 8 月 5 日,第 8 版。

二、“区块链司法存证”理论基础的完善

(一)发端于当代技治主义的“技术自证”原则

当代技治主义的发展是证据学领域中技术自证原则兴起的正当性依据。随着第四次工业革命的到来,技治主义已成为当代政府管理、公共决策和企业运营的主要特征,维系并推动数字社会的治理和运转。①。特别是在社会技术领域,技治主义越发突出地表现为“促使现代社会越来越按照技术逻辑、原则、规范建构与运行”②。技治主义不仅深刻地提升了法律制度和法律文化对于技术创新与技术治理的接纳程度,而且推动法治建设、司法改革及证据规则的变革朝着科技进步的方向迈进。在“技治”主义与“法治”主义的衔接越来越紧密的当下,在区块链证据规则的完善中,技术自证原则的高扬当是恰逢其时、顺理成章。

技术自证的含义主要是指司法机关在一定限度内承认科学技术原生证明体系所展现的证据的科学性与完整性。③ 美国佛蒙特州规定,“通过区块链技术的有效应用而核实的事实或记录是真实的”④。该项有关区块链证据的规定被视为技术自证原则的直接体现。区块链技术给“技治主义”的社会治理带来全新的模式,即通过限缩监管的方式给社会释放更多的自治因素。在证据法中则表现为不再仅仅依赖国家机关的权威式认定,而是在法定限度内承认科学技术独立的证明力和证据效力。⑤

(二)公有链证据的“技术自证”原则及其界限

区块链技术的出现赋予链上证据技术自证的可能性。多年来,我国的证据理论坚持“法治主义”证据理论,即“证据法定”与事后“案件还原”相结

---

① 参见刘永谋:《技术治理的哲学反思》,载《江海学刊》2018 年第 4 期。

② 王伯鲁:《社会技术化问题研究进路探析》,载《中国人民大学学报》2017 年第 3 期。

③ 参见余贵清、孙伟:《基于互联网审判的区块链应用与实践》,载叶蓁蓁、罗华主编:《中国区块链应用发展研究报告(2019)》,社会科学文献出版社 2019 年版,第 219 页。

④ 施鹏鹏、叶蓓:《区块链技术的证据法价值》,载《检察日报》2019 年 4 月 17 日,第 3 版。

⑤ 参见孙梦龙:《区块链取证与可信时间戳技术梳理适用》,载《检察日报》2021 年 9 月 1 日,第 3 版。

合的证明模式[①]。因此,代表国家公信力的证明被预设为最重要的证据标准。然而,区块链技术的出现带来了另一种证明思路。人类无须延续传统的证明方式,即透过拼凑起来的证据事后搭建一套案件的“影像”,再借助论证和推断的方式来裁断案件。区块链的技术原理表明,它采用全程留痕、同步记录和证据信息即时固定等方式,[②]在案件发生的过程中尽可能完整地保留案件的信息,并加密保存且难以篡改。凭借上述技术优势,公有链证据可以呈现的是用数据同步保存的案件的事实。它代表的是具有颠覆意义的证明技术,也是充分体现技术自证价值的证明方式。

不过,公有链证据的技术自证方式并不适合应用于联盟链证据的场景中。一方面,公有链证据的技术自证还没有在经验的层面作出充分的论证,以表明它作为全新证明方式的无懈可击。事实上,美国佛蒙特州的区块链(公有链)证据规则也尚未在联邦和州的立法机构引起广泛效仿和普遍的认可。各个国家和地区对于公有链证据技术自证的认识和认同可能还需要一个并非短暂的过程。另一方面,公有链与联盟链在结构和技术组成上的差异决定了二者具有各自不同的信任形态。公有链证据规则以单一要素为信任基础,而联盟链存证系统的公信力则取决于双重要素,由此也决定了公有链证据规则与联盟链存证系统的正当性具有不同的来源与形成方式。二者既难以混同,也不可相互照搬。虽然《在线诉讼规则》结合当前的技术基础设施,为联盟链存证实现“技术自证”的目标提供了较为合理的规则指引,[③]但是,基于联盟链技术的区块链存证在未来将以何种方式延续和发展“技术自证”原则,仍将是我国理论界和实务界需要共同研究的课题。

(三)联盟链“技术自证”原则的发展趋势

独立的制度不会形成于依附性的原理。我国区块链证据的“技术自证”

---

① 参见韩婷婷:《区块链存证证据真实性认定问题研究——以互联网法院司法联盟链为视角》,载《沈阳工程学院学报(社会科学版)》2020年第4期。

② 参见焦经川:《区块链与法律的互动:挑战、规制与融合》,载《云南大学学报(社会科学版)》2020年第3期。

③ 参见施鹏鹏、叶蓓:《区块链技术的证据法价值》,载《检察日报》2019年4月17日,第3版。

应用必须建立在独立的证据理论基础之上。技治主义的发展在现代社会治理中发挥着重要的作用,它的新近成果可以为区块链存证应用提供有益的基础和方案。随着技治主义的基本主张从激进转向温和,它在当今社会发展中的影响越加广泛,其治理理论发生了三个重要的转变:[①]其一,技治主义与法治主义的有效互补;[②]其二,技治方式之间的深度融合;[③]其三,从科学管理向科技治理转型。[④]

技治主义作为“技术自证”原则的理论依据,它的最新转型成果也可以为联盟链“技术自证”理论的进一步发展所借鉴。

首先,联盟链“技术自证”原则的适用有赖于技治与法治的互补。根据“信任要素二分法”的原理,“主体信任”是联盟链存证发挥“技术自证”功能的必要条件之一,也是后者无法通过技术自治的方式予以实现的一项要素。借鉴《在线诉讼规则》的立法经验,“法治”无疑是解决“主体信任”问题、弥补技治方式之不足的有效途径。[⑤] 通过对联盟链存证系统建立完善的法治体系,该系统越是充分地满足规范、标准及监管对主体的要求,其区块链证据的自证效力便越高。此外,借助技治与法治的有效互补,更多的企业和社会力量可以参与区块链存证系统的开发和服务,从而将加快推进区块链技术在我国的广泛应用。

其次,联盟链“技术自证”原则的发展需要多种技术的深度融合。在物联网、大数据、人工智能的快速发展下,新型的电子证据将呈现出网络化、数据化、智能化的趋势。随着数字社会进程的加速,当事人期待纠纷解决的效率可以大幅提升,进而对于电子证据“技术自证”的需求也将不断提高。[⑥]

---

① 参见段伟文:《对技术化科学的哲学思考》,载《哲学研究》2007 年第 3 期。

② See Kitchin R. ,*The Real – Time City? Big Data and Smart Urbanism*,Geo Journal, 2014,79(1):2.

③ See Stie A. E. ,*Democratic Decision – Making in the EU: Technocracy in Disguise?* Routledge, 2013,p. 186.

④ 参见王伯鲁:《社会技术化问题研究进路探析》,载《中国人民大学学报》2017 年第 3 期。

⑤ 参见段伟文:《对技术化科学的哲学思考》,载《哲学研究》2007 年第 3 期。

⑥ 参见王伯鲁:《社会技术化问题研究进路探析》,载《中国人民大学学报》2017 年第 3 期。

作为司法基础设施的区块链，需要同其他信息技术进行深度融合，通过数据传输、存储、运算和交换效率的提升满足当事人提升各类电子证据“技术自证”效率的需求。

最后，联盟链“技术自证”原则在司法治理领域具有广阔的应用空间。随着区块链技术的赋能，“区块链＋司法”模式除了将推动审判体系和审判能力的现代化以外，也将广泛地服务于人民法院的互联网司法治理。区块链证据“技术自证”能力的提升，将推动矛盾纠纷化解的自动化程度的提高。这意味着更多的当事人将接受区块链存证系统。于是，基于联盟链的“技术自证”原则也将更加广泛地应用于矛盾纠纷的控制、预防和自主处理。

三、区块链存证“技术自证”原则的创新应用

（一）基于区块链存证系统的知识产权保护机制

针对网络作品侵权的高发态势，区块链存证系统可以发挥其技术潜质，建立起基于其自身系统的知识产权保护机制。鉴于著作权登记时间久、费用高、流程长的情况，司法区块链可以依托区块链存证系统建立起可查询、可验证的认证体系。①

第一，著作权作者将作品内容、创作实践信息等加密上传至区块链存证系统，以便通过区块链确认权属，为链上维权奠定基础。第二，著作权作品确权上链后，区块链存证系统可以进行侵权监测，系统自动抓取侵权网页、进行源代码识别并经哈希加密后上传至存证系统。即便盗版网站删除了侵权文章，由于侵权网页信息已经被加密保存上链，也相当于完成了侵权事实的固定。第三，区块链存证系统还可以提供知识产权交易平台，以便著作权从申请登记到授权许可的每一个环节全程留痕，于是，著作权权利主体可以随时追溯。区块链存证平台自动生成的侵权证据可以自我“验真”，在所有的电子数据中具有最强的技术自证能力。第四，维权诉讼全程上链。在区块链存证系统中完成了从确权到交易再到侵权证据固定的过程，著作权人

---

① 参见杜前主编：《互联网司法实践与探索》，人民法院出版社 2021 年版，第 65 页。

可以通过移动终端在线完成起诉、开庭、审判、执行的全部程序。

（二）致力于审判体系现代化的区块链电子卷宗系统

电子卷宗是人民法院诉讼全流程、案件全要素司法公开的重要基础。然而当前在电子卷宗应用实践中，在线诉讼程序信息难固定、电子数据溯源难、信息安全保障难等问题都亟待解决。[①] 依据前述技治主义服务于审判体系和审判治理现代化的原理，基于区块链存证平台，可以建立起贯穿在线诉讼全流程的电子卷宗系统。

第一，电子卷宗系统的建立有利于解决送达和签收的问题。区块链存证平台将支持电子卷宗实名制，送达平台全程留痕且难以篡改，送达和签收的行为将即时记录从而防止抵赖。电子卷宗系统还可以借助区块链存证平台将卷宗中的重要材料通过哈希算法固定上链，从而确保了诉讼程序数据的安全可信。[②] 第二，区块链存证系统将有效保障电子卷宗的信息安全。通过分布式数据存储，即便个别节点遭到攻击或损毁，也不会影响链上电子卷宗存证数据的完整性和真实性。第三，区块链存证系统可以为电子卷宗建立卷宗权限的精细化管理。通过区块链系统可以为使用电子卷宗的各类主体分别设置对应的权限，不仅所有电子卷宗的使用主体可以共用电子卷宗、共享卷宗信息，而且针对不同主体、不同信誉，设置分层权限，使电子卷宗或具有双重权限保护。第四，区块链电子卷宗可以实现跨部门间的数据共享，跨部门案件数据、电子材料的全程留痕和防伪验证。通过跨部门电子卷宗的公开透明，以利于实现单位间的共同监督、共同管理，提升跨链协同的办案效率。

（三）构建新型契约履行形态的智能合约机制

为了提升智能合约的执行效率、降低智能合约不可控因素的干扰，依据前述法治主义与技治主义相互补充的原理，借鉴杭州互联网法院的智能合

---

① 参见程文辉、杜英翔：《“技治”与“法治”——区块链在法院电子卷宗建设中的适用性分析与法律风险探索》，载马世忠主编：《司法体制综合配套改革中重大风险防范与化解（上）——全国法院第31届学术讨论会获奖论文集》，人民法院出版社2020年版，第576页。

② 参见周梅丽、顾陈杰、黎敏：《区块链金融法律问题研究》，载《金融纵横》2017年第8期。

约应用经验,区块链存证平台可以建立新型契约签署和履行形态。[①]

第一,区块链存证系统将电子合同的内容信息、智能合约代码同步上链。智能合约嵌套部署的形式,既可以保障当事人的审核确认,又可以通过司法区块链对电子合同内容及对应代码的及时校验,从而实时发现侵害当事人权利的行为,保障当事人的合法权益。第二,通过区块链智能合约还可以建立自动化信用黑名单机制。在智能合约中设定联盟链用户的行为红线,一旦出现触及红线的行为,将被自动列入黑名单,同时将被禁止或限制从事网络交易或网络服务。通过区块链信用联盟,推动网络空间的社会诚信。第三,基于区块链智能合约的自动立案、自动执行机制。智能合约系统将对链上电子合同代码、合同履行进度进行自动核验,符合条件的将自动进入立案程序。[②] 立案系统根据电子立案材料自动提取案件风控点,可以辅助生成立案和裁判文书。智能协同的执行辅助系统将对被执行人的账户、房产、车辆等进行查控。一旦触发事先设定的失信条件,被执行人将被自动纳入惩戒黑名单。

（四）区块链、物联网系统应用的查封管理机制

查封是执行程序的重要环节,但是这一处置被执行财产的司法措施却面临封条易被破坏、查封财产难以管理等问题。依据前述技治主义融合发展的原理,借鉴宜宾市中级人民法院的智慧查封管理系统的建设经验,区块链存证平台可以结合物联网、移动互联网等技术建立智慧查封系统。[③]

第一,借助区块链与物联网的技术联合,在涉及执行标的物现场智能查封终端,以便干警可以远程管理法院查封财产的工作。在硬件端,通过物联网、声光报警系统、视频采集系统等部分,实时检测被查封财产(这里主要指

---

① 参见杜前主编:《互联网司法实践与探索》,人民法院出版社 2021 年版,第 65 页。

② See Amy J. Schmitz & Colin Rule, *Online Dispute Resolution for Smart Contracts*, J. Disp. Resol. 103 (2019).

③ 参见四川省宜宾市中级人民法院课题组:《宜宾法院基于区块链的智慧查封管理应用探索》,载陈甦、田禾主编:《中国法院信息化发展报告 No. 5(2021)》,社会科学文献出版社 2021 年版,第 282 页。

不动产)。在系统端,建立区块链监管网络。当被监管的查封财产出现封条损坏的情况时,区块链系统将启动设备对破坏者进行抓拍,必要时可以触发自动报警系统。第二,建立执行查封工作的查询系统。通过区块链存证系统确保查封各环节信息的完整、充分。第三,建立涉案财物与智能查封终端设备匹配系统。通过系统,可以根据案件查询“查封财产”及其地理位置;可以根据查封终端设备倒查查封财物及查封财产所属案件,查询查封时间、被执行人信息等。第四,借助区块链的可追溯性,建立倒查服务。基于区块链存证平台实施的执行查封工作,全流程节点均及时留痕,保障了执行查封全流程数据和扫描材料的安全性,确保查封信息不会被篡改。[①] 这样便可以建立倒查机制——执行干警、执行局长可以在任意时刻通过移动终端的小程序等软件,回溯信息情况,使查封工作与监督工作都更加透明可信。

---

① 参见赵蕾、曹建峰:《从“代码即法律”到“法律即代码”——以区块链作为一种互联网监管技术为切入点》,载《科技与法律》2018 年第 5 期。

第四章　“区块链＋司法”模式在司法体制综合配套改革中的应用

“区块链＋司法”模式是技术与制度深度结合的成果，是司法改革与信息化建设融合发展理念的直接体现，它在深化司法体制改革领域，有广阔的适用空间、多元的应用场景和亟待挖掘的潜力。本章选取了“区块链＋司法”适用于司法改革领域的三个场景，分别代表了人民法院内部单一机制的流程、综合应用的体系与外部协同的服务，展现了该模式在司法系统的局部、整体及主体间等不同层次和不同范围中广泛的适应性。

第一节　“区块链＋司法”模式在院长、庭长监督管理流程中的应用

院长、庭长监督管理是审判监督管理的首要环节，是深化司法体制综合配套改革的重要内容，也是贯彻实施司法责任制的配套措施。[①]“它对于维持法院内部运行秩序，尤其是保障司法的公正与效率、防止司法寻租、加强司法统一，具有积极的效用。”[②]最高人民法院的《五五改革纲要》已将院长、庭长监督管理机制作为当前司法改革的主要任务之一。因而，法学界也应

① 参见丁晓雨、候华北：《论内设机构改革背景下审判管理权的重塑》，载《法律适用》2018年第19期。

② 龙宗智：《审判管理：功效、局限及界限把握》，载《法学研究》2011年第4期。

当从原来重在对程序制度的研究转向对法院内部管理机制的研究,[①]从而有助于审判监督管理质效的提升,也有助于“让审理者裁判,由裁判者负责”的司法责任制实现。

一、研究院长、庭长审判监督管理流程问题的背景

(一)院长、庭长审判监督管理的三个阶段

审判监督管理是“依据审判规律监督、管理、规范、优化人民法院审判活动的有效方式”[②]。自1999年《人民法院五年改革纲要》发布至今,人民法院已进入第五轮以五年为周期的司法改革。每一阶段的改革都对审判监督管理工作予以部署,也在不断的尝试中进行调整。第一阶段:针对以往审判监督管理过度约束,院长、庭长干预过多却效果不佳的问题,“一五改革”明确予以改革,将裁判权和裁判文书签发权交给合议庭和审判长。第二阶段:针对把审判权完全下放给合议庭或独任法官缺乏有效监督管理所产生的大量问题,[③]“二五改革”和“三五改革”对裁判文书签发权进行回收。[④] 第三阶段:鉴于“约束放权的科层模式”在给予法官自主权的同时,仍保留了传统的监督管理方式,造成司法裁判责任主体不明,制约了审判质量的提升,[⑤]“四五改革”推行司法责任制,实行“让审理者裁判,由裁判者负责”。2019年的“五五改革”坚持有效监管的司法责任制,提出完善审判监督管理机制,要求明确院长、庭长权力和职责,健全监管的全程留痕制度。

(二)司法责任制的充分放权给审判监督管理带来的挑战

自2015年,最高人民法院发布《关于完善人民法院司法责任制的若干

---

① 参见郭松:《审判管理进一步改革的制度资源与制度推进——基于既往实践与运行场域的分析》,载《法制与社会发展》2016年第6期。

② 最高人民法院司法改革领导小组办公室编:《深化司法体制综合配套改革前沿问题研究》,人民法院出版社2020年版,第3页。

③ 参见杨凯:《审判管理理论体系的法理构架与体制机制创新》,载《中国法学》2014年第3期。

④ 参见顾培东:《人民法院内部审判运行机制的构建》,载《法学研究》2011年第4期。

⑤ 参见李生龙、贾科:《反思与重塑:法院系统内部审判管理机制研究》,载《西南政法大学学报》2010年第4期。

意见》提出全面落实司法责任制、完善新型审判监督管理机制以来，人民法院内部具有科层制属性的庭室设置被不断削减合并，庭长（副庭长）职数减少，院长、庭长的监督管理的强度增大。《四五改革纲要》又进一步明确了院长、庭长的审判管理职责和审判监督职责。院长、庭长只能通过审理案件的方式、不能再以管理者的身份介入个案。在理顺了司法逻辑与行政逻辑的同时，院长、庭长审判监督管理权改革带来的影响也随即显现：其一，院长、庭长监督管理权的限缩对案件质量的影响。由于员额法官的能力和素质存在差异，审判的质量问题特别是案件“发改率”出现了大范围的升高。以重庆市第四中级人民法院为例，“2013 年案件改发率为 7.27%，2014 年猛增到 15.59%，2015 年继续上升到 18.52%”[①]。此外，也有学者指出，在取消院长、庭长对裁判文书的签发审批权后，员额法官更具独立性，更容易出现同案不同判的现象，案件的质量存在难以保障的问题。[②] 其二，科层部门削减后对审判效率的影响。法院内部科层式庭室机构的设置具有幅度小、穿透力强的特点。不过，在法院遵循司法逻辑取消（或削弱）科层制之后，法院对于审判团队的管理力度有一定程度的降低，导致员额法官承担司法责任的动力和效率均有所下降。[③]

二、院长、庭长审判监督管理运行中存在的主要问题

（一）院长、庭长审判监督管理缺位的情况普遍存在

在推行司法责任制、落实“让审理者裁判”的大趋势之下，“院长、庭长不敢管、不愿管的情况具有一定的普遍性”[④]。尽管司法责任制的改革尚未完善、配套机制也未能有效建立，但是随着院长、庭长原本的裁判文书签发权

---

① 龙宗智、孙海龙：《加强和改善审判监督管理》，载《现代法学》2019 年第 2 期。

② 参见孙光宁：《“两高”指导性案例的差异倾向及其原因——基于裁判结果变动的分析》，载《东方法学》2015 年第 2 期。

③ 参见丁晓雨、候华北：《论内设机构改革背景下审判管理权的重塑》，载《法律适用》2018 年第 19 期。

④ 龙宗智、孙海龙：《加强和改善审判监督管理》，载《现代法学》2019 年第 2 期。

被取消，在“二五改革”阶段存在的院长、庭长监督管理过于强势，甚至在处理案件中存在监督管理权越俎代庖的情况已经不再是主要问题。[①] 相反，监督不够、控权不足、管理不到位成为当前突出的新问题。部分法院的司法责任制改革不到位，院长、庭长对于监督管理与司法责任制之间的关系存在误解。

1. 部分院长、庭长担心监督管理可能会违反司法责任制的要求

以判断权为特征的司法权要求裁判者的亲历性，即亲自参与审理程序和证据审查。司法责任制改革——“让审理者裁判”要求审理者独立行使裁判权，体现了司法的本质规律。可是，院长、庭长对于审判权力的监督和对案件质量的管理并不满足亲历性的前提条件，尤其是对“四类案件”的监督指导。[②] 于是，院长、庭长出于监督管理可能有违司法责任制的顾虑，出现“畏首畏尾，不敢进行审判监督管理的情况”[③]。

2. 部分院长、庭长对于实施个案监督是否将要承担司法责任存在疑虑

司法责任制强调尊重司法规律，势必要提出“由裁判者负责”的要求。[④] 可是，如果审判监督管理实质性地影响了个案的裁决，那么，院长、庭长可能由于裁判出现错误也必须承担作为“实质性裁判者”相应的责任。因此，部分院长、庭长倾向于回避监督管理工作，避免因为对合议庭或独任制法官的影响而可能产生的责任。

（二）院长、庭长审判监督管理越位的现象仍未能杜绝

院长、庭长受“科层”制积习的影响仍存在以监督管理之名、行干预个案之实的现象。首先，考虑到审判质量的责任，一些院长、庭长“不放心”给法官放权。司法责任制改革后，案件不再由庭长指定而是由立案庭随机性分

---

① 参见方乐：《审判权内部运行机制改革的制度资源与模式选择》，载《法学》2015 年第 3 期。

② 参见孙光宁：《“两高”指导性案例的差异倾向及其原因——基于裁判结果变动的分析》，载《东方法学》2015 年第 2 期。

③ 龙宗智、孙海龙：《加强和改善审判监督管理》，载《现代法学》2019 年第 2 期。

④ 参见熊秋红：《中国语境下的法官责任制》，载《人民法治》2016 年第 6 期。

配。然而，员额法官并非也不可能都是全才，面对不熟悉的案件类型出现审判质量瑕疵的情况无法杜绝。[①] 其次，鉴于发改率上升的问题，院长、庭长不愿放手对于个案的干预。一些地方二审员额法官出于减少审判责任风险的考量，倾向于将可能存在问题的案件均发回重审，造成了发改率升高的结果。作为院、庭的行政领导，从一把手负责的角度考量，仍未改变审判管理权高于审判权的惯性思维倾向于直接对案件进行审核把关。最后，"迫于院长、庭长的科层权威和专业权威"[②]，法官或合议庭将院长、庭长意见当作命令[③]的情况时有发生。司法转型中，少数法官或合议庭对于司法责任制的要求不自信，倾向于依赖院长、庭长的专业，不愿与院长、庭长的监督管理意见相左，导致所谓看法异化为做法、意见异化为命令的结果。[④]

（三）院长、庭长监督管理程序的启动机制尚不健全

按照目前的司法责任制和审判监督管理机制的设计，院长、庭长对案件的监管不是全面性的，而是针对个别案件的特殊机制。监督管理工作无法采用刚性的形式进行全面管理，院长、庭长对于个案监督管理程序的启动具有随机性、被动性和不确定性。院长、庭长的裁判文书审批权被取消后，监督管理只能从案件流程最后的兜底环节向审前、审中阶段前移。可是，院长、庭长在立案、分案和审理过程中均无法全面地掌握每一个案件的信息。审判监督管理程序的启动主要依靠法官或合议庭的主动报告。然而，当法官或合议庭不自觉提交、不主动报告的时候，案件便难以进入监督管理程序。有赖于被监督者启动监督管理程序的设计，在无法解决法官或合议庭成员主动性的前提下，"多一事不如少一事"的人之常情反而会增加监督管理机制的不确定性。法官们不配合，监督管理程序便难以常规性的启动，致

---

① 参见黎晓露：《论我国法官的角色定位》，载《法商研究》2016 年第 3 期。

② 上海市闵行区人民法院课题组、席建林、王伟：《构建新型审判监督管理制度的路径分析——以法院内设机构改革的典型实践为样本》，载《上海法学研究》2020 年第 3 卷。

③ 参见李昌林：《从制度上保证审判独立——以刑事裁判权的归属为视角》，法律出版社 2006 年版，第 323 页。

④ 参见郭松：《绩效考评与司法管理》，载《江苏行政学院学报》2013 年第 4 期。

使一些本该进入监督管理程序的案件而未能进入，既制约了院长、庭长监督管理机制的质效，也违背了司法责任设计的初衷。

三、院长、庭长审判监督管理运行问题的审视与反思

（一）内在原因：从行政规律到司法规律的转向

在人民法院进行司法责任制及其配套改革后，院长、庭长的审判监督管理尚存在缺位与越位两极端并存的情况。[①] 上述现象背后深层次的原因在于人民法院系统正经历着从行政规律主导向司法规律主导的深刻转变。从“二五改革”以后，院长、庭长的审判监督管理权开始回归，并按照“多主体、多层次、复合式”的科层化模式，遵循着“法官—合议庭—副庭长—庭长—副院长—院长”的行政规律。[②] 院长、庭长以科层制、纵向穿透的管理方式一方面进行案件质量的评查，通过签发审批掌握案件的情况并行使管理职能；另一方面，院长、庭长还管理着绩效考核、职务升迁，每项监督管理的行为都与科层结构、管理规律相吻合。

然而，2015 年《最高人民法院关于完善人民法院司法责任制的若干意见》出台后，司法责任制的实行意味着人民法院将从遵从司法规律的逻辑出发，对审判权和审判监督管理权进行全面的改革。[③] “让审理者裁判，由裁判者负责”的原则要求将司法的判断权、独立性，裁判的亲历性、统一性作为司法责任制及其配套改革的核心。司法规律取代管理规律，不仅意味着原来的审判监督管理的方式和措施将失效，而且原来全面管理的逻辑和纵向监督的规律也都必须重构。

“司法逻辑与行政逻辑的矛盾”是当前审判监督管理运行从行政规律转

---

① 参见龙宗智、孙海龙：《加强和改善审判监督管理》，载《现代法学》2019 年第 2 期。

② 参见最高人民法院司法改革领导小组办公室编：《深化司法体制综合配套改革前沿问题研究》，人民法院出版社 2020 年版，第 5 页。

③ 参见龙宗智、孙海龙：《加强和改善审判监督管理》，载《现代法学》2019 年第 2 期。

向司法规律的过程中遇到各种问题和障碍的根本原因。① 即便目前院长、庭长监督管理的量化指标存在起伏，也不能退回到院长、庭长“发号施令”的监督管理方式之中，不能退回到以往“收放、放收”的恶性循环中，而应当坚定不移地推进以审判权为中心的院长、庭长监督管理机制。

（二）外在矛盾：从“科层”制到“科层＋扁平”制的转型

受制于司法责任制的客观因素，院长、庭长审判监督管理机制兼具科层式和扁平化双重特点。首先，司法责任制改革进程中，员额法官的整体素质并未得到改善。入额时法官素质的参差不齐、整体性法官保障的制度不足、员额改革后骨干法官的流失等造成了法官整体素质未提升，甚至出现局部下滑的情况。因此，为了保证案件质量的稳定性，院长、庭长审判监督管理机制部分地延续科层体制的方式是因势而宜的必然选择。② 其次，当前有较大社会影响力的复杂、疑难案件，与强政治性、体制性相关联的案件，扫黑除恶的专项案件等，需要在常规程序以外，建立特殊的办案管控机制。最后，以人民为中心，“让人民群众在每一个司法案件中感受到公平正义”的原则给司法责任制提出了政治性的要求。③ 于是，我国的司法责任制除了法官或合议庭的个案微观责任以外，以院长为代表的整个法院还要向党和国家肩负起政治责任。④ “由裁判者负责”的司法责任制要求法官对个案的公正裁决负责。⑤ 同时，“让人民群众在每个案件中感受到公平正义”的政治使命也要求院长、庭长必须严控案件质量，这便赋予了院长、庭长采用行政性审

---

① 参见郭松：《审判管理进一步改革的制度资源与制度推进——基于既往实践与运行场域的分析》，载《法制与社会发展》2016 年第 6 期。

② 参见孔祥承：《德国法官职务监督制度及其对我国的启示——兼评〈关于落实司法责任制完善审判监督管理机制的意见〉》，载《河南财经政法大学学报》2018 年第 2 期。

③ 参见李少平：《正确处理放权与监督 坚定不移全面落实司法责任制》，载《人民法院报》2018 年 3 月 28 日，第 5 版。

④ 参见龙宗智、孙海龙：《加强和改善审判监督管理》，载《现代法学》2019 年第 2 期。

⑤ 参见丁晓雨、候华北：《论内设机构改革背景下审判管理权的重塑》，载《法律适用》2018 年第 19 期。

判监督管理方式的必要性与合理性。[①] 司法体制改革简单地放弃科层模式并不具有充分的合理性,在扁平化改革的同时保留特定的科层结构,可以避免司法责任制改革从一个极端走向另一个极端。

(三)矛盾焦点:“四类案件”识别与启动的困难

院长、庭长在行使审判监督管理权的过程中,如何识别“四类案件”从而启动监督管理程序是亟待完善的焦点问题。《最高人民法院关于完善人民法院司法责任制的若干意见》第24条规定了涉及群体性纠纷且可能影响社会稳定,疑难、复杂且在社会上有重大影响,与本院或上级法院的类案判决可能发生冲突,有关单位或者个人反映法官有违法审判行为四类院长、庭长应当监督的案件,但是这四类案件的具体范围十分宽泛,缺乏更为细致的案件类型划分。[②]

之后,2017年最高人民法院发布的《关于落实司法责任制完善审判监督管理机制的意见(试行)》第6条第2款规定:“院庭长应当通过特定类型个案监督、参加专业法官会议或者审判委员会、查看案件评查结果、分析改判发回案件、听取辖区法院意见、处理各类信访投诉等方式,及时发现并处理裁判标准、法律适用等方面不统一的问题。”[③]但是问题的关键在于如何识别该“四类案件”进而启动监督管理程序。除了部分案件具有明显的标志以外,大多数“四类案件”缺乏识别的统一标准,特别是“疑难、复杂且在社会上有重大影响”的判断标准具有较强的主观性;“与本院或上级法院的类案判决可能发生冲突”的判断标准势必要求有效的比对工具。“四类案件”识别与启动程序的缺乏,成为院长、庭长审判监督管理作用发挥不畅的直接原因。[④]

---

① 参见吴烨:《审判管理“尺蠖效应”:表现、成因与治理》,载贺荣主编:《尊重司法规律与刑事法律适用研究》(上),人民法院出版社2016年版,第211页。

② 参见顾培东:《人民法院内部审判运行机制的构建》,载《法学研究》2011年第4期。

③ 李生龙、贾科:《反思与重塑:法院系统内部审判管理机制研究》,载《西南政法大学学报》2010年第4期。

④ 参见左卫民:《审判委员会运行状况的实证研究》,载《法学研究》2016年第3期。

四、基于“区块链＋司法”模式的“四类案件”的识别与监管流程

(一)基于区块链的“四类案件”监督管理启动程序

1.“四类案件”的监管联盟链

由“四类案件”的承办方、审判监督管理方、识别发现方以及信息提供方等主体共同组建用于“四类案件”监管的联盟链,并分别构成链上的节点。[①]参与方包括但不限于审委会、院长、庭长、纪委、立案庭、审监庭、审管办、专业法官会议、审判团队(作为管理者)和承办法官。联盟链上各个节点均有相应的权限启动某一案件的“四类案件”监管联盟链。

2.“四类案件”监督管理的链上启动程序

立案庭重点对“涉及群体性纠纷”的案件进行初查,并可以启动“四类案件”的监管联盟链及其识别与标识流程(下文将详细介绍)。若系统识别为“四类案件”,则案件相关的链上电子卷宗将通过智能合约自动开启院长、庭长节点的审查权限。

承办法官重点排查“疑难、复杂且在社会上有重大影响的”案件。在审理过程中发现可能属于院长、庭长监管的“四类案件”的,启动监管联盟链及其识别与标识流程,经系统识别后,在链上填写《提请监督管理备案表》提请监督管理,由院长、庭长启动监管程序。[②]

审判长认为案件属于“四类案件”范围的,应当启动监管联盟链,提醒承办法官将案件主动纳入监管链,并自己启动监管程序。

纪检部门接到法官违法审判、执行的举报,初步审查后认为属于“四类案件”的,可以启动监管联盟链及其识别与标识流程,识别后由院长、庭长启动监管程序。

① 参见李生龙、贾科:《反思与重塑:法院系统内部审判管理机制研究》,载《西南政法大学学报》2010年第4期。

② 参见顾培东:《人民法院内部审判运行机制的构建》,载《法学研究》2011年第4期。

新闻宣传部门发现案件存在舆情的，[①]应当及时通知业务庭室决定是否启动监管联盟链及其识别与标识流程。

院长、庭长在日常工作中，发现属于“四类案件”需要监管的，[②]应在链上填写《院长、庭长主动履行监督管理职责备案表》、启动联盟链和监管程序。

（二）基于区块链的“四类案件”识别与标识流程[③]

1. 案件数据的链上提取

案件经扫描和录入后信息上链，系统对案件信息进行数据抓取和处理，提取、生成案件的特征属性，与包含智能合约的案件定义属性进行匹配，初步预判该案是否属于“四类案件”；若经预判该案属于“四类案件”，则智能合约对数据自动定性并进行信息标注。

2.“自动＋人工”的案件识别

（1）个案识别

对于初步预判定义为“四类案件”的，采用先自动、后人工的识别程序，对案件材料字符进行识别。系统自动比对“四类案件”的分布式数据库，[④]对符合对比条件的案件进行识别和提示。经自动识别后的案件，再交由人工进行识别并予以确认。

（2）关联案件识别

经个案识别的“四类案件”，系统后台将对诉讼当事人进行关联案件检索。同一当事人存在3件以上相关诉讼的，将作为“连锁诉讼”风险案进行

① 参见最高人民法院司法改革领导小组办公室编：《深化司法体制综合配套改革前沿问题研究》，人民法院出版社2020年版，第40页。

② 参见最高人民法院司法改革领导小组办公室编：《深化司法体制综合配套改革前沿问题研究》，人民法院出版社2020年版，第40页。

③ 参见宜宾法院“全院全员全程”监督管理课题组：《新型审判监督管理应用创新探索——以宜宾法院“全院全员全程”监管平台为例》，载陈甦、田禾主编：《中国法院信息化发展报告No.4（2020）》，社会科学文献出版社2020年版，第123页。

④ “四类案件”的分布式数据库，事先收集应用“区块链＋司法”模式的人民法院以往的“四类案件”，并在区块链上建立专门用于审判监督管理的分布式存储数据库，为识别新案件提供进行数据对比的“四类案件”样板。

识别。[①]

(3)卷宗识别

案件在立案后进入开庭审判等程序。随着电子卷宗内容不断添加,系统还将自动对新的卷宗进行检索,对于电子卷宗中涉及国家安全、外交、社会公益、群体事件等信息以及引起社会舆论的信息进行识别并提示。

3.标识、类别与进度

清洗、提取案件原始数据。对已识别为应监管的案件按照预先的分类标准进行分类标识和管理。

(1)对提请监管的案件

对自动识别为“四类案件”、仍处于提请监管的案件,按照“四类案件”的类别分类、标识、表明进度,并标注发现案件的主体和拟监管的主体等关键信息。

(2)对经核准确定监管的案件

自动标注“四类”“监管”“进度”等标识和案件关键信息。

(3)对于进入识别/标识流程的案件自动添加时限

系统依据法律或司法解释规定对不同案件的时限设置期限,并按照倒计时的方式进行检查、提醒。超过设定时限标准的,案件将被自动标识。

(三)基于“区块链+司法”模式的“四类案件”监管程序

1.院长、庭长决定进行监督管理

庭长对于标识为“提请监管”的案件进行审查,决定是否启动监督管理程序,认为需要报请上级监管的,[②]应在链上报分管院领导审查决定。分管院领导审查后决定是否启动监管程序,决定指令庭长监管、自行监管或报院长监管,并启动联盟链开始链上监管程序。

---

① 参见宜宾法院“全院全员全程”监督管理课题组:《新型审判监督管理应用创新探索——以宜宾法院“全院全员全程”监管平台为例》,载陈甦、田禾主编:《中国法院信息化发展报告No.4(2020)》,社会科学文献出版社2020年版,第126页。

② 参见方乐:《审判权内部运行机制改革的制度资源与模式选择》,载《法学》2015年第3期。

院长可以直接决定由自己进行监管或者指令分管院领导进行监管，并启动联盟链开始链上监管程序。

2. 院长、庭长启动链上监督管理程序

院长、庭长决定对“四类案件”进行监督管理的，可以采取在链上查阅电子卷宗、旁听或在线旁听庭审、审核电子审理报告、要求承办法官在规定期限内链上报告案件进展和评议结果、提供类案裁判文书或检索报告等方式，报告的内容均会在联盟链上留痕并保存相关数据。

院长、庭长对承办法官在链上报告案件的审理过程或者评议结果有异议的，不得直接改变承办法官意见，可以要求其复查或复议一次，如果承办法官不复查、不复议或经复查、复议不改变原意见，院长、庭长可以将案件提交专业法官会议讨论，必要时可以按照程序提交审委会讨论决定。

3. 监督管理程序在链上的全程留痕

院长、庭长就对“四类案件”监督管理的过程及监督管理结论应当填写《案件监督管理电子登记表》并记录在联盟链上。此外，前述监督管理过程也都可以记录在区块链上，做到全程留痕、即时保存、不宜篡改和数据全周期可追溯。

（四）基于“区块链+司法”模式的审判监督管理平台

为了使审判监督管理工作在司法规律与行政规律之间实现平衡，人民法院可以依据协同共治的原则，搭建用于审判监督管理工作的区块链平台。搭建基于区块链的审判监督管理平台的总体思路是：第一，人民法院应当基于司法工作规律与行政工作规律相区分的原则，将院长、庭长的审判管理职能与审判监督职能予以分离。第二，发挥区块链在精细化管理方面的优势，在平台上推进审判管理工作的集约化。第三，在区块链平台上完成审判监督工作的独立化。本部分将结合一些法院在审判监督管理体制改革中的实践，对基于区块链的审判监督管理平台的内容进行阐释。

取消审判庭设置的审判监督管理体制改革方案在实施中也暴露出“再行政化”的痛点。为了优化审判监督管理体制，一些法院尝试取消审判庭的设置，改革为规模更小，也更加灵活的审判团队。① 一方面，随着审判庭及庭长职位被取消，人民法院的内部结构更加趋于扁平化。另一方面，该方案试图通过把审判管理的职权与责任一并交给法官的方式，来实现“让审理者裁判，由裁判者负责”的改革目标。从改革的结果来看，虽然审判庭的取消的确减少了法院内部的层级，但是专职负责审判监督工作的岗位也同时被取消。专业法官会议和审判委员会各自的性质也决定了，这两个机制无法承担日常的审判监督工作。此外，审判团队的组成一旦固定，审判团队的行政化、团队内部的再科层化，也会成为这套改革方案的痛点与“瓶颈”。

基于区块链的审判监督管理平台为监督和管理分别建立对应的场景，以因应各自独立的性质和规律。首先，审判管理与审判监督的分链运行。审判监督管理体制改革成功的关键在于遵循“监督”与“管理”分离的原则，使两项工作分别按照各自的规律独立运行。鉴于审判管理与审判监督具有不同的性质，基于区块链的审判监督管理平台可以将两项工作分链运行，分别搭建对应的架构以适应两种不同的业务需求。审判管理区块链应采用多节点共治的结构，以便对审判资源进行协同共治。审判监督区块链应采用点对点的结构，以便为监督工作建立排除不当干预的加密场景。

其次，审判资源的数字化与协同共治。审判管理是一项与审判业务相关的管理工作，其实质是对审判资源的分配与调度。区块链技术的优势之一在于精细化管理。通过审判资源的数字化改造，例如将案件、人员、资金、设施和硬件设备等转化为对应的数据，审判管理工作将对审判资源数据及参数进行设置，再采用编程的方式来输出数据，以完成对审判资源的配置。通过建立多节点协同共治的结构，不仅各个审判单位（审判庭或者审判团队）在审判管理链上可以拥有对应的节点，而且多个节点可以共同参与全院审判资源的分配和调度。此外，审判管理上链还意味着，管理工作可以借助智能合约，实现对各类审判资源的自动化配置。

---

① 参见郭松：《审判管理进一步改革的制度资源与制度推进——基于既往实践与运行场域的分析》，载《法制与社会发展》2016 年第 6 期。

最后,基于点对点结构的审判监督。不同于对审判资源的管理和调配,审判监督工作既不可以使用多节点协同的方式,也不适宜采用纵向的上下级结构。基于区块链的审判监督管理平台主张将“庭长”一职改造为“专家法官”,取消原有的审判管理职能,由专家法官专职从事审判监督工作。专家法官与承办案件的法官在区块链平台上都有对应的节点。链上的审判监督工作将采用点对点的方式进行。一方面,点对点的审判监督避免了监督双方因为存在上下级关系,致使形式上的“监督”沦为实质上的“服从”。另一方面,区块链平台将为点对点的审判监督创建一个加密场景。专家法官对案件的监督工作将在全程可追溯的加密环境中进行。在点对点审判监督的过程中,案件的电子卷宗和双方交流的内容将以加密的形式排除外在的不当干预。

概言之,基于区块链的审判监督管理平台按照行政与司法的不同规律,为审判管理和审判监督分别创建对应的运行场景。多元参与、协同共治的管理模式有利于提升审判管理工作的透明度和公信力;审判资源的数字化、管理工作的代码化和资源配置的自动化也将提高审判管理工作的效率。点对点的审判监督模式将为审判监督脱离纵向管理关系建立加密、安全、可追溯的场景,使监督工作始终围绕案件的事实认定和法律适用,排除外在因素的不当干预。

第二节 “区块链+司法”模式在廉政风险防控体系中的应用

一、研究廉政风险防控体系问题的背景

《五五改革纲要》在第5项主要任务“加强人民法院党风廉政建设”中明确提出,“健全与中国特色社会主义审判权力运行体系相适应的廉政风险

防控体系”①。廉政风险防控体系的建设是人民法院全面坚持从严治党、坚定不移地推进反腐败斗争工作的必然要求，是确保审理者、裁判者公正廉洁司法的必要途径，也是党风廉政建设与司法责任制改革统筹深化的必然结果。人民法院应当确保党的领导统领司法改革的全领域，需要在深化司法改革与信息化建设“双翼齐飞”的同时，加强从严治党的信息化、数字化和智能化，实现廉政风险防控体系和党风廉政建设能力的现代化。

廉政是指为政廉洁，要求公务人员、司法人员行使公权力时应当清正廉洁、拒腐防变。司法体制改革背景下的廉政风险通常指司法人员产生腐败行为的可能性。廉政风险防控是当前预防腐败的重点模式，它旨在“通过预防和控制廉政风险，降低廉政案件的发生几率”②。多年来，各级人民法院在廉政风险防控方面作出了诸多有益的探索，北京市第二中级人民法院坚持党风廉政建设的常抓不懈，将廉政建设进行任务分解，有针对性地制定了 8 个配套措施，层层签订党风廉洁责任书、“一级抓一级”搞好责任落实。③ 上海市浦东新区人民法院创建了“三位一体”的廉政风险防控模式，多渠道发现廉政风险、多措施预警处置、多方位常态化监管，切实“从源头上预防腐败，取得良好效果”④。北京市崇文区人民法院构建起防范“三类风险”的“三道防线”，通过 PDCA 循环的四个环节，“形成科学有效的廉政风险防控管理‘三三四模式’⑤”。

学者们在廉政风险防控方面也取得了众多研究成果，有学者提出腐败

---

① 《最高人民法院关于深化人民法院司法体制综合配套改革第五个五年改革纲要(2019 - 2023)》，载澎湃客户端 2019 年 11 月 12 日，https://m.thepaper.cn/baijiahao_4950121。

② 陈彦仓:《基于电子政务的廉政风险防控管理研究》，载《经济师》2018 年第 2 期。

③ 参见高志海、陈学芹:《北京二中院把握时机多种方式抓党风廉政建设》，载中国法院网 2007 年 2 月 13 日，https://www.chinacourt.org/article/detail/2007/02/id/235537.shtml。

④ 卫世平、钟军民、顾志强:《浦东新区人民法院加强廉政风险预警防控》，载人民网，http://fanfu.people.com.cn/n/2013/0605/c141423 - 21746801.html。

⑤ 李建锋:《完善廉政风险防控机制建设思考——以北京市崇文区“三三四模式”为视角》，载《党史文苑》2016 年第 16 期。

的可计量、动态演化原理,提出采用计量数据分析法进行数量化和大数据反腐;[①]有的提出“互联网+”的创建廉洁教育方式,通过内部梳理、风险评估、风险预警、风险防控、加强评价考核等方式,以降低廉政风险、达到扼杀腐败目的;[②]有的提出“互联网+监督”线上线下相结合模式,建立纪检监察与网络媒体监督平台有机整合的廉政精准化方式;[③]还有的提出利用大数据平台,创建腐败行为预警机制,“构建基于大数据技术的廉政评价指标体系,将公职人员的行为置于阳光之下”[④]。

二、当前廉政风险防控体系建设的现状及主要问题

综观人民法院在廉政风险防控方面的建设成就以及学者们目前的研究成果,整体上表现出“重策划、轻实施”“重检查、轻处理”的倾向。在有关廉政风险防控体系的学术研究领域,一些学者引入了美国质量管理专家沃特·阿曼德·休哈特(Walter A. Shewhart)提出的PDCA全面质量管理循环理论。PDCA循环理论要求将质量管理分为策划(Plan)、实施(Do)、检查(Check)、处理(Act)四个阶段。“PDCA模式是一种科学的质量管理手段和工作程序……同样也适合于公共职能的管理。”[⑤]对照PDCA理论,人民法院廉政风险防控体系现有的建设系统和学术成果往往会有完整的策划方案,也强调检查的作用,但是方案在实施或执行方面比较薄弱,缺乏改进的抓手,很难形成完整的质量循环。概言之,廉政风险防控体系的方案尚未建立完整的质量闭环,无法通过每一次循环改进一部分问题,然后周而复始,形成质量不断提升的司法腐败防御系统。

---

① 参见李后强、李贤彬:《计量反腐学学科框架构建研究》,载《毛泽东思想研究》2015年第5期。

② 参见尹颖:《“互联网+”高校廉洁风险防控机制研究》,载《才智》2017年第30期。

③ 参见章兴鸣、陈佳利:《“互联网+监督”:廉政治理精准化的实践路径》,载《中共天津市委党校学报》2018年第5期。

④ 万璐、庄国波:《大数据时代廉政预警新模式》,载《领导科学》2017年第1期。

⑤ 毕秀玲、张蕊:《PDCA视角下审计机关廉政风险防控研究》,载《财会研究》2017年第1期。

(一)制度建设完备,但贯彻执行的效果不佳

各地人民法院在廉政风险防控体系建设方面都把制度规范的创制作为重要的工作内容。北京市第二中级人民法院为了规范党风廉政建设工作,先后建立和完善了“《关于落实党风廉政建设责任制的实施办法》《关于设立党风廉政监督员的规定》等 8 个配套制度”①。上海浦东新区人民法院着力构建廉政风险防控体系,也制定了“《‘三重一大’监督工作机制》《违纪违法预警工作机制》等规章制度”②。一些单位还有意识地在制度规则的基础上构建起以“专门类制度、规范类制度、管理类制度和创新类制度”③为主要内容的廉政风险防控制度体系。

廉政风险防控体系“有规范、难执行”的情况直接影响到该制度体系的实施效果。首先,廉政风险防控规范的原则性较强,不易贯彻落实。有学者将相关的廉政风险制度进行过总结,归纳出一些共同的原则,诸如“以人为本、系统均衡、改革创新、整体推进”等。④ 这些具有高度抽象性的制度对于强调符合实际、作用于动态管理的廉政风险防控体系而言,缺乏更为具体的操作程序,不可避免地会出现“有制度、难执行”的情况。⑤ 其次,部分制度规范的体系性不足,难以涵盖廉政风险防控的全部工作。⑥ 为了防范高危环节,很多廉政防控制度选择针对一些廉政风险较高的部门、岗位或人员而设定,缺少覆盖全院、全员、全流程的廉政风险防控制度,客观上也影响了风险控制的效果。⑦ 最后,由于部分制度在考核、处理方面的规定不甚完备,对于

---

① 高志海、陈学芹:《北京二中院把握时机多种方式抓党风廉政建设》,载中国法院网 2007 年 2 月 13 日,https://www.chinacourt.org/article/detail/2007/02/id/235537.shtml。

② 卫世平、钟军民、顾志强:《浦东新区人民法院加强廉政风险预警防控》,载人民网,http://fanfu.people.com.cn/n/2013/0605/c141423-21746801.html。

③ 褚海丽:《甘肃省检察机关廉政风险防控机制研究》,载《发展》2021 年第 5 期。

④ 参见任建明、杜治洲:《腐败与反腐败:理论、模型和方法》,清华大学出版社 2009 年版,第 219 页。

⑤ 参见张岚编著:《廉政风险防范管理》,学习出版社 2009 年版,第 123 页。

⑥ 参见张增田:《廉政风险防控管理:适应当下中国反腐败环境的管理创新》,载《广州大学学报(社会科学版)》2011 年第 9 期。

⑦ 参见张增田:《廉政风险防控管理:适应当下中国反腐败环境的管理创新》,载《广州大学学报(社会科学版)》2011 年第 9 期。

实施检查、处罚违规、复议救济等都缺乏明确完整的规定，致使制度在执行中难以起到预期的作用。

（二）廉政风险点已建，但内部信息不对称

鉴于廉政风险点的摸排是防控工作的前提，几乎每个廉政风险防控制度都着眼于工作的全部流程查找风险点。通常各单位会紧扣立案、审理、裁判、执行以及归档等环节，“将执法办案、人财物管理和重大事项决策作为风险查找的主要范围……根据腐败行为的发生规律和变化特点，分析和查找风险点”①。

然而，由于监督者与被监督者同属一个单位，而且被监督的业务庭室通常都是每个法院的核心部门，具有人数多、话语权大、影响范围广等特点。作为监督者的纪检监察部门往往处于较边缘的位置。很多法院的业务庭仅向纪检监察部门的负责人授予网上信息查询的权限，或者只向部门授予部分权限，造成信息壁垒，严重妨碍廉政风险防控信息的获取。虽然，2012 年最高人民法院印发了《关于人民法院落实廉政准则防止利益冲突的若干规定》，给各级法院廉政风险防控系统获取信息提供了规范依据，②但是，至今仍缺乏统一的配套方案和系统的管理办法，致使一些法院的廉政风险防控点处于闲置状态，③无法起到制度设计之初的预期作用。

（三）信息化程度有限，风险防控仍依赖于“人防”

无论是廉政风险防控系统风险点的确定，还是学者们提出的互联网防控系统和大数据防控方案，都希冀借助信息化方式提升廉政风险防控的效率和效果。然而，在实践中大多数法院的纪检监察人员仍主要采用线下督导的形式。④ 廉政风险防控系统还不能像司法大数据系统那样自动统计廉

---

① 张岚编著：《廉政风险防范管理》，学习出版社 2009 年版，第 123 页。

② 参见张由涛、李强：《试论预防腐败工作中的风险防范管理新机制》，载《中国监察》2009 年第 6 期。

③ 参见章兴鸣、陈佳利：《“互联网 + 监督”：廉政治理精准化的实践路径》，载《中共天津市委党校学报》2018 年第 5 期。

④ 参见任建明、杜治洲：《腐败与反腐败：理论、模型和方法》，清华大学出版社 2009 年版，第 219 页。

政数据,以及自动录入防控信息、自动分析廉政数据。大量的廉政数据冗余给纪检监察人员带来繁重的工作量;手工记录线索的二次录入也增加了信息数据失真的风险。纪检监察人员办案,包括对廉政风险的识别、判断和处置主要仍凭借工作经验。廉政风险防控体系与业务庭智慧审判之间的技术代差,已成为制约风险防控质效的重大障碍。

(四)廉政风险数据的质量难以保障

对于廉政风险防控体系的发展,无论是学者还是纪检监察部门,都倾向于将自动化、智能化作为下一步的建设目标。不过,很多研究者并未注意到,用于支持智慧审判的司法大数据、司法人工智能等技术,都是为审判工作量身定制的。这意味着,并不是将这些既有的技术方案照搬到廉政风险防控系统中就可以立即解决风险防控工作的智能化问题。因为审判工作与廉政风险防控工作的性质和方式并不一致,它们对各自用于机器学习的司法数据有不同的要求。

一方面,廉政风险防控工作并没有庞大的案例库用于机器学习。截至2020年,裁判文书网已收集了超过9098万篇法律文书。但是人民法院的廉政案例,特别是各级法院本地的廉政案例是非常有限的,难以满足数据模型训练对于大量文书和案例的需求。另一方面,廉政风险防控系统面向的是纪检监察人员,通常使用口语化的表达方式,超出了现有司法人工智能的深度学习范围。[①] 司法人工智能只需要适应基于裁判文书的司法语言体系,但廉政风险防控的知识图谱构建需要处理的对象既包括司法语言,也包括大众语言。[②] 因此,廉政风险防控的知识图谱构建需要建立专门用于廉政风险防控的语料库和实体识别技术。

此外,在当前的技术场景中,即便通过深度学习技术建立起廉政风险防控的概念图谱,在应用中,廉政风险事件的实体识别和廉政违规主体的实体

---

① 参见徐增林、盛泳潘等:《知识图谱技术综述》,载《电子科技大学学报》2016年第4期。

② 参见吕明琪、朱康钧、陈铁明:《融合知识图谱的网络安全违法行为识别系统》,载《小型微型计算机系统》2021年第4期。

识别工作,[①]还必须事先解决法院数据失真、歧视和多样性等问题。[②] 第一,法院数据在文书录入和法官筛选的过程中都会造成生成数据与原始数据之间的偏差。第二,数据歧视广泛存在。即便是有意识地对数据进行甄别,也有可能因甄别行为而污染原始数据。第三,廉政风险防控系统的工作性质决定了它的知识图谱需要分析法官处理案件过程中的所有数据。廉政风险防控系统所需的数据,不仅包括裁判文书,也应包括诉讼过程中多维度、可视化的全部数据,甚至包括法院以外的数据。

概言之,上述三个数据问题可以归纳为数据质量的问题。当前,法院数据环境尚不足以满足廉政风险防控的知识图谱建设对于数据质量的要求。未来廉政风险防控的知识图谱建设能否成功,一定意义上取决于法院数据质量问题是否可以得到妥善解决。

三、基于“区块链+司法”模式的廉政风险防控体系

(一)全流程链上办案系统

1. 内外网数据交互的区块链系统

构建全流程链上办案系统的内外网数据交互功能,将为内网办案系统打通数据源头。[③] 当事人在外网提交的相关案件材料会以数据和电子扫描件方式与内网交互,随案计入内网的电子卷宗,并自动排序整理、自动提取回填、自动生成案件信息。[④] 内外网数据交互功能将保障链上办案系统将第

---

① 参见庄传志、靳小龙等:《基于深度学习的关系抽取研究综述》,载《中文信息学报》2019年第12期。

② 参见韩亚光:《智慧司法与法律数据应用问题分析》,载《上海法学研究》2020年第5卷。

③ 参见山东省烟台市中级人民法院课题组:《烟台法院应用全流程网上办案系统实践调研报告》,载陈甦、田禾主编:《中国法院信息化发展报告 No. 5(2021)》,社会科学文献出版社 2021年版,第156页。

④ 参见江苏省南通市中级人民法院课题组:《南通法院支云庭审系统应用调研报告》,载陈甦、田禾主编:《中国法院信息化发展报告 No. 5(2021)》,社会科学文献出版社 2021年版,第178页。

一个节点的案件数据完整地保存并计入电子卷宗。[①]

2. 以电子卷宗为核心的链上办案流程

电子卷宗的同步生成是全流程链上办案流程的核心,它将实现从立案、开庭、审理、裁判、执行、结案到归档工作的全流程上链。链上办案流程将以往链下、人工的方式转变为链上的智能化和自动化系统,它将克服碎片化、低效率和人工瑕疵率高的缺陷。当事人可以自助进行链上立案和证据交换,远程调解、开庭、裁判、送达。链上办案流程采用电子签名,将打破时空界限,减轻当事人廉政防控的负累。[②] 全流程链上办案系统将所有廉政信息以数据形式在链上同步、分布保存,最大限度地保障了数据的全面性、完整性和即时性。

(二)廉政风险防控的全程化、同步化、自动化

廉政风险防控的风险点应全部嵌入链上办案系统。通过全程、公开、透明、可视化、可追溯的案件数据,不仅将打破廉政风险防控的信息壁垒,而且“实时监督”功能也将实现廉政风险同步防控。[③] 廉政风险点嵌入区块链的同时还可以植入智能合约,从而将实现廉政风险的自动比对、自动识别和自动提示,彻底改变以往廉政风险防控工作对“人防”的依赖,廉政风险防控的“生产力”将得到彻底解放。[④] 随着廉政风险点的上链,有限的纪检监察人员无须再将精力耗费在低效的信息录入与人工比对上,而可以针对廉政风险的重点人员、重点环节和高危节点进行集中防控和风险排查。[⑤] 根据以往廉政风险防控的经验,办理案件超出审限、裁判尺度偏离类案检索结果的情

---

① 参见施鹏鹏:《我国司法腐败的现状与遏制——以 20 个省/自治区/直辖市的实证调查为分析样本》,载《证据科学》2016 年第 1 期。

② 参见山东省烟台市中级人民法院课题组:《烟台法院应用全流程网上办案系统实践调研报告》,载陈甦、田禾主编:《中国法院信息化发展报告 No. 5(2021)》,社会科学文献出版社 2021 年版,第 160 页。

③ 参见山东省烟台市中级人民法院课题组:《烟台法院应用全流程网上办案系统实践调研报告》,载《中国法院信息化发展报告 No. 5(2021)》,社会科学文献出版社 2021 年版,第 160 页。

④ 参见邬彬、黄大熹:《电子监察:中国政府科技防腐创新》,载《求索》2010 年第 9 期。

⑤ 参见章兴鸣、陈佳利:《“互联网 + 监督”:廉政治理精准化的实践路径》,载《中共天津市委党校学报》2018 年第 5 期。

况，往往成为廉政风险的示警讯号。因此，在链上办案系统中，在案件办理接近审限、裁判可能偏离类案检索结果时，办案系统将自动预警。一旦超过审限或者裁判严重偏离检索结果，智能合约系统将自动锁定案件及电子卷宗，并同时提示院长、庭长、纪检监察部门。在进行审判监督管理程序时，廉政风险防控工作也将同时启动。此时，院长、庭长主要负责严把案件质量关，纪检监察部门则主要静默进行廉政风险的排查、监督和提示，以便尽早发现廉政隐患，控制廉政风险范围，提醒办案人员不犯或少犯错误，以最大限度地保护干警。

（三）基于廉政知识图谱技术的预警机制

1. 知识图谱技术是人民法院信息化 4.0 版的战略部署

随着“十四五”的开篇，智慧法院建设将从“以数据为中心”向“以知识为中心”的目标发展。[①] 在智能化方面起步稍晚的廉政风险防控体系建设有机会按照人民法院信息化 4.0 版的部署，建立起“以知识为中心”的廉政风险知识图谱系统，以解决有关智慧法院廉政风险防控的复杂问题。

知识图谱是一种语义网络。相较于传统数据库，它不仅包含知识，而且可以提供知识间的逻辑关系，为高质量的人工智能知识推理提供有力的技术支撑。[②] 知识图谱的优势在于，它能够从碎片化的信息中提取知识要点、描述内在关系、进行语义分析，并绘制知识图形、完整展现复杂的知识系统。按照“2025 年底全面建成以知识为中心的智慧法院”[③]的国家部署，本书提出在廉政风险防控体系的智能化建设中引入知识图谱构建技术。基于廉政知识图谱技术的预警机制，不仅能够协助纪检监察部门从分散、多元、海量的司法信息中整理挖掘用于廉政风险防控的数据，还能够提供防控廉政风险所需的拓展数据查询，协助相关部门准确预判廉政隐患、及时防范廉政风

---

① 参见刘子阳：《全面深化智慧法院建设》，载《法治日报》2020 年 11 月 14 日，第 1 版。

② 参见吕明琪、朱康钧、陈铁明：《融合知识图谱的网络安全违法行为识别系统》，载《小型微型计算机系统》2021 年第 4 期。

③ 刘小妹、徐持：《以知识为中心深化智慧法院建设》，载陈甦、田禾主编：《中国法院信息化发展报告 No.5（2021）》，社会科学文献出版社 2021 年版，第 115 页。

险、实时处理违规行为、控制其造成的不良影响，以确保廉洁司法的公信力，增强当事人对于公正司法的信任感。①

2. 廉政风险防控知识图谱的构建

廉政风险防控知识图谱的构建方式，可以简要概括为：廉政风险案例和素材的命名，廉政风险实体与关系的抽取，廉政风险知识图谱的构建与可视化。具体可以分为以下三个步骤。

（1）廉政风险防控数据的预处理

廉政风险防控知识图谱的建构，首先，应当从典型的廉政风险案例中抽取结构化的廉政风险数据并保存在专属数据库中，作为知识图库建构的语料。② 其次，对文本语料进行预处理，包括中文分词、关键词提取、词性标注等，以便下一步在廉政风险文书语料中识别出“关键实体”和“违规关系”。

（2）廉政风险实体的识别和违规关系的抽取

①廉政风险实体的识别

廉政风险实体的识别包括廉政风险事件的识别和廉政违规主体的识别两部分。③ 识别廉政风险事件的目的在于协助纪检监察部门将异构式法院信息与法律语言的描述对应起来。廉政风险防控知识图谱需要处理用日常语言所描述的事件，并判断该事件是否符合以法律条款形式描述的廉政风险情况。因此，廉政风险事件识别主要解决的问题是将基于异构信息的事件描述与基于法律条文的廉政风险描述联系起来。识别廉政违规主体的目的在于识别出廉政风险案件中违反廉政准则主体的具体类型。尤其是针对廉政风险责任主体的类型不同，但是，系统将提取的证据却类似的情况。因为系统只有能够准确识别廉政违规主体，才能适用正确的法律条文。

---

① 参见［美］迈克尔·约翰斯顿：《腐败征候群——财富、权力和民主》，袁建华译，上海人民出版社2009年版，第13页。

② 参见吕明琪、朱康钧、陈铁明：《融合知识图谱的网络安全违法行为识别系统》，载《小型微型计算机系统》2021年第4期。

③ 参见胥小波、赵尔凡、康荣保：《基于语义分析的互联网人物信息提取》，载《信息安全与通信保密》2013年第12期。

②廉政违规关系的抽取

在廉政风险实体识别的基础上，依据《最高人民法院关于人民法院落实廉政准则防止利益冲突的若干规定》、《人民法院工作人员处分条例》和《法官法》等法律规范的规则，系统将抽取事件描述句子中实体间对应的语义关系，[①]包括规则中的法律概念与廉政风险实体之间的关系，法律条款与法律概念之间的关系以及法律条款与廉政风险处罚类型的关系等。

(3)构建廉政风险防控的知识图谱

在完成了对于廉政风险实体的识别和对廉政违规关系的抽取之后，[②]系统应保存识别、抽取出来的结构化的实体关系数据，批量导入数据库进而实现廉政风险体系知识图谱的构建与可视化。

3. 借助知识图谱技术的廉政风险预警机制

通过知识图谱技术的引入，廉政风险防控系统能够从有限的违反廉政准则的案例，尤其是各级法院本地的案例中，有效地获取廉政风险主体以及主体之间的关系，最终完成廉政风险案例知识图谱的建构。经过深度学习的知识图谱技术能够在未来辅助纪检监察部门进行廉政风险的发现、预判和决策。此外，知识图谱技术还将有利于建立司法廉政信息的搜索引擎、智能化廉政司法问答等应用服务。

进一步，廉政风险防控知识图谱系统还可以结合区块链智能合约技术。当案件在司法链上的廉政风险数据累计达到一定标准或者符合事先规定的条件时，将触发智能合约，系统将整合该案件的链上数据、使用知识图谱模型，自动构建该案的廉政风险知识图谱。在知识图谱显示的廉政风险达到高危等级时，该系统将自动发出预警。从分析研判、构建知识图谱到廉政风险预警的整个过程，不仅将实现高度的自动化，而且可以全过程静默，有利于廉政风险防控工作与审判工作的同步进行。

---

① 参见郭喜跃、何婷婷：《信息抽取研究综述》，载《计算机科学》2015年第2期。

② 参见陈曙东、欧阳小叶：《命名实体识别技术综述》，载《无线电通信技术》2020年第3期。

(四)协作共治的分布式廉政风险防控体系

基于“区块链 + 司法”的模式,廉政风险防控体系可以采用分布式形态,在多中心节点共同构建的联盟链结构中,实现廉政风险的协同防控和共同治理。①《五五改革纲要》强调“严格落实各级人民法院党组的主体责任”②。分布式廉政风险防控体系为各级法院党组落实党风廉政建设责任提供了一项“抓手”。首先,各级法院党组通过廉政风险分布式防控体系的节点,可以实时掌握党风廉政建设的工作动态和信息更新。③ 当系统出现廉政风险预警提示时,法院党组节点可以及时了解到,纪检监察部门是否第一时间进入防控流程,审判监督管理是否同步启动,承办法官或庭室是否配合廉政风险排查,以及廉政风险防控的措施和结果。④ 如果出现重大廉政风险,法院党组也可以通过廉政风险防控的联盟链结构,领导、组织和协调廉政风险防控和党风建设工作。⑤ 其次,廉政风险防控的分布式结构将形成多部门协作联动的廉政工作共治模式。承担审判监督管理职能的院长庭长、承担审判业务的承办法官以及承担廉政风险防控职责的各单位,都将成为廉政风险防控分布式结构中的节点。各类主体的职责也都会在对应节点上以清单的方式进行提示。⑥ 分布式结构将为各类主体提供联动推进廉政风险防控的协作平台,也可以在各节点之间形成公开透明、互相监督的工作场景。以往,纪检监察部门在廉政风险防控工作中的“孤军奋战”,将转变为党风廉政建

---

① 参见李后强、李贤彬:《计量反腐学学科框架构建研究》,载《毛泽东思想研究》2015 年第 5 期。

② 《最高人民法院关于深化人民法院司法体制综合配套改革的意见——人民法院第五个五年改革纲要(2019—2023)》,载中国审判流程信息公开网 2019 年 9 月 20 日,https://splcgk.court.gov.cn/gzfwww/spyw/spywDetails? id = ff8080816cfaf0fc016d4c84bc100561。

③ 参见李后强、李贤彬:《大数据时代腐败防治机制创新研究》,载《社会科学研究》2015 年第 1 期。

④ 参见任建明、杜治洲:《腐败与反腐败:理论、模型和方法》,清华大学出版社 2009 年版,第 126 页。

⑤ 参见施鹏鹏:《我国司法腐败的现状与遏制——以 20 个省/自治区/直辖市的实证调查为分析样本》,载《证据科学》2016 年第 1 期。

⑥ 参见刘焕桂、陈远:《司法腐败隐患的宏观解读——从国家权力配置的视角》,载《河南司法警官职业学院学报》2008 年第 2 期。

设的“协同共治”，从而对司法腐败形成强大的集体震慑。① 最后，分布式结构将提升承办法官的参与度，避免廉政风险防控异化为秘密监控。分布式系统为承办法官及相关人员建立独立的节点，便于他们对廉政风险防控工作享有充分的话语权，②并能够与纪检监察部门形成双向监督。③ 分布式廉政风险防控系统对法官尊严和权利的尊重与维护，有利于党风廉政建设工作的透明化、合理化和人性化，也有利于实现廉政工作“帮助法官少犯错、不犯错”的防控宗旨。

第三节 “区块链+司法”模式与司法协同机制的结合

一、司法协同机制的研究背景

《五五改革纲要》的第7项主要任务“健全为国家重大发展战略提供司法服务和保障机制”，提出“创新司法协同机制”的要求，目标是为京津冀协同发展、长江经济带发展、粤港澳大湾区建设等区域发展提供更有力的司法协同服务和机制保障。区域司法的协同发展是经济、社会、环境等区域一体化对司法保障的必然要求，也是人民法院遵循司法规律协作解决跨域纠纷的必然选择。例如，2015年4月30日，中共中央政治局审议通过了《京津冀协同发展规划纲要》，指出“推动京津冀协同发展是一个重大国家战略，核心是有序疏解北京非首都功能”④。2019年2月，中共中央、国务院印发实施的《粤港澳大湾区发展规划纲要》，明确“进一步提升粤港澳大湾区在国家经

① 参见[美]迈克尔·约翰斯顿：《腐败征候群——财富、权力和民主》，袁建华译，上海人民出版社2009年版，第13页。

② 参见邬彬、黄大熹：《电子监察：中国政府科技防腐创新》，载《求索》2010年第9期。

③ 参见王远鹤：《从廉政风险来源看防控路径》，载《中国监察》2011年第23期。

④ 《京津冀协同发展规划纲要》，载百度百科，https://baike.baidu.com/item/%E4%BA%AC%E6%B4%A5%E5%86%80%E5%8D%8F%E5%90%8C%E5%8F%91%E5%B1%95%E8%A7%84%E5%88%92%E7%BA%B2%E8%A6%81/16978192?fr=ge_ala。

济发展和对外开放中的支撑引领作用，支持香港、澳门融入国家发展大局”。[①] 2020 年 12 月 26 日，第十三届全国人大常委会第二十四次会议通过《长江保护法》，强调统筹协调、系统保护，“加强长江流域生态文明建设，用法治保障长江经济带高质量发展”[②]。虽然京津冀、粤港澳大湾区、长江经济带建设等各有其侧重，内容也不尽相同，但都是为了调整经济结构、生态结构和空间结构，探索集约发展的新路径，以促进区域协调发展，形成新的增长极。因此，人民法院也在不断深化一体化建设，力图通过切实增强工作的“协同性、整体性和实用性”[③]，通过区域司法的协同联动以促进和保障区域化经济的协同发展。[④] 司法协同机制的建设是国家区域化发展战略的组成部分，也是后者稳步、健康推进的有力保障。然而，人民法院跨区域性协同合作实践尚面临着严峻的挑战。毕竟，司法协同的目标是人民法院通过对具体个案的审理，“将协调整体和局部经济发展与生态环境之间关系的战略理念在个案中落实并强化”[⑤]。

最高人民法院、相关区域的高级人民法院以及部分中级人民法院为了回应区域司法协同治理的需求，也在共同推进司法协同机制和制度建设。例如，2016 年，最高人民法院发布《关于为京津冀协同发展提供司法服务和保障的意见》；同年，最高人民法院发布《关于为长江经济带发展提供司法服务和保障的意见》；2018 年，长江经济带 11 省市及青海省高级人民法院共同签署《长江经济带 11 +1 省市高级人民法院环境资源审判协作框架协议》；等等。然而，最高人民法院及区域内各级法院制定的文件大多属于“构想和

---

① 《中共中央　国务院印发〈粤港澳大湾区发展规划纲要〉》，载共产党员网，https://www.12371.cn/2019/02/19/ARTI1550531614551846.shtml。

② 周迪：《司法的流域性——兼论我国长江经济带司法协同治理》，载《中国环境管理》2021 年第 3 期。

③ 张晨：《为京津冀协同发展和雄安新区规划建设提供有力司法服务和保障》，载《法制日报》2019 年 6 月 6 日，第 1 版。

④ 参见梁平：《京津冀协同发展司法保障的理论探讨与实践路径——基于司法功能的视角》，载《政法论坛》2020 年第 1 期。

⑤ 周迪：《司法的流域性——兼论我国长江经济带司法协同治理》，载《中国环境管理》2021 年第 3 期。

蓝图”,还只是原则性的规定,亟待制定较为具体、细致、可操作的方案。[①] 为了服务和保障区域协同发展战略的实施,未来的司法体制改革与司法理论研究必须聚焦于行政区划界限的突破、区域内裁判标准的统一、司法权区域运行机制的完善。[②]

二、司法协同机制的原理及发展现状

(一)“司法协同”机制的基本原理

1.“区域司法协同治理”的含义

“司法协同”机制致力于为区域发展提供司法保障和服务。就问题导向而言,“司法协同”机制完整的表述应该是“区域司法的协同治理”机制。本部分将分别对“区域司法”和“协同治理”两个部分的内涵进行阐释。

区域司法是指在一个主权国家内,跨越不同行政区划的司法机关,“共同开展司法活动,以及由此形成的区域司法发展模式”[③]。区域司法的主旨在于形成区域一体化的司法模式。

协同治理,一般认为其“起源于德国物理学家赫尔曼·哈肯创立的‘协同学’(协调合作之学)”[④]。协同是指系统内部及其要素之间,通过相互作用产生整体效应,进而形成系统结构,最终建立秩序的过程;实现协同的方式是问题的核心,旨在将组织行为与组织间行为相互结合。国外学者对于协同治理的共识是:多方主体通过共同参与达到共同目标的治理形态。[⑤] 国内多数学者用协同治理来描述跨部门、多层次的治理系统。协同治理理论

---

① 参见周迪:《司法的流域性——兼论我国长江经济带司法协同治理》,载《中国环境管理》2021年第3期。

② 参见梁平:《京津冀司法协同治理的模式转型》,载《河北法学》2019年第11期。

③ 张丽艳、夏锦文:《国家治理视域下的区域司法协同治理》,载《南京社会科学》2016年第5期。

④ [德]赫尔曼·哈肯:《协同学——大自然构成的奥秘》,凌复华译,上海译文出版社2005年版,前言第1-2页。

⑤ See Rosemary O, Gerard C. & Bingham B., *Introduction to the Symposium on Collaborative Public Management*, Public Administration Review, 2006, p.6-9.

不限于简单的合作，而是致力于"协同行为与创制秩序"之间的平衡。[①]

协同治理理论的理论精髓在于"多元主体的协同共治"[②]。协同治理与区域司法相连接，意在研究区域司法协同的内在动力、协同效应和协同机制，以及在复杂区域司法系统中的秩序生成问题。

2. 区域性司法协同的成因

司法协同的产生是因应区域经济一体化发展需求的必然结果。鉴于司法权本质上属于中央权力，它应当因循国家权力的统一性，保持裁判依据和裁判效果的稳定性和一致性。[③] 同时，由于个案的发生、程序的应用和纠纷的解决都限定在具体的时空，对个案正义的追求使司法也应当关照地方的差异性和特殊性。司法应当具有足够的独立性以协调法律和程序的统一性与裁判和执行的差异性之间的张力。[④] 按照地方行政区划来分解司法单元的方式是对司法统一性的裂解，而司法协同则是在"全国层面的统一性和地方层面的异质性之间的调和"[⑤]。

区域经济一体化是国家对整体经济布局进行的战略性调整，它需要司法进行适时的变革以提供有力的保障。司法协同在一定意义上是对"区域经济一体化与司法地方性之间的差异进行的弥合"[⑥]。随着区域经济一体化进程推进，不仅会涌现出新的法律问题，而且传统的问题也会附着"区域性"的要素和特征。建立在地方行政区划基础上的现行司法单元，其内在的"地方性"已无法容纳新型问题的"区域性"要素，原本能够协调"国家性"与"地方性"张力的司法将难以在"区域性"的问题上实现实质正义的要求。为了让人民群众在每一个司法案件中都感受到公平正义，在一定程度上，司法便

---

① 参见李辉、任晓春：《善治视野下的协同治理研究》，载《科学与管理》2010 年第 6 期。

② 张丽艳、夏锦文：《国家治理视域下的区域司法协同治理》，载《南京社会科学》2016 年第 5 期。

③ 参见姚国建：《中央与地方双重视角下的司法权属性》，载《法学评论》2016 年第 5 期。

④ 参见程竹汝：《国家治理体系现代化进程中的司法治理》，载《中共中央党校学报》2014 年第 3 期。

⑤ 周迪：《司法的流域性——兼论我国长江经济带司法协同治理》，载《中国环境管理》2021 年第 3 期。

⑥ 张丽艳：《区域司法协同机理研究》，法律出版社 2016 年版，第 44 页。

有必要跨出行政地域之藩篱，拥抱区域协同之趋势。

（二）区域性司法协同的发展现状

区域性司法协同有利于打破行政区划的界限，建立起立体化的司法机关跨域协同合作的新模式。以往的区域司法协同模式可以划分为顶层模式、纵向模式和横向模式三类。顶层模式主要是指由最高人民法院统筹指定区域内下级法院开展司法协同的情况。[①] 纵向模式主要是指由共同上级法院（通常指各地的高级人民法院）组织协调辖区内各级法院实现司法协同。横向模式是指跨省级行政区域的各级法院之间开展的司法协同合作。不过，由于纵向模式仍受制于纵向的省级行政区的限制，现阶段的司法协同主要以横向模式为主。

1. 顶层模式

（1）跨行政区域法院的设置

为解决长江经济带跨行政区域的管辖问题，最高人民法院采用了“借助海事法院”和“设立巡回法庭”的方式，以规避地方行政区划的限制。2016年2月24日，最高人民法院发布《关于为长江经济带发展提供司法服务和保障的意见》指出，“充分利用海事法院跨行政区划管辖的优势，妥善审理长江流域环境污染、生态破坏案件”[②]。2016年12月28日，最高人民法院成立第三巡回法庭，“在区域环境资源案件审判中发挥了重要作用”[③]。

（2）联席会议机制

针对京津冀的司法协同问题，最高人民法院召集京津冀法院开设联席会议。联席会议机制是用于研究三地法院案件裁判中遇到的突出问题。联席会议针对三地法院裁判标准不统一的问题进行专门研究，提出对于京津

---

① 参见张小波、肖明明：《由竞争走向合作：中国地方法院区域协作的实践与改革》，载《法律适用》2021年第2期。

② 《最高人民法院关于为长江经济带发展提供司法服务和保障的意见》，载中国法院网2017年1月8日，https://www.chinacourt.org/article/detail/2017/01/id/2509583.shtml。

③ 周迪：《司法的流域性——兼论我国长江经济带司法协同治理》，载《中国环境管理》2021年第3期。

冀各级法院都具有参考意义的裁判方案。[①]

2. 横向模式

(1)立案和裁判标准的统一

京津冀三地法院为了统一立案和裁判标准,建立了“涉京津冀协同发展案件”的识别机制。[②] 三地法院根据跨区域案件当事人的身份、住所地、案由、跨区类型等案件信息,通过技术或人工手段,对“涉京津冀协同发展案件”予以标注并在信息系统中建立统一标准,以便在案件进入立案、审判和执行程序的任何一个阶段都可以实时跟踪,避免在裁判或执行中因标准不一而产生同案不同判的情况。

(2)特定类型案件的集中管辖

京津冀三地法院为解决特定类型案件,尝试建立跨域集中管辖机制。京津冀三地法院正在摸索将特定类型案件集中到某一地区法院进行集中管辖的机制。[③] 例如,集中管辖机制将京津冀三地的知识产权类案件全部交给北京法院管辖,金融案件全部由天津法院管辖,环资案件全部由河北法院管辖。对于涉雄安新区规划建设案件,根据 2019 年 6 月 5 日签署的《关于京津冀协同发展服务保障雄安新区建设合作框架协议》,经与最高人民法院协调后,京津冀三地高级人民法院决定根据不同情况,将上述案件移送雄安新区法院管辖。[④]

(3)法律人才的协同培养

区域协同法院共同培养法律人才,安排法官跨省、跨市交流和挂职。特别是给予区域内欠发达地区的法官前往发达地区、先进法院挂职学习的机

① 参见郭雪慧、李秋成:《京津冀环境协同治理的法治路径与对策》,载《河北法学》2019 年第 10 期。

② 参见天津市第二中级人民法院课题组:《京津冀区域司法裁量标准化的路径探索——以天津法院的司法实践为样本》,载《天津法学》2018 年第 1 期。

③ 参见郭雪慧、李秋成:《京津冀环境协同治理的法治路径与对策》,载《河北法学》2019 年第 10 期。

④ 参见王娟、何昱:《京津冀区域环境协同治理立法机制探析》,载《河北法学》2017 年第 7 期。

会。交流、挂职法官在不断提高业务能力、借鉴高水平法官办案经验的同时,也在形成统一的法律认识、判断标准和裁判尺度。

三、司法协同机制现阶段的主要问题

(一)区域发展不均衡与司法协同一体化之间的矛盾

当前,司法协同机制建设所面临的首要问题是区域发展不平衡的现状与司法协同一体化目标之间的矛盾。一方面,制约区域间司法协同发展的因素众多。《五五改革纲要》明确提到,需要创新司法协同机制的地区,包括京津冀、长江经济带、粤港澳大湾区等,都存在显著的区域发展不平衡和资源分配不均衡的问题。以粤港澳大湾区为例,从“9+2”地区的经济总量和人均GDP来看,最高的港澳与最低的肇庆之间相差超过10倍。① 资源分配不均衡的问题也尤为突出。例如,京津冀三地科研院所的分布不均,“虹吸效应”使更多的优质人才加速流向中心城市,进一步加剧了人才失衡。此外,各区域内还有一些地方性的因素也在制约协同发展的一体化进程,例如,大湾区还面临着“一国两制三税区”的制度性障碍。②

另一方面,“司法协同机制”又具有较高的目标定位。司法协同机制的设立初衷,不仅是致力于跨区域社会矛盾纠纷的协同解决,而且对司法协同寄予了推动社会协同发展的更高的社会治理期望。随着“多个层面一体化的逐步实现,必将促使民众对于纠纷的处理结果,即区域内法院的裁判标准产生统一性的期待”。③ 但是经济发展的差异性给社会矛盾纠纷的一体化解决带来了极大的困难。④ 毕竟,经济发展失衡势必造成损害赔偿标准上的巨大差异,资源分配不均衡也使环境资源类案件的民事赔偿及处罚标准很

① 参见张丽艳:《区域司法协同机理研究》,法律出版社2016年版,第113页。

② 参见覃成林、黄龙杰:《粤港澳大湾区城市间协同创新联系及影响因素分析》,载《北京工业大学学报(社会科学版)》2020年第6期。

③ 亓培冰、史智军:《京津冀协同发展背景下残疾赔偿金的裁判差异与趋同化研究——以京津冀三地样本法院的公开裁判文书为分析视角》,载《法律适用》2018年第3期。

④ 参见[美]汉斯·摩根索:《国家间政治:权力斗争与和平》,徐昕、郝望、李保平译,北京大学出版社2006年版,第215页。

难保持一致性。差异性显著的现实障碍，对于司法协同机制的建设和研究提出了更高的要求：其不仅要为经济社会发展和稳定提供一般意义上的司法支持，而且应当致力于在实质意义上“建立区域一体化的司法体制和机制”①，从而通过司法协同一致、裁判标准统一等方式，促进跨域矛盾纠纷的一体化解决。

（二）司法协同机制建设的痛点在于司法裁判难以统一

司法裁判的统一与否关系到司法协同机制建设的成败。然而，审判标准、司法人员及信息数据的不统一，造成裁判结果参差不齐。这是制约司法协同机制建设的症结所在。

首先，区域内各地法院标准的多元化。受经济发展和资源分配差异性的影响，各地法院的发展水平、软硬件条件、人均资源占比等均存在显著差异，使各地法院在案件审理中采用的裁判标准往往并不一致。② 法院之间的“马太效应”也进一步加剧了区域发展的不平衡，各地法院在对于不同类型案件的重视程度、人员配比、资源投入等方面的差距不断扩大，在不同程度上都加剧了各地法院在审理标准和裁判尺度上的差异性。此外，最高人民法院虽然提出了强制类案检索的要求，但是目前类案检索的精确性还有待提升，对于它在推进“同案同判”方面的作用还不宜期待过高。尤其类案检索功能如何服务于区域司法一体化，还是“亟待研究的课题”。③

其次，区域内各地法官素质的差异化。无论是京津冀、长江经济带还是粤港澳大湾区，域内的特大城市对专业人才都具有强大的“虹吸效应”。北上广深等一线城市的法官在法学理论基础、专业知识储备、审判技能经验等

---

① 梁平：《京津冀协同发展司法保障的理论探讨与实践路径——基于司法功能的视角》，载《政法论坛》2020 年第 1 期。

② 参见夏锦文：《区域法治发展的法理学思考——一个初步的研究构架》，载《南京师范大学学报（社会科学版）》2014 年第 1 期。

③ 参见梁平：《基于裁判文书大数据应用的区域法治化治理进路——以京津冀类案检索机制的构建为例》，载《法学杂志》2020 年第 12 期。

方面均占据优势。区域内法官素质的不同也会造成案件裁判标准、尺度和质量上的差异，处理不当则会进一步拉大区域间法治环境、营商条件、司法公信力等方面的差距。

最后，区域内各地司法数据的孤岛化。一方面，区域内各地法院之间缺少司法资源、案件信息和审判数据的共享平台，造成动态数据更新不及时、数据更新周期长、信息错误难纠正、共享查询不便捷等问题。[①] 审判信息壁垒和司法数据孤岛严重制约区域内审判组织之间的交流与共享。[②] 另一方面，区域内各地法院之间缺少协同合作的机制和渠道。部分地区存在司法机关办案程序上“内外有别”，“跨域办案繁、异地办案难”[③]的现象依然存在，不仅严重阻碍了案件办理质效的提升，对区域司法协同合作产生负面的影响，甚至阻碍了区域司法一体化的进程。

（三）司法协同机制缺少能够跨越行政辖区的协调组织和规范

区域间法院的协同治理有赖于超越行政区划的组织予以推动。[④] 鉴于司法权属于中央事权的属性，随着司法体制的深化改革，地方法院的人事权、财物权、管理权均收归各省高级人民法院。然而，各级法院之间的横向交流与合作仍受制于其所在省高级人民法院的限制，跨域性质的协同治理尚不具备充分的自主性。[⑤] 只有超越行政区划的组织才能够突破地方保护主义的“樊笼”，站在区域司法一体化的高度来推动区域内各级法院的协同合作。[⑥] 如果一个机构的级别不高、权限不足，那么它在推动司法协同方面

---

① 参见吕志奎、孟庆国：《公共管理转型：协作性公共管理的兴起》，载《学术研究》2010 年第 12 期。

② 参见李辉、任晓春：《善治视野下的协同治理研究》，载《科学与管理》2010 年第 6 期。

③ 吴云朋、田景超：《绿色发展理念下京津冀环境资源司法协同机制创新研究——以审判权构建为视角》，载《南海法学》2021 年第 2 期。

④ 参见张丽艳、夏锦文：《国家治理视域下的区域司法协同治理》，载《南京社会科学》2016 年第 5 期。

⑤ 参见熊继宁主编：《“经济—科技—社会—环境—法律”系统协同发展》，中国政法大学出版社 2013 年版，第 59 页。

⑥ 参见解学梅：《协同创新效应运行机理研究：一个都市圈视角》，载《科学学研究》2013 年第 12 期。

的实际能力将非常有限。例如，长江经济带领域的海事法院，虽然具有跨行政区域管辖的优势，但是除了处理海事和部分环资案件以外，尚无法承担推动司法一体化的职责与重任。

区域间法院的协同治理有赖于规制一体化行为的制度和规则。协同治理理论的精髓在于“多元主体的协同共治”，[①]治理的目标在于通过协同共治的机制化，最终在协同系统中实现秩序的生成。虽然，现阶段司法协同机制的重心仍在于实现区域间法院的协同共治，但是，司法协同机制的目标始终是通过司法保障的一体化推动区域经济发展的一体化。[②] 因此，法院区域协同的工作便不能仅限于一种实践，而必须上升为一项制度。只有通过规范的方式才能够将区域司法协同治理的内容制度化，才可能推动区域“司法—经济—社会”一体化秩序的生成。从 2015 年开始，最高人民法院召集京津冀法院建立联席会议机制，曾经发挥了推动区域司法协同治理的重要作用。可是，联席会议在 2017 年以后便很少召开，2018 年以后再未召开。[③] 当然，这可能与之后有关京津冀法院区域协同的系列政策的出台有关。然而，随着最高人民法院牵头的联席会议机制的中止，京津冀司法协同工作推进的力度、效率和影响也大打折扣。[④] 联席会议设立与中止的历程表明，一方面，超越行政区划的组织对于司法协同治理而言具有不可取代的价值；另一方面，司法协同治理的有效机制必须通过规范的方式确立为制度，否则将很难避免政策性的波动，流于镜像化的影响。

---

① 参见公丕祥：《法治中国进程中的区域法治发展》，载《法学》2015 年第 1 期。

② 参见郭雪慧、李秋成：《京津冀环境协同治理的法治路径与对策》，载《河北法学》2019 年第 10 期。

③ 参见王娟、何昱：《京津冀区域环境协同治理立法机制探析》，载《河北法学》2017 年第 7 期。

④ 参见夏锦文：《区域法治发展的法理学思考——一个初步的研究构架》，载《南京师范大学学报(社会科学版)》2014 年第 1 期。

四、基于“区块链+司法”模式的司法协同机制的完善

(一)解决增设“机构”难题的创新方案

1.“技术+制度”的司法协同创新方案

(1)司法协同机制的“机构”增设方案及主要困境

①司法协同机制当前的建设方案:巡回法庭的增设

目前,学界对于创新“司法协同机制”的主要思路是由最高人民法院增设专门负责司法协同工作的巡回法庭。司法协同机制的目标是通过跨域纠纷的解决,实现跨域司法的一体化。就终极意义而言,司法协同机制的设立还期望通过统一、有力的司法保障推动区域间的经济一体化。鉴于司法协同机制的重要价值,《五五改革纲要》明确将其创新工作提上了“五五改革”的日程。考虑到司法协同机制必须超越行政区划的限制才能完成区域司法的协同治理,众多研究成果普遍认为任何区域的司法协同工作都离不开最高人民法院的参与,创新司法协同机制的理想方案是由最高人民法院参照以往的机构建设经验,增设专职负责司法协同工作的巡回法庭。[①]

值得一提的是,最高人民法院曾经主导的京津冀法院联席会议机制的实践,给学者们的“机构建设方案”提供了经验意义上的佐证和支持。2015年,最高人民法院曾经主导京津冀法院建立联席会议机制,以推动该地区的司法协同治理工作。从当时的经验来看,联席会议机制曾经在京津冀三地的司法协同机制建设中发挥了主导性、指引性和协调性的作用。2018年以后,联席会议的停止对于司法协同工作的消极影响也从反面证明了最高人民法院在区域司法协同治理中的不可缺席。毕竟,最高人民法院作为审判系统的最高层级,具有超然于地方行政区划的地位,它对于区域司法协同治

① 参见吴云朋、田景超:《绿色发展理念下京津冀环境资源司法协同机制创新研究——以审判权构建为视角》,载《南海法学》2021年第2期;周迪:《司法的流域性——兼论我国长江经济带司法协同治理》,载《中国环境管理》2021年第3期;张晨:《为京津冀协同发展和雄安新区规划建设提供有力司法服务和保障》,载《法制日报》2019年6月6日,第1版;陈焘、刘宇琼:《区域协同治理的司法促进——基于京津冀司法协同的考察》,载《河北法学》2020年第6期。

理具有难以取代的影响力。[①] 因此,在当前司法协同理论的研究领域,无论是针对京津冀还是长江经济带的司法协同研究领域,都有学者主张应当由最高人民法院增设巡回法庭(院),以便主导区域司法协同的治理工作。尽管学者们的对策多元、方案各异,不过由最高人民法院的增设机构来主导区域司法协同治理的建设思路,已成为众多学者的共识。

②“机构”增设方案面临与最高人民法院职能定位相冲突的困境

然而,“增设巡回法庭”的司法协同方案不符合审判权力运行机制的规定。一方面,“增设审判法庭”的方案已超越最高人民法院在未来的职能定位。为贯彻落实党中央关于完善四级法院审级职能定位的决策部署,2021年9月27日,最高人民法院印发《关于完善四级法院审级职能定位改革试点的实施办法》(以下简称《法院审级改革试点实施办法》)。《法院审级改革试点实施办法》第1条明确了四级法院审级职能的定位,主旨是将审判职能下沉,让最高人民法院从审判工作中“解放”出来,并将任务的重心放在确保全国法院正确统一地适用法律上。因此,研究司法协同治理的学者们有关“增设巡回法庭(院)”的建议显然不符合最高人民法院“监督指导全国审判工作”的职能定位。[②] 另一方面,由最高人民法院增设机构主导区域司法协同机制的方式也不符合有关“审判权力运行机制实施方式”的规定。《法院审级改革试点实施办法》规定了最高人民法院审判权力运行机制的实施方式和程序。《法院审级改革试点实施办法》第18条、第19条表明,最高人民法院将严格按照其职能定位,由跨审判机构的合议庭机制和专业法官会议机制,推动解决“跨部门的法律适用分歧或者跨领域的重大法律适用问题”。[③] 事实上,最高人民法院停止京津冀法院联席会议的过程也表明,[④]针

① 公丕祥:《法治中国进程中的区域法治发展》,载《法学》2015年第1期。

② 《最高人民法院印发〈关于完善四级法院审级职能定位改革试点的实施办法〉》,载最高人民法院官网2021年9月27日,https://www.court.gov.cn/zixun-xiangqing-324671.html。

③ 参见《最高人民法院印发〈关于完善四级法院审级职能定位改革试点的实施办法〉》,载最高人民法院官网2021年9月27日,https://www.court.gov.cn/zixun-xiangqing-324671.html。

④ 参见公丕祥:《法治中国进程中的区域法治发展》,载《法学》2015年第1期。

对越来越多的区域司法协同治理工作，最高人民法院亲自主导的方式并不具备普遍推行的可能性。因此，区域司法协同治理的方案必须结合最高人民法院的定位和行使职能的方式进行设计。

（2）“区块链 + 司法”模式将提供“技术 + 制度”的建设方案

鉴于司法协同的“机构”增设方案面临制度层面的困境，“区块链 + 司法”模式将提供一种技术平台与制度规范相结合的解决思路。一方面，“区块链 + 司法”模式可以为创新司法协同机制提供必要的技术平台。司法协同的核心是多元的审判机关在跨越行政区划的条件下开展复杂的系统性工作。无论是协调处理跨域纠纷，还是为区域协同提供司法保障，多元的审判机关必须在统一的平台上展开协同与合作。在通过最高人民法院增设机构的路径已然行不通的前提下，借助最高人民法院搭建的全国司法区块链系统，搭建链上的司法协同合作平台，将不失为一种兼具合理性与可行性的解决思路。另一方面，“区块链 + 司法”将以“技术 + 制度”的方式为创新司法协同机制提供具有制度意义的建设方案。鉴于司法协同的“机构”设置方案存在与规范相冲突的制度性障碍，创新司法协同机制的工作必须转变以往对策性的思维方式，以寻求新的制度性的解决思路。第一，借鉴京津冀法院联席会议从开设到停止的经验，通过司法协同的“制度化”才能够保障这项机制创新不会由于政策性的波动或调整而无疾而终。第二，司法协同的精髓在于区域内多元审判机关的协同共治。[①] 司法协同的价值在于从制度到治理的跨越，将机制的“机理”转变为协同治理的“效应”。[②]

“区块链 + 司法”模式的优势在于推动“技术 + 制度”的深度融合。[③] 在司法协同的区块链平台上，通过植入法律规则的方式，在帮助司法协同完成

---

① 参见张丽艳、夏锦文：《国家治理视域下的区域司法协同治理》，载《南京社会科学》2016年第5期。

② 参见敬乂嘉：《合作治理——再造公共服务的逻辑》，天津人民出版社2009年版，序言第1－2页。

③ 《最高人民法院关于人民法院为海南自由贸易港建设提供司法服务和保障的意见》，载最高人民法院网2021年1月15日，https://www.court.gov.cn/xinshidai－xiangqing－284531.html。

制度化建设的同时，还将通过“技术 + 制度”深度融合的方式推动司法协同完成从“机制”到“治理”，从“对策”到“制度”的实质性跨越。简言之，“区块链 + 司法”模式给司法协同治理带来的优势在于，通过技术与规则深度融合，形成对于区域内多元审判主体的制度性动员。

2.“协同式中心化”的共治结构

“协同式中心化”结构是我国互联网法院因应我国司法实践的需求，对联盟链技术进行的一种创造性应用。“协同式中心化”结构是最适合于区域司法协同建设的技术场景。

一方面，“区块链 + 司法”模式为最高人民法院参与司法协同提供了必要的技术支持。“区块链 + 司法”模式可以给司法协同治理提供“协同式中心化”的结构形式。“协同式中心化”是以“科层制为内核、以多中心为外在规定性”①的结构形式。它具有科层制的基本特征，为最高人民法院在司法链上参与司法协同治理提供了必要的节点。按照《法院审级改革试点实施办法》的规定，最高人民法院根据区域司法协同的工作需要，可以选择由跨审判机构的合议庭或者专业法官会议借助链上节点指导跨区域纠纷的妥善处理。于是，在“协同式中心化”结构中，最高人民法院通过解决跨领域重大法律适用问题的方式，可以灵活、快捷、高效地完成对于区域司法协同治理的监督和指导，而且也避免了因增设用于司法协同的巡回法庭所必须付出的司法资源。

另一方面，“区块链 + 司法”平台可以对参与司法协同的审判机关形成有效的大规模动员。其一，“区块链 + 司法”模式有利于激发司法协同主体参与多元治理的主动性。随着司法协同“机构”设置方案的受阻，最高人民法院将从原先的“主导”者转变为“监督和指导”者。② 按照“区块链 + 司法”模式的方案，区域内各高级人民法院将责无旁贷，必须担负起主导区域司法

---

① 高奇琦：《将区块链融入科层制：科层区块链的融合形态初探》，载《中国行政管理》2021年第7期。

② 参见姚国建：《中央与地方双重视角下的司法权属性》，载《法学评论》2016年第5期。

协同治理的重任,变被动为主动,从司法协同机制建设的“被领导者”转变为机制创新的“共同领导者”。[①] “共同领导”区域司法协同工作的高级人民法院,需要协同解决“区域司法一体化发展趋势的研判”“跨域矛盾纠纷的解决方案”“跨域案件审理裁判的统一标准”等一系列问题。尽管缺少了最高人民法院的主导,不过,“区块链 + 司法”模式将以技术与制度相融合的方式对区域内的多元司法机关形成有效的动员。在一定意义上,这也是实现区域司法一体化的必要条件。[②] 其二,“区块链 + 司法”平台为协同治理提供了高效便捷的技术支撑。“区块链 + 司法”模式的“协同式中心化”结构在保持法院系统科层制结构的前提下,使司法协同体系内的多元审判机关可以通过链上节点,共同组成旨在司法协同的联盟链。司法协同的目标是通过跨域合作实现区域性的司法一体化。“区块链 + 司法”的平台不仅可以协助多元的审判机关实现司法数据共享和跨域诉讼的一站式服务,而且可以通过联盟链上的节点赋予区域内各层级法院平等参与司法协同的机会。在“区块链 + 司法”模式建立的场景中,参与协作的各层级法院将通过充分的表达,并借助联盟链的共识机制,形成可以自动化实施的区域司法一体化方案。

(二)“区块链 + 司法”模式将实现跨域数据与知识的共享

1.“区块链 + 司法”模式将实现跨域司法数据的全面共享

随着智慧司法建设的深化,区域司法的一体化将越来越多地依赖数据和知识的协同和共享。区域间的法院,可以借助“区块链 + 司法”的场景实现跨域数据的分布式共享。

一方面,“区块链 + 司法”模式有利于扩大数据共享的链接范围。为了提高跨域纠纷的解决效率、提升跨域案件的裁判质量,跨域司法机关应当建立司法数据的全面共享。在司法数据共享方面,“区块链 + 司法”模式已展

---

① 参见张丽艳、夏锦文:《国家治理视域下的区域司法协同治理》,载《南京社会科学》2016年第5期。

② 参见公丕祥:《法治中国进程中的区域法治发展》,载《法学》2015年第1期。

现出其得天独厚的技术优势。

其一，区块链本质上是一种分布式存储的数据库。区块链的设计初衷就是克服“中心化”模式的内在缺陷。于是，区块链被构建成为一种全网节点对于链上信息进行共同验证、分布式（也就是分散化）存储的新型数据库。分布式数据库的数据只能增加、不能删节或篡改，保证了存储数据的真实性和完整性。上述技术特点决定了区块链是存储、同步、共享司法数据的理想的技术方案。其二，“区块链 + 司法”平台能够克服线下手段和信息化方式的内在局限性。“区块链 + 司法”平台可以提供链上立案、查询、提交材料、阅卷、沟通交流等服务，案件数据信息的自动生成解决了人工信息录入工作量大、耗时长、难以及时更新、纠错成本高等问题。同时，“区块链 + 司法”平台还可以克服一般信息化方式难以解决的司法数据的安全性、真实性和完整性等问题。其三，司法区块链存证系统还将为区域司法协同治理工作提供案件信息以外、更大范围的共享数据。例如，贵阳市的政法区块链为公、检、法、司、公证、司法鉴定等单位提供了统一平台，实现了政法机关之间的更大范围的数据共享。广州互联网法院的网通法链将政府机关、电信部门、银行、保险等单位进行了广泛链接。① 随着司法区块链的链接范围不断扩大，区域司法协同共治便能够将区域内（未来还可能延伸至区域外）政务数据、司法数据、金融数据、征信信息、住房、车辆等数据进行大范围共享。无疑“区块链 + 司法”模式将为跨域纠纷的统一解决提供便捷、高效、可靠的数据共享服务。

另一方面，“区块链 + 司法”模式有利于提升共享司法数据的精细化管理。借鉴司法数据库的三维立体模式，②分布式数据库可以对司法数据分多重维度进行精细划分：第一重维度，按照区域内不同审判机关的地域进行划分，例如，长江经济带的跨域司法数据库可以按照 11 个省市进行划分；第二

---

① 参见《中国互联网法院的现状与发展——中国互联网法院高峰对话实录》，载陈甦、田禾主编：《中国法院信息化发展报告 No. 4（2020）》，社会科学文献出版社 2020 年版，第 312 页。

② 参见郭雪慧、李秋成：《京津冀环境协同治理的法治路径与对策》，载《河北法学》2019 年第 10 期。

重维度，可以按照案件的性质划分，如民事案件、刑事案件、行政案件；第三重维度，可以按照案件的类型划分，如环境资源类、金融类、知识产权类等；第四重维度，可以根据具体案件的案由划分，例如环境资源类案件还可以再细分为“大气污染类、水污染类、土地资源等”。[①]

在司法数据的大范围共享和精细化管理的基础上，参与区域司法协同共治的各个审判机关借助共享的平台、数据和技术，更易于跨域区域的差异性建立起统一的裁判标准。此外，依托共享的司法数据，司法协同的各级法院还可以构建区域司法协同治理的知识图谱，为未来跨域纠纷的智能化处理和区域智慧司法的构建奠定必要的技术基础。

2. “区块链 + 司法”模式将实现跨域司法知识的协同供给

在众多制约区域司法协同发展的因素中，司法人员的素质及其差异化的状况，以往并未引起足够的重视。然而，学者们的研究表明，[②]司法人员的素质不仅是造成跨域案件同案不同判、裁判标准参差不齐的重要因素，也是影响区域司法一体化质量与效果的关键要素之一。目前，区域间法官的挂职培训是解决司法人员素质差异的常规方式。可是，挂职培训的方式却存在时间周期短、参与人数有限、实施成本高等缺陷，它对于区域司法协同治理的建设意义仍比较有限。

为了将区域内上级法院对下级法院的监督指导，中、基层法院间审判工作的经验交流和知识分享延伸到区域司法协同的领域，借鉴杭州互联网法院的区域司法一体化的区块链平台、[③]吉林省高级人民法院行政审判一体化

---

① 参见吴云朋、田景超：《绿色发展理念下京津冀环境资源司法协同机制创新研究——以审判权构建为视角》，载《南海法学》2021 年第 2 期。

② 参见吴云朋、田景超：《绿色发展理念下京津冀环境资源司法协同机制创新研究——以审判权构建为视角》，载《南海法学》2021 年第 2 期；梁平：《基于裁判文书大数据应用的区域法治化治理进路——以京津冀类案检索机制的构建为例》，载《法学杂志》2020 年第 12 期；郭雪慧、李秋成：《京津冀环境协同治理的法治路径与对策》，载《河北法学》2019 年第 10 期；张丽艳、夏锦文：《国家治理视域下的区域司法协同治理》，载《南京社会科学》2016 年第 5 期。

③ 参见杜前主编：《互联网司法实践与探索》，人民法院出版社 2021 年版，第 67 页。

平台的建设经验，[①]本书提出“区块链 + 司法”模式可以建立跨域法院干警的司法知识、经验的交流分享平台。区域司法协同的知识分享平台可以对跨域审判人员的“先进经验、独到观点和经典论述进行有效的共享和沉淀”，构建完整的跨域审判知识库。

一方面，参与司法协同的各个高级人民法院可以组织域内法官分工进行有关司法协同的调研工作，并将调研成果在平台上分享。参与司法协同的各个高级人民法院在未来将成为区域司法协同共治的合作主导者。结合吉林省高级人民法院在区域司法协同方面的建设经验，这些合作主导者可以针对当前区域司法协同共治工作中的难点、痛点和堵点设置调研主题和调研任务，并在区域司法协同的知识分享平台上发布。各域内法院可以将调研能力强的法官们组织起来、形成调研合力，针对法律、司法解释、指导案例和前沿问题进行研究。在形成调研文字或案例分析后，调研成果也将分类发布在该平台上。通过将研究成果、先进经验、办案技巧等发布在平台上供域内法官们学习和交流。域内法官，尤其是欠发达地区的法官可以实时学习和了解到丰富、全面、实用和有针对性的司法知识，还可以在平台上与先进成果的发布者进行探讨，及时发现问题，随时解决痛点。

另一方面，区域司法协同的知识分享平台将鼓励承办法官将处理跨域纠纷的审判工作经验和方法上传至平台，形成跨域纠纷裁判经验的知识库。法官们处理跨域纠纷的经验上传后区块链系统将进行专题标记、分门别类地存储在链上的知识库中。其他法官可以在链上搜索、查询，以便随时查看、相互借鉴，[②]有利于实现司法知识的分布积累、同步增长和实时共享。此外，区块链平台还支持法官提出议题、在线讨论。“法官会议功能实现从一个法院和上下级法院间的单线交流”[③]，扩大到区域内所有司法协同法院法

---

① 参见吉林省高级人民法院课题组：《吉林高院行政审判一体化建设调研报告》，载陈甦、田禾主编：《中国法院信息化发展报告 No. 4(2020)》，社会科学文献出版社 2020 年版，第 98 页。

② 参见吉林省高级人民法院课题组：《吉林高院行政审判一体化建设调研报告》，载陈甦、田禾主编：《中国法院信息化发展报告 No. 4(2020)》，社会科学文献出版社 2020 年版，第 103 页。

③ 吉林省高级人民法院课题组：《吉林高院行政审判一体化建设调研报告》，载《中国法院信息化发展报告 No. 4(2020)》，社会科学文献出版社 2020 年版，第 103 页。

官在多中心平台上的交流。基于“区块链+司法”模式的交流平台，使每位法官的每次发言、查询、下载和数据分析都会记录在区块链平台上。下载的文档也会添加平台标识，从而将有效地维护平台数据的安全，防止平台上法官们讨论内容和信息的外泄。

区域司法协同的知识分享平台通过司法知识的分享、跨域裁判经验的交流、跨域纠纷数据的积累，有利于欠发达地区的法官和审判水平有待提升的法官方便、快捷、零成本地学习到先进的裁判经验，并有机会直接向高水平法官学习和交流，也有利于参与司法协同共治的法官们形成统一的裁判尺度，提升处理跨域案件纠纷的审判质量。

（三）“区块链+司法”模式将推动区域案件裁判标准的统一

1. 以司法协同为目标的区域案件裁判标准的统一

（1）区域司法一体化的目标必然要求裁判标准的区域统一

“区域法治在确保国家法律实施的同时，因地制宜推动行政区和跨行政区法治创新发展，区域间政府相互学习、优势互补、协同发展，为区域社会治理、国家法治建设积累经验和探索路径，这是人类法治发展的基本经验和基本规律。”①区域司法一体化是区域法治建设的重要组成部分，它们不是对全面依法治国的公然违背，而是强调在全面、统一法治化建设的进程中，也必须尊重区域法治统一的现实要求和区域司法协同的客观规律。②《五五改革纲要》提出“创新司法协同机制”的要求，正是出于对区域司法一体化规律的认识和对其价值的关注。因此，区域司法的协同治理既要遵循全面法治和统一司法的一般要求，也必须重视区域法治和区域司法一体化的特殊要求。特别是，司法协同最根本也是最重要的内容始终是对跨域案件的审理和裁判。因此，区域司法协同的治理实践和理论研究都必须对裁判标准的区域统一问题予以足够的重视和高度的关注。

---

① 戴小明：《区域法治：一个跨学科的新概念》，载《行政管理改革》2020年第5期。

② 参见张丽艳：《区域司法协同机理研究》，法律出版社2016年版，第211页。

(2)全国统一的类案检索方式尚无法解决裁判标准的区域统一化问题

针对跨域案件裁判标准的差异性及其所导致的同案不同判的情况,有学者指出全国统一的类案检索方式并不能为跨域案件的解决提供统一的裁判标准。① 一方面,目前的类案检索技术尚无法为类案的解决提供完美的统一标准。类案检索技术的应用必须以类案要素的概念化、标注和量度的信息化过程为前提。② 然而,将类案信息转化为技术要素的过程却是当前类案检索最大的技术障碍。这意味着,目前的类案检索技术还无法对类案进行穷尽的检索,也还不足以避免“判决不一致乃至严重冲突的情况”③。另一方面,类案检索技术对于解决跨域纠纷特殊需求的作用尚存在局限性。类案检索的基本逻辑是,各个法院通过类案检索与比对,用以确保当前所判案件的结果与其他各级法院先前判决的结果保持一致。但是跨域案件是一类新兴问题。一方面,由于跨域纠纷引发了一系列新的法律问题,“在先前判决匮乏的情况下,类案检索的失灵也就在所难免”④。另一方面,由于以往各级法院都是基于地方性的思维方式来处理跨域案件的,裁判标准多元、判决结果不一的情况较多。在上述跨域案件处理质量难以保障的前提下,严格按照类案检索、同案同判要求的处理结果反而有可能与法治统一的宗旨相背离,也难以与区域司法一体化的要求相吻合。

2. 为区域案件裁判标准的统一提供必要的法律基础设施

(1)区域审判案例的分布式数据库

区域审判案例数据库是实现区域裁判标准统一的有效途径。采用分布式架构的区域审判案例数据库将提升区域内各法院的协同治理能力。⑤

---

① 参见梁平:《基于裁判文书大数据应用的区域法治化治理进路——以京津冀类案检索机制的构建为例》,载《法学杂志》2020 年第 12 期。

② 参见李世宇:《司法大数据在类案裁判中的应用探索》,载《郑州大学学报(哲学社会科学版)》2018 年第 1 期。

③ 张丽艳:《区域司法协同机理研究》,法律出版社 2016 年版,第 211 页。

④ [美]凯文·韦巴赫:《区块链与信任新架构》,杨东等译,机械工业出版社 2020 年版,第 168 页。

⑤ 参见李志杰、郭杰群、王阳雯:《区块链+:重构与赋能》,格致出版社、上海人民出版社 2021 年版,第 13-14 页。

首先,区域审判案例的分布式数据库有利于弥补全国性类案检索系统之不足。上文已述,受制于目前案例检索技术的“瓶颈”和区域审判案例的匮乏,全国统一的类案检索系统对于区域审判工作的帮助仍非常有限。最高人民法院意识到了这个问题,于是在《关于统一法律适用加强类案检索的指导意见(试行)》(以下简称《类案检索意见》)第12条第2款中指出“各高级人民法院应当充分运用现代信息技术,建立审判案例数据库,为全国统一、权威的审判案例数据库建设奠定坚实基础”[①]。根据《类案检索意见》的规定,主导司法协同的区域内各高级法院可以协同建立“区域审判案例数据库”。基于区块链的分布式区域审判案例数据库不仅对区域审判标准统一的工作有“对症施治”的效果,而且也将弥补全国审判案例数据库当前的缺漏,有利于后者的统一和完善。

其次,建设区域审判案例数据库的过程有利于提升区域内法院的协同合作能力。区域审判案例数据库的建立有赖于区域内各级法院有效的协同合作。[②] 为了实现高效的区域审判案例检索,区域审判案例数据库的建立就必须协同确立统一的标准和方法,整个过程都离不开区域内各级法院甚至每一位法官的协同共治。例如,区域审判案例数据库的建立,“需要对案件进行标准化解析,关键在于案件信息的规范化”[③]。这就要求法官按照区域内各级法院协同创制的标准和方法提炼案件的信息。区域内法院系统创制案件信息的标准,共同对案件进行规范化的处理,无疑是对区域司法协同治理[④]能力的全面提升。

最后,区块链将为区域审判案例数据库的建立提供分布式协同的司法基础设施。区域审判案例数据库的建立既是为了区域内案件审判标准的统一,也是为了全国审判案例数据库的完善。因此,区域内每个跨域案件都必

---

① 《最高人民法院关于统一法律适用加强类案检索的指导意见(试行)》,载河南省高级人民法院官网2020年7月27日,http://www.hncourt.gov.cn/public/detail.php?id=181775。

② 参见戴小明:《区域法治:一个跨学科的新概念》,载《行政管理改革》2020年第5期。

③ 梁平:《基于裁判文书大数据应用的区域法治化治理进路——以京津冀类案检索机制的构建为例》,载《法学杂志》2020年第12期。

④ 参见龚鸣:《区块链社会》,中信出版社2016年版,第178页。

须严格按照统一的要求做到案件信息的规范化。“区块链＋司法”是一个扁平、开放、平等的联盟链，其协同式中心化结构有助于区域内法院共同建立起分布式录入、统一化处理和同步性共享的区域案例数据库。① 当区域内每位法官将案件进行规范化处理与分布式存储时，区域审判案例数据库的智能合约可以将区域审判的统一标准代码化，进而对每个区域性案件的数据进行验证，以确保将规范、完整、统一的案件信息录入案例数据库。区域审判案例数据库会在“入口”对案件的信息严格把关，将有效地避免因案件信息的不规范和录入中的错误导致案例数据库的质量瑕疵，进而也将避免因案件数据的矛盾造成用户对于类案检索系统的不信任。此外，区域审判案例的分布式数据库还可以将案例规范化的要求植入区域链的文书自动生成系统。当案件在区块链上全程留痕的时候，记录在区块链上的案件信息将可以按照规范化的要求自动生成裁判文书。基于区域审判案例数据库的裁判文书自动生成服务，不仅可以减轻承办法官在标注案例和案件信息标准化方面的工作量，而且也将通过文书自动生成的方式减少人工录入过程中的错误。

（2）区域审判规则的自动化应用

审判规则的统一是区域案件裁判标准统一化的重要内容。区域案件裁判标准的统一化包含多项内容，也应当借助多种途径。除了建立区域审判案例数据库以外，区域审判统一规则的确立也有助于推动区域案件裁判标准的统一。区域审判案例数据库的建立和类案检索的完善都是庞大的系统性工程，不可避免地存在投入高、周期长、见效慢等问题。区域内的各高级人民法院，可以根据趋势研判、专题研讨、审判案例筛选的成果，②协同创建区域内统一的审判规则。区域内统一审判规则的创建是一个将区域审判案例进行高度抽象和凝练的过程，只需区域内各高级人民法院的少数专家的

① 参见李志杰、郭杰群、王阳雯：《区块链＋：重构与赋能》，格致出版社、上海人民出版社 2021 年版，第 13－14 页。

② 参见吉林省高级人民法院课题组：《吉林高院行政审判一体化建设调研报告》，载陈甦、田禾主编：《中国法院信息化发展报告 No.4（2020）》，社会科学文献出版社 2020 年版，第 103 页。

参与。因此，相较于区域审判标准的统一化而言，区域内统一审判规则的创建将更加快捷、高效，而且它还将以较低的社会成本，实质性地推动区域司法协同的发展进程。

区域审判规则的自动化应用将提升区域司法协同治理的实效。区域审判规则是一种程序性的规则。相较于实体规则而言，区域审判规则通常具有流程性、确定性和标准化的特点。它的内容较少地包含需要法律解释或法律推理的条款。[①] 因此，区域审判规则中程序性的内容可以通过计算机语言转换为智能合约，也就是所谓“法律即代码”的一种表现。[②] 通过将区域审判规则转化为智能合约，区域案件的链上审判和审判文书的链上生成都将接受智能合约的自动化校验。不符合区域审判规则的案件文书将被中止进入下一流程。只有法官严格按照区域审判规则的要求，规范地进行审理和裁判的工作，区域案件的审判程序才能够顺利地进行。法官在适应区域审判规则自动化应用的过程中，可以更加准确和深刻地理解区域审判规则的内容和要求。区域审判规则的自动化应用将弥补域内法官在适用区域审判规则过程中的疏漏，既可以提高区域审判规则实施的精确程度，也可以提升区域司法协同的推进效率。

值得一提的是，这种将区域审判规则通过智能合约的形式嵌入区块链平台的方法已经为最高人民法院所认可。[③] “区块链＋司法”模式通过提升区域审判统一规则的应用实效和切实推动区域审判标准统一化的方式，不仅有利于区域司法的一体化，在未来，也很有可能成为全国推动审判规则统一应用的区域样本。

---

① 参见梁平：《基于裁判文书大数据应用的区域法治化治理进路——以京津冀类案检索机制的构建为例》，载《法学杂志》2020 年第 12 期。

② 参见赵蕾、曹建峰：《从“代码即法律”到“法律即代码”——以区块链作为一种互联网监管技术为切入点》，载《科技与法律》2018 年第 5 期。

③ 《最高人民法院印发〈关于深化人民法院一站式多元解纷机制建设推动矛盾纠纷源头化解的实施意见〉》，载最高人民法院官网 2021 年 9 月 28 日，https://www.court.gov.cn/zixun-xiangqing-324731.html。

第五章　基于“区块链+司法”模式的互联网金融纠纷的源头治理

第一节　基于区块链的互联网金融纠纷源头治理模式的产生背景

一、构建基于区块链的互联网金融纠纷源头治理模式的规范依据

2021年9月，最高人民法院印发了《关于深化人民法院一站式多元解纷机制建设推动矛盾纠纷源头化解的实施意见》(以下简称《矛盾纠纷源头化解的实施意见》)。《矛盾纠纷源头化解的实施意见》首次把互联网金融与(传统)金融相并列，将二者共同作为矛盾纠纷源头化解的重点领域。其第27条对互联网金融的范围、解纷机制的内容、应采用的技术路径和对诉源治理的要求等方面作出了一系列全新的规定，[①]成为构建基于区块链的互联网金融纠纷分层解决机制的规范依据和研究基础。

(一)范围：与“金融”并立的“互联网金融”

“互联网金融”这一术语虽然已被广泛使用，但是对它的认识却并不统一。理论界对于互联网金融的界定大致可分为广义、中义和狭义三类。[②] 对

---

① 参见《最高人民法院印发〈关于深化人民法院一站式多元解纷机制建设推动矛盾纠纷源头化解的实施意见〉》，载最高人民法院官网2021年9月28日，https://www.court.gov.cn/zixun-xiangqing-324731.html。

② 参见樊云慧、俞嫌：《互联网金融在线纠纷解决机制的构建》，载《证券法律评论》2019年卷。

此，李爱君、许多奇等学者持互联网金融的广义说，认为“互联网金融是互联网技术与传统金融业务相融合作用的特殊金融业态”[①]。杨东教授持互联网金融的狭义说，他把互联网金融简化为“互联网＋金融＝众筹金融的公式，主要包括债权众筹和股权众筹”[②]。中义的互联网金融概念介于广狭义之间，如万建华认为：“互联网金融是信息时代的……第三种金融模式。不仅仅是融资，还包括支付和各类金融产品。”[③]由于广义说与中国人民银行《中国金融稳定报告（2014）》中的定义比较接近，二者都认为互联网金融是互联网与金融业相结合的“新兴金融模式”，因此，支持广义说的学者也更多。[④]

不过，《矛盾纠纷源头化解的实施意见》并没有采用中国人民银行关于互联网金融定义的广义说，而是将互联网金融与传统金融并列为矛盾纠纷源头化解工作的重点领域。《矛盾纠纷源头化解的实施意见》对于互联网金融范围的界定更接近于中义说，也就是指“传统金融机构以外的机构依托互联网平台进行的相关金融业务”[⑤]。《矛盾纠纷源头化解的实施意见》将互联网金融与传统金融相区分，主要是考虑到其源头治理模式的构建必须依托新兴的互联网平台而不是传统的金融机构。应当说，《矛盾纠纷源头化解的实施意见》对互联网金融纠纷解决机制的规定既符合互联网的特点，也符合互联网纠纷源头治理工作的规律。

（二）内容：互联网金融纠纷的分层解决机制

《矛盾纠纷源头化解的实施意见》是对2021年中央全面深化改革委员会第十八次会议审议通过的《关于加强诉源治理推动矛盾纠纷源头化解的意见》（以下简称《诉源治理意见》）的贯彻落实。其第27条规定，加快与互

---

① 李爱君：《互联网金融的本质与监管》，载《中国政法大学学报》2016年第2期。

② 杨东：《互联网金融风险规制路径》，载《中国法学》2015年第3期。

③ 万建华：《金融e时代：数字化时代的金融变局》，中信出版社2013年版，第68页。

④ 参见中国人民银行金融稳定分析小组编：《中国金融稳定报告（2014）》，中国金融出版社2014年版，第145页。

⑤ 樊云慧、俞嫣：《互联网金融在线纠纷解决机制的构建》，载《证券法律评论》2019年卷。

联网平台在线诉非对接。[1] 这意味着互联网平台应当参与到非诉讼解纷机制当中，以利于从网络源头预防矛盾、在平台前端化解风险，并与诉讼相衔接。[2] “推进源头治理进平台、进网络”[3]的规定强调源头治理，要求互联网金融平台结合网络的特点重塑司法前端的纠纷解决格局。该规定要求建立以互联网金融平台的源头预防为先，网络化的非诉讼机制挺在前，以人民法院的分调裁审为终局的一站式多元解纷和诉讼服务体系。“形成互联网纠纷分层递进解决机制”[4]的规定表明互联网金融纠纷的解决机制应建立起分类别、分层级、逐级递进预防化解矛盾纠纷路径。[5] 除了通常的人民调解、仲裁和司法等三条防线外，《矛盾纠纷源头化解的实施意见》指出，还应当结合互联网金融的特点和多元解纷机制的先进成果，建立起投诉、和解、自动风险提示、第四方纠纷解决程序[6]等多元化、多层次的非诉讼纠纷解决方式，目标在于切实降低互联网金融纠纷的成诉率，促进互联网金融领域治理“从化讼止争向少讼无讼转变”[7]。

（三）技术：区块链与智能合约

互联网金融领域虽然发展迅速，但是守法合规的状况并不理想，法治化的程度亟待改善。一方面，由于互联网金融领域的相关法律体系尚不健全，

---

① 参见《最高人民法院印发〈关于深化人民法院一站式多元解纷机制建设推动矛盾纠纷源头化解的实施意见〉》，载最高人民法院官网 2021 年 9 月 28 日，https://www.court.gov.cn/zixun-xiangqing-324731.html。

② 参见雷膦绮：《我国 P2P 网络借贷存在的法律风险及其规制》，载中国法院网 2015 年 7 月 31 日，https://www.chinacourt.org/article/detail/2015/07/id/1677715.shtml。

③ 参见《最高人民法院印发〈关于深化人民法院一站式多元解纷机制建设推动矛盾纠纷源头化解的实施意见〉》，载最高人民法院官网 2021 年 9 月 28 日，https://www.court.gov.cn/zixun-xiangqing-324731.html。

④ 参见《最高人民法院印发〈关于深化人民法院一站式多元解纷机制建设推动矛盾纠纷源头化解的实施意见〉》，载最高人民法院官网 2021 年 9 月 28 日，https://www.court.gov.cn/zixun-xiangqing-324731.html。

⑤ 参见陶光辉：《浅议互联网金融的纠纷解决机制》，载《清华金融评论》2016 年第 3 期。

⑥ 参见胡晓霞：《我国在线纠纷解决机制发展的现实困境与未来出路》，载《法学论坛》2017 年第 3 期。

⑦ 参见《最高人民法院印发〈关于深化人民法院一站式多元解纷机制建设推动矛盾纠纷源头化解的实施意见〉》，载最高人民法院官网 2021 年 9 月 28 日，https://www.court.gov.cn/zixun-xiangqing-324731.html。

有关金融消费者的权益主要还是由传统金融法律予以规定。[①] 互联网金融平台是否履行了相关的法律义务，既缺乏针对网络场景的法律规则，也缺少足够的裁判经验。另一方面，互联网金融消费者与互联网金融平台对信息技术的控制能力完全不对等。突出表现在，前者在电子证据存证、举证方面的劣势地位。[②]《矛盾纠纷源头化解的实施意见》为了促进互联网金融领域治理体系和治理能力现代化，在第27条规定运用区块链技术，将裁判规则、交易规范等嵌入互联网平台。[③] 裁判、交易和监管等规范可以借助智能合约技术嵌入互联网金融平台，经代码化的规则在满足条件后的自动执行将有效改善平台“非法”运行的状况。此外，通过将司法区块链的电子数据存证平台接入互联网金融平台，金融交易的过程将全程留痕且难以篡改。随着互联网金融消费者在电子证据存证、取证和质证方面能力的提升，新机制在客观上将对机会主义行为形成约束，并督促金融平台上的各方诚信履约。

（四）要求：互联网金融风险的预警和提示

互联网金融伴随信息技术的风口，在得益于技术创新而蓬勃发展的同时，也因为它对于技术的依赖性、其业务的复杂性而缺乏足够的稳定性。无论是互联网金融消费者还是整个行业，都难以规避“快速蔓延性、交叉感染性和技术隐蔽性的网络金融风险”[④]。更为严峻的挑战在于，互联网金融风险具有引发系统性金融风险的危害。突发、多变、传染性高、破坏性强的系统性金融风险又极易造成金融危机，进而严重破坏金融系统的稳定，危及经济社会的健康发展。因而，2019年，《五五改革纲要》把防范化解重大风险作为人民法院“五五改革”期间的三大攻坚任务之一，提出完善金融审判领

---

① 参见傅向宇：《金融消费纠纷解决新机制初探》，载《人民法院报》2018年2月28日，第7版。

② 参见胡晓霞：《我国在线纠纷解决机制发展的现实困境与未来出路》，载《法学论坛》2017年第3期。

③ 参见《最高人民法院印发〈关于深化人民法院一站式多元解纷机制建设推动矛盾纠纷源头化解的实施意见〉》，载最高人民法院官网2021年9月28日，https://www.court.gov.cn/zixun-xiangqing-324731.html。

④ 杨涛主编：《互联网金融理论与实践》，经济管理出版社2015年版，第147页。

域风险监测预警机制的要求。同年,《关于全面推进金融纠纷多元化解机制建设的意见》也作出“注重共同构建金融风险提示预警机制,防止因个案引发系统性金融风险”的规定。① 因而,《矛盾纠纷源头化解的实施意见》在加强互联网金融纠纷源头治理工作的部署中,也对“互联网金融纠纷的分层解决机制”提出应当对互联网金融风险进行“预警和自动提示”的要求。②

二、互联网金融纠纷的类型、特点及风险

(一)互联网金融纠纷的主要类型

1. 互联网投融资引发的纠纷

(1)网络众筹(crowdfunding)纠纷

发起人将需要集资的项目在众筹平台发布,经平台审核后,对项目感兴趣的投资人可以进行少量投资,使发起人得到支持以运行该项目。③ 股权和债务众筹是最为常见的类型,也是产生纠纷最为集中的两类。

(2)P2P 网贷纠纷

其是指个人通过网贷平台向其他个人直接融资的方式。在我国 P2P 网贷并未按照其最初设计的信用贷款的方式运行,而是演变成为担保贷款。后来,P2P 贷络又被用作非法集资的工具,继而产生大量纠纷。

2. 互联网信用贷款纠纷

互联网信用贷款纠纷,也称为非存款类放贷,是指互联网放贷公司不经营存款业务,只借助对贷款人的身份信息进行大数据分析,根据个人信用进行去担保化放贷的模式。例如,阿里小额贷款。在此类纠纷中,通常是互联网金融机构为原告,金融消费者为被告。

---

① 参见万建华:《金融 e 时代:数字化时代的金融变局》,中信出版社 2013 年版,第 221 页。

② 参见《最高人民法院印发〈关于深化人民法院一站式多元解纷机制建设推动矛盾纠纷源头化解的实施意见〉》,载最高人民法院官网 2021 年 9 月 28 日,https://www.court.gov.cn/zixun-xiangqing-324731.html。

③ 参见黄韬:《公共政策法院——中国金融法制变迁的司法维度》,法律出版社 2013 年版,第 234 页。

3. 第三方支付纠纷

在电子商务领域，“第三方支付平台是介于收款人与付款人之间，提供资金保管、支付清算和信用担保服务的平台”[①]。例如，支付宝。第三方支付平台沉淀资金使用混乱，容易引发支付纠纷和道德风险。[②]

4. 互联网代销纠纷

其是指互联网金融平台对其他金融行业的产品进行代为销售业务引发的纠纷。[③] 例如，微信代销银行理财产品或非银行机构的基金、债券等。

5. 互联网理财业务纠纷

其是指由互联网金融机构提供的“余额增值服务和活期资金管理服务”引发的纠纷。[④] 例如“余额宝”“招财宝”等，通过委托货币基金、证券、保险等以实现资金增值。

6. 互联网征信纠纷

其是指由于征信机构对金融机构提供的信息不负审查义务，造成个人征信信息不实而产生的纠纷。[⑤] 包括征信主体身份证件遗失、借用后被恶意使用造成不良信贷记录、金融机构信贷人员录入数据错误等，都将给个人征信信息造成隐患。[⑥] 征信机构的个人征信信息异议处理流程往往缺乏可操作性，造成征信信息主体难以及时发现问题、解决问题。

（二）互联网金融纠纷的特点

1. 法律关系多元

互联网金融源自信息技术支持下的金融创新。在互联网金融服务不断

---

① 王雅龄、郭宏宇：《基于功能视角的第三方支付平台监管研究》，载《北京工商大学学报（社会科学版）》2011 年第 1 期。

② 参见李莉莎：《第三方电子支付法律问题研究》，法律出版社 2014 年版，第 20 页。

③ 参见［美］丹·席勒：《信息资本主义的兴起与扩张——网络与尼克松时代》，翟秀凤译，北京大学出版社 2018 年版，第 159 页。

④ 参见上海市互联网金融行业协会、上海大学上海科技金融研究所编：《上海互联网金融发展报告（2015）》，上海交通大学出版社 2015 年版，第 3 页。

⑤ 参见［美］迈克尔·赫德森：《金融帝国：美国金融霸权的来源和基础》，嵇飞等译，中央编译出版社 2008 年版，第 203 页。

⑥ 参见杨涛主编：《互联网金融理论与实践》，经济管理出版社 2015 年版，第 147 页。

推陈出新的过程中,新类型的纠纷也不断出现,其法律关系复杂多样。[①]

2. 当事人人数多、分布广

互联网金融交易打破了地域性的局限,以散户为主的当事人往往人数多,且住所地、经常居住地散布在全国各地甚至国境外。法院确定当事人的难度大、送达周期长、管辖争议多。此外,由于互联网金融纠纷的涉众性强,易于引起群体性事件、造成大范围的社会影响。

3. 当事人双方的能力不对等

互联网金融服务提供者通常相较于金融消费者拥有更强的专业能力,而且金融、法律、技术各类人才齐备,更兼产品服务的信息披露不充分、不真实,双方的信息不对称,致使互联网金融消费者始终处于被动和弱势的地位。

4. 涉案资金体量大

当前,互联网金融平台和消费群体都在迅速增长。互联网金融案件通常涉及融资项目,参与人数众多、信贷杠杆率高,因此,案件涉及的资金往往数额巨大。[②]

5. 案件专业技术性强

互联网金融服务类型多样,每种服务产生的纠纷也都不尽相同;而且,互联网金融依托信息技术,纠纷的解决时常需要对技术和源代码进行辨别,造成了较高的专业技术门槛。[③]

6. 取证、存证、认证困难

互联网金融服务主要采用线上操作的方式,证据形式主要是电子数据。当纠纷发生后,互联网金融消费者通常负有举证责任。[④] 可是,前期金融服

---

① 参见万建华:《金融 e 时代:数字化时代的金融变局》,中信出版社 2013 年版,第 39 页。

② 参见胡晓霞:《我国在线纠纷解决机制发展的现实困境与未来出路》,载《法学论坛》2017 年第 3 期。

③ 参见[美]约翰·弗兰克·韦弗:《机器人是人吗?》,刘海安、徐铁英、向秦译,上海人民出版社 2018 年版,第 67 页。

④ 参见周回回、李娴、郑尼西:《互联网金融纠纷的法律定性探讨》,载《商事法律文件解读》2018 年第 11 辑。

务都在网络上完成，在线证据存在被篡改、删除和伪造的风险。[①] 金融消费者通常缺乏固定电子证据的技术，易于造成因证据不足而承担不利后果的诉讼结果。

（三）互联网金融的风险

1. 互联网金融的个体性风险

（1）互联网金融消费者面临的风险

其一，因技术条件薄弱导致的安全风险。在技术和硬件等方面的弱势地位给互联网金融的普通投资人带来了信息安全的隐患。[②] 例如，因不具备对互联网金融客户端的软硬件进行检测的技术手段，造成个人隐私信息被窃取的风险；因安全意识和技术防护能力的欠缺，造成身份信息被盗用、交易信息被攻击或篡改的风险。

其二，因违约成本过低导致的交易风险。互联网金融交易的方式打破了空间、时间的界限，既给金融消费者带来了便利，也降低了相对方违约的成本。在征信体系不健全的情况下，虚拟环境反而给受害人的维权工作带来难以克服的困难。

其三，因平台监管不足导致的信用风险。由于互联网金融风险规制的滞后，大量互联网金融交易尚处于“立法空白和监管漏洞之中”[③]。P2P 平台“雷暴”、相关担保公司“跑路”的事件频发，[④]以及股权众筹中信息披露造假、瞒报等情况，都反映出建立互联网金融纠纷解决机制的迫切性。

（2）互联网金融平台面临的风险

第一，技术设备缺陷导致的安全风险。一些互联网金融平台为了降低

---

① 参见［意］乌戈·帕加罗：《谁为机器人的行为负责？》，张卉林、王黎黎译，上海人民出版社 2018 年版，第 182 页。

② 参见［美］迈克尔·赫德森：《金融帝国：美国金融霸权的来源和基础》，嵇飞等译，中央编译出版社 2008 年版，第 93 页。

③ 杨东：《互联网金融风险规制路径》，载《中国法学》2015 年第 3 期。

④ 参见《担保公司现跑路潮　鹏润担保“失联”涉资超 2.5 亿元》，载中国新闻网，https://www.chinanews.com/fortune/2014/07-08/6361225.shtml。

成本,在基础设施上的投入严重不足,造成硬件设备缺陷、软件安全漏洞。[①]实践中出现企业信息系统遭到外部攻击导致账户数据被窃取,[②]设备故障造成交易失败、交易资产被转移,恶意程序不法植入造成客户资金损失等情况。

第二,主体信用危机导致的经营风险。互联网金融平台普遍经济规模小、发展时间短、抗风险能力弱,平台自身或者合作方的信用危机都会给平台造成严重的经营困难。[③] 一方面,互联网金融平台因自身管理不善造成企业经营的脆弱性。由于互联网借贷的竞争激烈,一些平台“重流量、轻风控,多头借贷、重复借贷,造成大量不良借款”[④],甚至演变为借新还旧的庞氏骗局。另一方面,合作伙伴的信用危机给互联网金融平台造成的经营风险。例如,互联网融资平台、支付结算平台用于中介的沉淀资金被挪用的情况。又如,互联网金融平台使用外部技术支持,租用网络设备或信息系统。外部支持者的道德风险,甚至会造成平台金融服务的终止。

第三,政策法规的变化导致的法律风险。随着互联网金融的探索发展,法律制度也在摸索中制定、在实践中完善。鉴于相关的政策法规正在经历一个从无到有和不断细化的过程,互联网金融平台必须及时响应,以免触碰法律的红线。例如,2015 年 7 月 14 日,中国人民银行、工业和信息化部、公安部等十部委联合印发了《关于促进互联网金融健康发展的指导意见》。该指导意见将“股权众筹融资”界定为“通过互联网形式进行公开小额股权融资的活动”[⑤]。该指导意见出台后,在股权众筹实践中,众多采用私募形式的融资均面临合同无效的问题。一些互联网股权众筹平台虽然立即进行了整

① 参见杨涛主编:《互联网金融理论与实践》,经济管理出版社 2015 年版,第 147 页。

② 参见张松、史经伟、雷鼎:《互联网金融下的操作风险管理探究》,载《新金融》2013 年第 9 期。

③ 参见胡晓霞:《我国在线纠纷解决机制发展的现实困境与未来出路》,载《法学论坛》2017 年第 3 期。

④ 周全、韩贺洋:《数字经济时代下金融科技发展、风险及监管》,载《科学管理研究》2020 年第 5 期。

⑤ 《十部委发布〈关于促进互联网金融健康发展的指导意见〉》,载国家互联网信息办公室官网,http://www.cac.gov.cn/2015-07/18/c_1115966431.htm。

改,但是仍然引发了大量的法律纠纷。[①]

2. 互联网金融的系统性风险

"金融创新过度"被研究者们视为系统性金融风险的重要成因。互联网金融平台不仅是当前金融创新过度的高发场景,而且具有金融风险的高传染性。因此,互联网金融平台的创造力与风险性相伴相生,更加凸显源头治理模式在处理个案纠纷时预警金融风险的重要意义。

首先,金融创新过度是"系统性金融风险成因中的最重要因素"[②]。中国科学院大学杨海珍教授团队采用实质性研究方法归纳出系统性金融风险的关键成因。[③] 通过对国内外 6 大文献数据库从 1978—2017 年的 194 篇关于系统性金融风险和金融危机成因的文献进行研究,杨海珍教授团队归纳出 8 个系统性金融风险的"共识性关键成因"。他们的研究得出的,"金融创新过度是系统性金融风险关键成因中最重要的因素"这一结论,是 40 年来国内外相关研究者的重要共识之一。[④]

其次,互联网金融平台普遍存在"金融创新过度"的情况。其一,互联网金融平台的创新不断地产生监管的盲点。从曾经备受争议的支付宝、余额宝的问世,到时下热议的"去中心化金融"(DeFi)和"非同质性代币"(NFT),互联网金融平台的创新使监管和法律一直滞后于金融科技的创新,[⑤]监管机构缺少足够的专业知识和工具来引导和约束金融科技创新的行为。其二,互联网金融平台的创新始终存在较高程度的信息不对称。由于

① 参见杨涛主编:《互联网金融理论与实践》,经济管理出版社 2015 年版,第 147 页。

② 杨海珍、程相娟等:《系统性金融风险关键成因及其演化机理分析——基于文献挖掘法》,载《管理评论》2020 年第 2 期。

③ 杨海珍教授团队选择时间跨度为 1978—2017 年的,被 Elsevier、JSTOR、SSRN、Springer、ProQuest、中国知网(CNKI)等文献数据库收录的有关系统性金融风险和金融危机成因的 194 篇文献为研究对象,采用扎根理论方法进行归纳总结。

④ 参见杨海珍、程相娟等:《系统性金融风险关键成因及其演化机理分析——基于文献挖掘法》,载《管理评论》2020 年第 2 期。

⑤ 参见李莉莎:《第三方电子支付法律问题研究》,法律出版社 2014 年版,第 231 页。

互联网金融平台“没有传统金融机构全面信息披露的约束”，[①]它们通过组合投资、嵌套资产等“金融创新”途径以规避管理信息的详细披露，致使投资者难以获悉资金流向等信息，便无法识别互联网金融的投资风险。其三，金融科技虽然被冠以创新之名，[②]但是算法“黑箱”却让投资者彻底失去了投资决策的自主性。尽管互联网金融的消费者也深知算法的错误有可能给其投资带来灾难性的结果，但是对于金融消费者而言，不接受金融科技及其潜在的风险，便无法继续当前的“正常”交易。毕竟，在科技足以决定人们生活方式的当下，个体自主性的范围已非常有限。

最后，互联网金融平台的风险具有很强的传染性。互联网金融平台与传统金融行业的关联越来越紧密，[③]互联网金融风险的溢出效应也会迅速传染到传统金融机构和金融市场。从微观技术层面来看，传统金融机构为了提高数据安全、降低运营风险、节省合规成本，开始广泛使用互联网金融企业（包括平台）提供的金融技术服务，[④]包括将互联网金融平台通过技术提供的用户信用信息纳入征信系统，以节省银行的人力和资金成本。不过，伴随技术便利而来的还有技术风险。[⑤] 一旦因为技术不成熟或操作不规范致使用户信用出现问题，可能会给银行造成贷款逾期违约或者坏账。

从中观业务层面来看，行业间的业务联系造成了行业间风险的相互传染。互联网金融平台的公司主体通常也是证券市场的主体，互联网金融平台股价的波动，会通过大盘将风险溢出至证券行业。互联网金融平台为了

---

① 周全、韩贺洋：《数字经济时代下金融科技发展、风险及监管》，载《科学管理研究》2020年第5期。

② 参见［英］安德鲁·帕尔默：《金融创新：重塑未来世界的智财》，郭杰群、草沐译，中国人民大学出版社2016年版，第244页。

③ 参见姜波、冯华：《互联网金融：本质、模式、风险与监管》，载《人民论坛·学术前沿》2017第20期。

④ 参见李翠、李茜：《互联网消费金融的风险防范及法律规制》，载《商业经济研究》2017年第18期。

⑤ 参见郭品、沈悦：《互联网金融加重了商业银行的风险承担吗？——来自中国银行业的经验证据》，载《南开经济研究》2015年第4期。

增加流动性也会向传统银行融资。[1] 一旦前者破产，风险也会传递给银行和金融市场。

从宏观经济运行层面来看，互联网金融平台会通过宏观经济波动溢出和扩散系统性金融风险。[2] 互联网金融平台的规模性扩张会推动宏观经济发展，也会改变居民的杠杆率和家庭的负债结构，进而会影响利率。一旦互联网金融平台的风险引发利率的波动，将会影响传统金融行业的信贷规模，甚至会传导至货币供给，届时系统性的金融风险便已然造成。

第二节　互联网金融纠纷解决机制的发展现状

一、前区块链阶段的互联网金融纠纷解决机制

（一）我国的互联网金融纠纷解决机制

1. 互联网金融平台的内部投诉机制

互联网金融平台的投诉处理机制是指互联网金融企业内部设立专门处理客户投诉的部门，在接到客户投诉时，进行查证核实、提出解决方案，以解决纠纷的机制。2016 年 12 月，中国人民银行发布的《中国人民银行金融消费者权益保护实施办法》已经对金融机构的内部投诉机制进行了规定。2020 年 9 月修改后的《中国人民银行金融消费者权益保护实施办法》第 35 条第 1 款也规定“金融消费者与银行、支付机构发生金融消费争议的，鼓励金融消费者先向银行、支付机构投诉，鼓励当事人平等协商，自行和解”。当前，很多互联网金融平台也参照传统金融机构自发设立了投诉处理机制。但是由于平台的规模有限，很多内部投诉处理机制并不规范，有的甚至形同虚设，无法达到解决纠纷的目的，[3]致使原本可以在平台内部达成和解的纠

① 参见韦起、张强：《我国网贷平台对商业银行风险溢出效应的实证研究》，载《金融评论》2015 年第 3 期。

② 参见谢平、邹传伟：《互联网金融模式研究》，载《金融研究》2012 年第 12 期。

③ 参见卢云华等主编：《在线仲裁研究》，法律出版社 2008 年版，第 230 页。

纷大量涌入人民法院，挤占了有限的司法资源。①

2. 金融监管部门投诉机制

金融监管部门投诉机制是指金融消费者在互联网金融平台内部的投诉未被接受的情况下，可以向平台的监管部门进行投诉，以推动纠纷解决的机制。《中国人民银行金融消费者权益保护实施办法》第 40 条第 1 款规定：“……金融消费者对银行、支付机构作出的投诉处理不接受的，可以通过银行、支付机构住所地、合同签订地或者经营行为发生地中国人民银行分支机构进行投诉。”然而，监管部门接受投诉后的处理方式实际上是“投诉转办”，也就是把投诉交回互联网金融平台。结果，前述平台内部投诉机制存在的问题并没有得到解决。

3. 在线调解机制

在线调解是指在互联网金融纠纷产生后，依托互联网或其他信息化传输方式，由第三方组织通过调解促使双方当事人化解矛盾纠纷的形式。近年来，为金融消费者处理纠纷的专业调解机构陆续出现，只是能够提供线上调解服务的机构还为数不多。2015 年，中国人民银行等十部委发布的《关于促进互联网金融健康发展的指导意见》第 16 条有关“消费者权益保护”的部分，提出要构建在线争议解决机制，实现线上线下相结合的多元化互联网金融纠纷解决体系。② 2015 年 5 月，上海市金融消费调解中心正式开展调解事务，为消费者与金融机构之间的因金融产品或金融服务产生的纠纷提供第三方调解服务。③ 为适应互联网金融业务发展的需要，中心正在筹备开展小额金融消费纠纷的线上调解服务。2017 年，“中国金融消费纠纷调解网”(www.fcosc.org)上线运行，成为我国首个线上金融纠纷调解系统。该系统的“金融消费纠纷调解网站”和“金融消费纠纷调解 App”两个平台均可提供

① 参见范愉：《非诉讼纠纷解决机制研究》，中国人民大学出版社 2000 年版，第 95 页。

② See William Magnuson, *Blockchain Democracy*, Cambridge University Press, 2020.

③ 参见巴曙松、白海峰：《金融科技的发展历程与核心技术应用场景探索》，载《清华金融评论》2016 年第 11 期。

在线调解服务。不过，目前我国的金融纠纷在线调解平台尚处于发展初期，[①]规模小、机制不健全、影响力有限，在广大金融消费者中间的认知度不高，在解决互联网金融纠纷中的作用还未充分发挥。

4. 在线仲裁机制

在线仲裁是指在互联网金融诉讼产生前，由金融消费者与经营者自愿达成仲裁协议，通过互联网平台将纠纷交给非司法机构的中立第三方进行仲裁，裁决结果对纠纷各方均有约束力的一种纠纷解决方式。[②] 2015 年，广州仲裁委设立了全国首家在线仲裁机构，制定了《中国广州仲裁委员会网络仲裁规则》。2018 年，广州仲裁委与“法大大”（第三方电子合同平台）合作成立“一站式”网络仲裁服务系统，针对网贷平台的金融纠纷提供在线仲裁服务。[③] 在线仲裁具有高效性、灵活性和普惠性等优势。然而，缺乏明确的法律依据成为在线仲裁推广应用的障碍。因为依据《仲裁法》，只有中国仲裁协会才有权制定仲裁规则，仲裁委员会（如广州仲裁委、衢州仲裁委等）并无此项权利。实践中，依据各地仲裁委自行制定的网络仲裁规则作出的仲裁裁决，在申请执行时出现法院不予承认、不予执行的情况。在线仲裁程序的合法性问题，已成为决定在线仲裁能否健康发展的关键因素。

5. 在线诉讼机制

在线诉讼是指互联网金融纠纷的当事人向人民法院提起民事诉讼，运用互联网技术，在线完成起诉、立案、审理、裁判和执行全部流程的新型诉讼形式。2017 年 8 月 18 日，全国首家互联网法院——杭州互联网法院成立，次年 9 月，北京互联网法院、广州互联网法院也同时成立。2018 年 9 月，《互联网法院审案规定》规定互联网法院受理的案件包括“互联网上完成的金融借款合同纠纷、小额借款合同纠纷”。于是，互联网金融平台上的借款合同

---

① See Ethan Katsh & Janet Rifkin, *Online Dispute Resolution*, *Resolving Conflicts in Cyberspace*, San Francisco, Jossey. Bass Inc., 2001.

② 参见卢云华等主编：《在线仲裁研究》，法律出版社 2008 年版，第 59 页。

③ See Arvind Narayana, *Bitcoin and Cryptocurrency Technologies*: *A Comprehensive Introduction*, Princeton University Press, 2016.

纠纷大量涌入互联网法院。当前,互联网金融消费者大量的救济需求与互联网法院有限的司法资源之间的矛盾,成为最高人民法院将互联网源头治理模式的构建作为诉源治理重点领域的直接原因。

(二)域外的替代性纠纷解决机制和在线纠纷解决机制①

1. 替代性纠纷解决机制

替代性纠纷解决机制(ADR),也称多元纠纷解决机制或者非诉纠纷解决机制,主要指20世纪从美国逐步发展起来的各种诉讼外纠纷解决机制。②替代性纠纷解决机制具有诉讼所不具备的优势,在金融纠纷解决领域也缔造出一些颇具特色的机制。例如,金融申诉专员机制(Financial Ombudsman Service, FOS)。FOS源自英国,是通过公司制的机构,聘请专业人员,独立处理金融消费纠纷的替代性纠纷解决机制。③ 金融消费者在平台内部投诉未果时,可以向FOS提出申请。FOS的专员受理后进行约谈、调查和调解。若调解成功则出具调解协议,若调解不成则由专员作出裁决。若一方当事人不履行调解协议或裁决,另一方当事人可以向法院申请强制执行。不过,替代性纠纷解决机制的缺陷也开始为学者们所关注。美国学者史蒂文·苏本、马格瑞特·伍教授将替代性纠纷解决机制的问题概括为"社会规范的非法律化、律师的非专业化、法律程序的非正式化"④;我国学者也审慎地指出替代性纠纷解决机制存在脱离监管的风险,⑤其迅速、简化的优势可能被不确定性和非规范性所抵消。因此,替代性纠纷解决机制并非互联网金融消

---

① See Amy J. Schmitz & Colin Rule, *Online Dispute Resolution for Smart Contracts*, 2019 J. Disp. Resol. 103 (2019).

② 参见范愉:《非诉讼纠纷解决机制研究》,中国人民大学出版社2000年版,第5页。

③ See Orna Rabinovich - Einya & Ethan Katsh, *Blockchain and The Inevitability of Disputes: The Role for Online Dispute Resolution*, 2019 J. Disp. Resol. 47.

④ [美]史蒂文·苏本、[美]玛格瑞特·伍:《美国民事诉讼的真谛:从历史、文化、实务的视角》,蔡彦敏、徐卉译,法律出版社2002年版,第227页。

⑤ 参见范愉:《非诉讼纠纷解决机制(ADR)与法治的可持续发展——纠纷解决与ADR研究的方法与理念》,载《法制现代化研究》2004年卷。

费者的最佳选择。①

2. 在线纠纷解决机制

在线纠纷解决机制（ODR），起初被当作替代性纠纷解决机制的分支，被称为在线替代性纠纷解决机制或电子替代性纠纷解决机制。后来，人们认识到在线纠纷解决机制不同于替代性纠纷解决机制。在线纠纷解决机制在当事人双方、中立第三方以外，引入了将技术作为“第四方”的概念。在它看来，“第四方”可以做到人类第三方无法做到的事情。例如，通过算法建议纠纷解决方案等。在线纠纷解决机制逐渐被视为一种独立的类型，②主要指法院外全部（或部分）利用互联网技术处理纠纷的一种救济方式，主要包括四种模式，即“辅助协商、自动协商、在线调解和在线仲裁”③。值得一提的是，随着在线纠纷解决机制的商业化，出现了很多专门提供在线纠纷解决服务的公司，例如最早使用不公开报价体系的 Cyber Settle（网络解决机制）和 Smart Settle（智能解决机制）公司。也正是这些公司，给在线纠纷解决机制带来了不断的变革和创新。

（1）不公开报价机制

不公开报价机制主要用来解决损害赔偿纠纷以及涉及“单一标的”的纠纷。一方当事人向不公开报价系统提交和解要约，系统软件评估该要约是否在软件或对方当事人设定的范围内。如果是，系统就取双方要约中间值以解决纠纷。如果不在特定范围内，系统在不披露信息的情况下，再次开启要约程序，直至双方的要约达到接近的范围，以便确定最终的报价。④

---

① 参见赵旭东：《纠纷解决机制及其“多元化”与“替代性”之辨析》，载《法学杂志》2009 年第 11 期。

② See Amy J. Schmitz & Colin Rule, *Online Dispute Resolution for Smart Contracts*, 2019 J. Disp. Resol. 103 (2019).

③ Maria Mercedes Albomoz & Nuria Gonazalez Martin, *Feasibility Analysis of Online Dispute Resolution in Developing Countries*, 44 U. Miami Inter - Am. L. Rev. 46 (2012).

④ See Ethan Katsh et al. , *E - Commerce, E - Disputes, and E - Disputes Resolution: In the Shadow of "eBay's Law"*, 15 Ohio St. J. on Disp. Resol. 708 - 12(2000).

(2)社区陪审团裁决

2008 年,eBay(易趣)公司推出社区陪审团试点,主要用于解决“因反馈内容引发的纠纷”。若卖方对买方反馈的负面评价有异议,可以向随机挑选的社区陪审团提交投诉。“这是历史上第一次将公众参与的众包方式用于解决争端”。① 该方案能够快速处理争议小、数量大且需要人为裁决的纠纷。②

(3)基于大数据的纠纷预防机制

大数据具有搜索和交叉比对各种类型数据的能力,可以根据不同设定条件分析不同人群产生争议的“主要因素”。③ 特别是,该机制可以将过去和现在发生的类似纠纷进行比对,提取诱发纠纷并具有共同性的主要因素。于是,共同性因素与类似纠纷便建立起了对应的联系。这样一来,当(尚未构成的)纠纷刚刚露出一点苗头时,数据就会立即识别,从而在用户意识到纠纷可能产生之前就开始防范。例如,在当事人潜在的恶意行为造成纠纷之前,大数据系统一旦检测到当事人注册可疑网站或软件、涉及可疑文章的地址时,就会立即识别并启动纠纷预防的设定流程。

二、区块链时代的互联网金融纠纷解决机制

(一)区块链技术在我国金融纠纷解决机制中的应用

1. 司法机关推出的区块链电子证据平台

在互联网审判环境下,为了解决电子证据取证难、存证难、认定难等问题,2019 年,由北京互联网法院牵头联合多家机构利用区块链技术建设了联

---

① [美]伊森·凯什、[以]奥娜·拉比诺维奇·艾尼:《数字正义——当纠纷解决遇见互联网科技》,赵蕾、赵精武、曹建峰译,法律出版社 2019 年版,第 104 页。

② See Colin Rule & Chittu Narjaran, *Leveraging the Wisdom of the Crowds: The eBay Community Court and the Future of Online Dispute Resolution*, AC Resol. Press, Winter 2010, p. 5.

③ 参见[美]伊森·凯什、[以]奥娜·拉比诺维奇·艾尼:《数字正义——当纠纷解决遇见互联网科技》,赵蕾、赵精武、曹建峰译,法律出版社 2019 年版,第 75 页。

盟链——天平链。[1] 初步形成了集数据生成、数据存证、数据采信等于一体的司法服务体系和电子证据平台。区块链电子存证平台的上线，有利于帮助互联网金融纠纷消费者克服电子证据应用的难关。

2. 仲裁和公证机关搭建的“仲裁链”和“公证云”

在仲裁领域，青岛市仲裁委率先尝试将区块链技术应用于仲裁工作。它们的电子证据平台，可用于“安全传输、存证电子证据，并自动取证示证，实现批量化、智能化仲裁案件”[2]。在公证领域，福建省公证机关积极参与“至信链”项目研究，[3]建成福建省的“公证云”，大幅提升了电子数据和电子公证书的便捷性。区块链仲裁和区块链公证的出现，意味着我国互联网金融的多元解纷机制正在全面步入区块链阶段。

3. 互联网法院的“司法链”

人民法院有关诉讼程序全流程上链的尝试也取得突破性进展。2019 年 10 月，杭州互联网法院开发的“区块链智能合约司法应用系统”正式上线。合同双方可以在该系统签约和履行。一旦发生违约行为，当事人可以通过“智能合约司法应用系统”提供的诉讼程序闭环体系，在链上完成立案、审判和执行。[4] 司法链的出现标志着互联网金融消费者维权的最后一道防线也开始了区块链技术的迭代。

（二）域外基于区块链的纠纷解决机制的最新成就

基于区块链的纠纷解决机制（也被称作“去中心化司法”）的产生源自加密数字货币和分布式金融的应用超出了前区块链时代所有救济手段的能力边界。[5] 区块链、智能合约技术不仅使基于区块链的纠纷解决机制能够从

---

① 参见佘贵清、孙伟：《基于互联网审判的区块链应用与实践》，载叶蓁蓁、罗华主编：《中国区块链应用发展研究报告（2019）》，社会科学文献出版社 2019 年版，第 218 页。

② 《聚焦|区块链技术已“植入”公证鉴定仲裁等领域！》，载澎湃新闻客户端 2019 年 11 月 18 日，https://m.thepaper.cn/baijiahao_4993401。

③ 参见大数据战略重点实验室：《块数据 3.0：秩序互联网与主权区块链》，中信出版社 2017 年版，第 146 页。

④ 参见杜前主编：《互联网司法实践与探索》，人民法院出版社 2021 年版，第 66 页。

⑤ 参见杨锦帆：《基于区块链的纠纷解决机制研究》，载《陕西师范大学学后（哲学社会科学版）》2021 年第 4 期。

容应对比特币、以太坊的各类纠纷，也赋予新型救济机制灵活、多样的形态。与在线纠纷解决机制类似，基于区块链的纠纷解决机制的多元形态也主要来自商业应用的成果。

1. 众包裁决与博弈裁决

在通过裁决的方式解决以太坊纠纷的多元机制中，众包裁决和博弈裁决是比较典型的两种形态。其实，eBay(易趣)公司和阿里巴巴的淘宝网都在使用众包裁决的形式。一些基于区块链的纠纷解决机制主要是把这种比较成熟的“民主投票”裁决形式应用到了以太坊上。①

博弈裁决是纠纷解决机制在区块链时代的一项创新。博弈裁决形式是将博弈论原理应用到了由多个裁决者进行投票裁决的场景中。多名裁决者针对以太坊上的纠纷进行匿名、独立的投票。博弈裁决的规则要求，投了多数票的裁决者将获得报酬，投了少数票的裁决者将扣除事先提交的保证金。多名裁决者在投票时均面临着囚徒困境，此时，最安全的投票策略就是选择纠纷的最优解。②

两种裁决方式并不相互抵触，可以混同使用。不过，二者的原理是泾渭分明的：民主裁决型借助的是以简单多数为原则的民主原则，博弈裁决型依据的是囚徒困境最优解的博弈论原理。多元的裁决形式使提供纠纷解决服务的公司可以根据加密交易纠纷的个案情况选择更为灵活、适宜的解决方案。

2. 智能合约与李嘉图合同

智能合约是由代码编写的计算机程序，在预先设定的条件得到满足时，程序将自动执行双方约定的结果。智能合约是以太坊区别于比特币的关键技术，其自动化功能被广泛应用于合同的履行，以及加密交易纠纷处理裁决的执行。

---

① See Sara Hourani, *Access to Justice and Blockchain – Based Arbitration*, 26 No. 2 Disp. Resol. Mag. 20(2020).

② See The Blockchain Dispute Resolution Layer. KLEROS, https://old.kleros.io/.

李嘉图合同（The Ricardian Contract），是一种综合运用法律合同、智能合约及仲裁协议的机制。李嘉图合同通过使用自然语言的法律合同将法律权力分别交由两个外部系统：其一，通过区块链上的智能合约来调整数字资产的交易和管理①；其二，针对双方可能出现的任何分歧建立仲裁协议。②

三、互联网金融纠纷解决机制的比较分析

（一）我国互联网金融纠纷的源头治理呈现出一体化的趋势

机构驱动和技术协同正在推动我国互联网金融纠纷源头治理的一体化。一方面，公立机构在积极推动互联网金融纠纷解决机制的技术创新。从互联网到区块链，我国互联网金融纠纷解决机制的发展始终得益于公立机构的推动。③ 从在线调解、在线仲裁和在线诉讼，到司法链、仲裁链、公证链和区块链司法存证，救济机制的每一项应用成果都与调解组织、仲裁机构和人民法院的技术创新密不可分。另一方面，区块链技术具有打破信息壁垒、实现协同合作的内在优势。④ 区块链不仅可以为互联网金融解纷机制的诉非对接提供技术支持，而且其技术协同的内生优势还将为互联网金融源头治理模式提供链接一体的法律基础设施。公立机构成为技术迭代的"引擎"，区块链内在的技术成为协同"基因"，二者给我国互联网金融纠纷源头治理的一体化带来了双重利好。

（二）互联网金融纠纷源头治理体系的完善需要释放商业机构的创造力

随着数字社会的到来，有限的公共服务资源与海量的数字交易纠纷之

---

① See Orna Rabinovich - Einya & Ethan Katsh, *Blockchain and The Inevitability of Disputes: The Role for Online Dispute Resolution*, 2019 J. Disp. Resol. 47.

② 参见杨锦帆：《基于区块链的纠纷解决机制研究》，载《陕西师范大学学报（哲学社会科学版）》2021 年第 4 期。

③ 参见鲁篱：《论金融司法与金融监管协同治理机制》，载《中国法学》2021 年第 2 期。

④ See William Magnuson, *Blockchain Democracy*, Cambridge University Press, 2020.

间的矛盾决定了在纠纷解决领域实行公私合作的必要性。一方面，互联网金融平台责任的缺失是造成源头治理难题的根源。互联网金融平台在投诉与和解环节并没有担负起作为纠纷处理“第一关”的责任，致使互联网金融消费者纠纷全部涌入公共服务的领域，成案率近100%。同时，由于纠纷解决机制的“漏斗”功能未能有效发挥，[①]造成人民法院的“诉讼爆炸”。以2017年北京市第三中级人民法院受理的网贷案件为例，判决结案的占比高达92.3%。[②] 大量的互联网金融纠纷属于小额、法律关系简单且争议不大的案件，原本可以在平台内得到及时的化解，[③]但是由于平台在救济渠道首要环节的“失职”，使捍卫公平正义的“最后防线”变成了“前线”和“唯一防线”。因此，如何在平台环节对互联网金融纠纷进行“首层过滤”，应成为源头治理机制研究的必答题。[④]

另一方面，商业机构的创造力将全面提升源头治理的质效。从域外的经验来看，企业的创造力能够给纠纷解决机制带来更多的可能性。[⑤] 如果说，在替代性纠纷解决机制阶段，主要是由企业直接“扮演”公共机构这一种形式的话，到了在线纠纷解决机制和区块链纠纷解决机制阶段，不仅纠纷解决机制的形式更多元、层次更丰富，而且通过与其他新兴技术的结合，纠纷解决机制还获得了前所未有的自动化、智能化和可预测性。适当借鉴域外经验的合理成分，激发商业机构的创造力，有利于形成平衡、完整、科学的“投诉+调解+裁决”一站式纠纷解决服务机制。

---

① 参见黄韬：《公共政策法院——中国金融法制变迁的司法维度》，法律出版社2013年版，第60页。

② 参见左卫民：《“诉讼爆炸”的中国应对：基于W区法院近三十年审判实践的实证分析》，载《中国法学》2018年第4期。

③ See Jamie Susskind, *Future Politics*, Oxford University Press, 2018.

④ See RikkaKoulu, *Blockchains and Online Dispute Resolution: Smart Contracts as an Alternative to Enforcement*, 13 SCRIPTed 40 (2016).

⑤ See Amy J. Schmitz & Colin Rule, *Online Dispute Resolution for Smart Contracts*, 2019 J. Disp. Resol. 103 (2019).

第三节　基于区块链的互联网金融纠纷源头治理模式

一、基于区块链的互联网金融纠纷源头治理模式的规范要求

《矛盾纠纷源头化解的实施意见》在贯彻落实《诉源治理意见》的基础上，将互联网金融作为重点领域，有针对性地对源头治理工作进行了细致的部署。《矛盾纠纷源头化解的实施意见》不仅对近年来人民法院参与诉源治理的实践进行了总结，也提出了更加精细化的有关互联网金融纠纷的源头治理方案。《矛盾纠纷源头化解的实施意见》第27条是基于区块链的互联网金融纠纷源头治理模式的规范依据，构成了搭建该模式区块链平台的主要内容和基本要求。

（一）源头治理的对象是“互联网金融平台”

2019年，中央政法工作会议提出了诉源治理的要求，坚持把非诉讼纠纷解决机制挺在前面，从源头上减少诉讼增量。2021年，中央全面深化改革委员会第十八次会议审议通过的《诉源治理意见》也强调要“推动更多法治力量向引导和疏导端用力，加强矛盾纠纷源头预防、前端化解、关口把控”。《矛盾纠纷源头化解的实施意见》贯彻落实《诉源治理意见》的要求，在互联网金融纠纷源头治理工作中，明确地把该领域的“源头”确定为“互联网金融平台”，①清晰地指明了“前端”、准确地把握住了“关口”。《矛盾纠纷源头化解的实施意见》从一般意义上的“诉源治理”到具体“源头”的确定，②使互联网纠纷源头治理工作的主体更加明确、责任更为清晰，接下来建立“纠纷解决机制”的工作便可以落实到确定的责任主体上。③

---

① 参见丁颖、李建蕾、冀燕娜：《在线解决争议：现状、挑战与未来》，武汉大学出版社2016年版，第39页。

② 参见陈光中等：《司法改革问题研究》，法律出版社2018年版，第311页。

③ 参见龙宗智：《司法建设论》，法律出版社2021年版，第227页。

（二）源头治理的目标是降低“成诉率”

随着司法效率的提升和当事人救济成本的降低，[①]大量的互联网金融纠纷涌入人民法院、挤占本已有限的审判资源。“诉源治理”的提出正是紧扣“诉讼爆炸”的问题症结。不过，“从源头上减少诉讼增量”的目标仍然比较抽象。《矛盾纠纷源头化解的实施意见》把降低“成诉率”作为诉源治理的目标意味着，互联网金融纠纷源头治理工作目标将是可量化、可衡量、可审计的，甚至是可以实时监督和评估的。

（三）源头治理的要求是“分层递进”

以往的文件对于参与诉源治理的多元解纷机制提出的要求是将纠纷逐层分解，分级、分步解决。[②]《矛盾纠纷源头化解的实施意见》的“分层递进”，不仅包含了诉源治理工作中的和解、协商、调解、仲裁应分层次、分步骤进行的内涵，而且强调从多元解纷机制到诉讼，应当是一种“递进”的流程和逻辑。《矛盾纠纷源头化解的实施意见》第27条规定应当“加快与互联网平台在线诉非对接，推进源头治理进平台、进网络”[③]。如果说，以往对于诉源治理的“分层次、分步骤”主要强调多元解纷机制之间的区分，那么第27条的规定则倾向于强调多元解纷机制之间应当“在线对接”。“分层递进”的要求至少涉及以下三个方面：

（1）在线对接强调“对接”应包括必要的基础设施。根据该意见第27条的规定，这里的在“线”不只是在互联网上，而且应当包含在区块链上。

（2）在线对接的内容既包括诉非对接，也包括多元解纷机制之间的对接。[④] 例如，当在线协商无法达成协议时，当事人可以通过区块链便捷地链接到在线调解或在线仲裁。

（3）在线对接意味着相关的法律规范应当支持各种解纷机制之间的对

---

① 参见陈瑞华：《程序正义理论》，中国法制出版社2010年版，第113页。

② 参见张春和、林北征：《司法区块链的网络诉源治理逻辑、困惑与进路》，载《中国应用法学》2019年第5期。

③ 黄韬：《中国法院受理金融争议案件的筛选机制评析》，载《法学家》2011年第1期。

④ 参见郑世保：《在线解决纠纷机制（ODR）研究》，法律出版社2012年版，第204－205页。

接。例如，现行《仲裁法》和《民事诉讼法》并未认可广州仲裁委制定的《中国广州仲裁委员会网络仲裁规则》，以至于相当数量的在线仲裁裁决得不到法院的认可和执行。[①] 那么为了落实《矛盾纠纷源头化解的实施意见》有关在线对接的要求，相关法律或司法解释应当及时解决阻碍多元解纷机制在线对接的制度或规范障碍。[②]

（四）源头治理的基础设施应包括区块链技术

以往有关诉源治理的文件，对于技术的规定通常比较抽象。《矛盾纠纷源头化解的实施意见》不仅在有关互联网金融纠纷源头治理工作的规定中明确提出了应用区块链技术的要求，而且把区块链技术提升到了“法律代码化”的全新高度。[③]《互联网法院审案规定》和《在线诉讼规则》都只是把区块链作为收集、固定证据的技术。而《矛盾纠纷源头化解的实施意见》则规定，运用区块链技术“将裁判规则、交易规范等嵌入互联网平台”。这是对区块链和智能合约技术能够实现法律规则代码化和自动化功能的确认和肯定。这一规定也将把我国的“区块链＋司法”模式提升到又一新的高度。

（五）源头治理应有利于人民法院的主动参与

以往的司法理论认为，“被动性、中立性、独立性”是司法的基本特点，判断权被当作审判权的主要特征，人民法院主要是通过行使审判权的方式来参与社会治理。[④] 不过，《矛盾纠纷源头化解的实施意见》第27条规定，人民法院可以“指导”互联网金融平台建立纠纷解决机制；运用区块链技术，在互联网金融平台实现“风险预警和自动提示，督促诚信履约”。这意味着，人民法院应当以主动的姿态，积极采用区块链、智能合约等技术，主导互联网金

---

① 参见[美]伊森·凯什、[以]奥娜·拉比诺维奇·艾尼：《数字正义——当纠纷解决遇见互联网科技》，赵蕾、赵精武、曹建峰译，法律出版社2019年版，第216页。

② 参见余涛：《互联网金融仲裁制度的逻辑及其完善》，载《安徽大学学报（哲学社会科学版）》2016年第2期。

③ 参见赵蕾、曹建峰：《从“代码即法律”到“法律即代码”——以区块链作为一种互联网监管技术为切入点》，载《科技与法律》2018年第5期。

④ 参见张春和、林北征：《司法区块链的网络诉源治理逻辑、困惑与进路》，载《中国应用法学》2019年第5期。

融纠纷的源头治理工作。

二、基于区块链的互联网金融纠纷源头治理模式的基本架构

(一)互联网金融纠纷源头治理的联盟链

1. 互联网金融纠纷源头治理联盟链的基本节点

互联网金融纠纷源头治理的联盟链应当由人民法院、互联网金融主管单位、调解机构、仲裁机构、公证、司法鉴定等部门组成权威节点。互联网金融纠纷源头治理的联盟链属于开放的许可链平台。后续还可以引入政府单位、其他互联网金融平台以及金融机构作为普通节点。在开放许可的联盟链平台上,由具有公信力的公共机构组成权威节点并负责记账,而且权威节点的数量可控,从而可以保障共识算法的运算速度。[①] 互联网金融平台以及普通企业作为接入节点无权参与记账,但是有权对记账的数据进行验证和监督,以保证许可链平台的安全可信。

2. 基于区块链的互联网金融纠纷解决体系

(1)第一层:互联网金融平台内部的区块链纠纷解决系统

互联网金融平台在开放许可的联盟链平台上建立接入节点,并根据《矛盾纠纷源头化解的实施意见》的要求建立纠纷解决区块链系统,为互联网金融消费者提供链上投诉、和解等服务。互联网金融消费者在互联网金融平台内部的交易数据,以及处理纠纷时产生的解纷数据都会被区块链平台自动记录并形成电子数据存证。[②] 由于互联网金融平台与多元纠纷处理机构都在同一区块链平台上,也都遵守相同的数据标准和规则。在互联网金融平台内部保存的电子数据信息和电子数据存证,在分层递进的区块链纠纷解决体系的任何一个纠纷解决环节,都可以作为电子证据并具有区块链存证的较高的证明力。

---

① 参见张春和、林北征:《司法区块链的网络诉源治理逻辑、困惑与进路》,载《中国应用法学》2019 年第 5 期。

② 参见郝琳娜:《诚信缺失,何以共享?——区块链赋能创新共享平台信用生态体系构建》,载《贵州社会科学》2021 年第 4 期。

(2)第二层:基于区块链的公证、调解和司法鉴定

开放许可的联盟链平台为公证、调解、司法鉴定等机构都建立了共识节点。当互联网金融消费者的纠纷无法在互联网金融平台内部的和解、协商机制中得到解决时,互联网金融消费者可以向链上纠纷解决体系第二层的多个机构,寻求公证、鉴定或调解服务。由于互联网金融平台与第二层的单位都是开放许可联盟链上的节点,当互联网金融消费者需要申请公证、鉴定或调解时,相关的数据信息可以根据公证、鉴定和调解机构的要求自动填写电子文书。互联网金融消费者只需补充之前未提供的信息即可。[①]

公证、鉴定和调解机构通过共识节点接收到互联网金融消费者的申请后,在链上提供相应的服务并制作电子文书。电子文书加上时间戳、密钥签名后,应具有同书面文书相同的法律效力(尚需相关法律的确认)。[②]

此外,互联网金融消费者还可以依据电子调解协议在链上直接申请人民法院进行司法确认。[③] 同在区块链纠纷解决体系内的人民法院,可以通过共识节点接收互联网金融消费者的电子调解协议,并在链上审查该协议。人民法院经审查后,认为电子调解协议的内容符合法律规定,加密措施符合标准的,可以在链上裁定调解协议有效,平台将自动生成电子确认书。当互联网金融消费者申请执行时,区块链纠纷解决体系也可以根据电子确认书自动生成执行立案文书,以便执行法官在链上履行执行程序。

(3)第三层:基于区块链的仲裁服务

当互联网金融消费者无法通过和解或调解达成协议时,可以依据事先约定的电子仲裁协议向链上的仲裁机构申请仲裁。[④] 电子仲裁协议符合在线仲裁规则的,仲裁机构可以在链上进行仲裁,并制作电子仲裁裁决。区块

---

① 参见黄韬:《公共政策法院——中国金融法制变迁的司法维度》,法律出版社 2013 年版,第 75 页。

② 参见朱嘉明:《未来决定现在:区块链 · 数字货币 · 数字经济》,山西人民出版社 2020 年版,第 302 页。

③ See Richard Susskind, *Online Court and The Future of Justice*, Oxford University Press, 2019.

④ 参见焦糖:《区块链智慧诉讼平台》,载《张江科技评论》2021 年第 4 期。

链纠纷解决体系内的电子仲裁裁决,应当与链下的仲裁裁决具有相同的法律效力。

(4)第四层:人民法院的司法链

人民法院是区块链平台上纠纷解决分层递进体系的最后一层。将各类纠纷解决方式集成在区块链平台上建立解纷体系的目的之一,在于更加高效地解决诉调对接的问题。例如,互联网金融消费者依据链上的电子公证书、电子调解协议或电子仲裁裁决申请人民法院确认或执行时,相关的电子材料和电子证据都可以在链上共享给人民法院。[①] 人民法院审核相关电子文件后,进行司法确认的,将自动生成电子法律文书草案,待法官修改审核通过后,形成正式的电子法律文书,从而使相关电子文书获得强制执行的效力。在互联网金融消费者申请强制执行时,区块链纠纷解决体系也可以支持自动完成执行立案,以及对一些数字资产进行自动执行。

(二)互联网金融平台内部的区块链纠纷解决机制

根据《矛盾纠纷源头化解的实施意见》的规定,人民法院应指导互联网金融平台建立有效的纠纷解决机制。互联网金融平台可以建立内部的纠纷解决区块链系统。[②] 该系统构成基于区块链纠纷解决体系的第一层,也是互联网金融纠纷“源头”治理的最主要内容。

1. 互联网金融业务数据存证

互联网平台内部的区块链纠纷解决系统,通过区块链、智能合约、分布式存储、非对称加密等方式可以帮助互联网金融消费者完成金融数据和交易记录的链上存证,以便相关电子证据的取证和验证。[③] 互联网金融消费者需要在互联网金融纠纷源头治理的区块链上申请公证、调解、仲裁等服务

---

① 参见张春和、林北征:《司法区块链的网络诉源治理逻辑、困惑与进路》,载《中国应用法学》2019 年第 5 期。

② 参见郝琳娜:《诚信缺失,何以共享?——区块链赋能创新共享平台信用生态体系构建》,载《贵州社会科学》2021 年第 4 期。

③ See Tonya M. Evans, *Role of International Rules in Blockchain - Based Cross - Border Commercial Didputes*, 65 Wayne L. Rev. 1(2019).

时，可以通过互联网金融平台在开放许可联盟链上的节点，[①]向相关机构的共识节点开放相关电子证据存证的查询和验证。

2. 互联网金融平台的投诉与和解机制

互联网金融消费者针对已出现的纠纷，可以通过互联网金融平台内部的区块链和解系统进行投诉。负责受理投诉的人员首先在链上解决消费者的投诉。经投诉程序无法处理该问题时，系统可以启动和解程序，为争议双方（或三方）建立链上和解的场景。

3. 金融监管部门投诉机制

当互联网金融平台未受理互联网金融消费者的投诉时，消费者可以向在联盟链上设有节点的金融监管部门投诉。金融监管部门接受投诉后，可以分情况处理：针对互联网金融平台涉嫌违规、违法操作的情况，监管部门应依职权进行处理。监管处理的过程将在区块链上全程留痕，相关信息也可供互联网金融消费者同步查询。针对互联网金融交易纠纷，监管部门可以通过区块链进行投诉转办，将相关争议交互联网金融平台处理。当然，投诉转办的信息也将在投诉方（互联网金融消费者）节点上同步更新。

4. 互联网金融平台内部的纠纷解决系统

鉴于互联网金融平台以往的纠纷解决结果不具有严格的法律效力，当事人无法据此申请人民法院进行确认或强制执行，因而平台内部的解纷方式并未引起金融消费者的重视，源头治理的效果也极为有限。为了从源头上减少“诉讼增量”，互联网金融平台可以充分发挥区块链纠纷解决体系的集成优势，综合运用区块链、大数据、智能合约等技术，开发平台内部的纠纷解决系统。[②] 一方面，让数据多流动、让群众少跑路；另一方面，通过自动化执行的方式，让尽可能多的纠纷在源头得以化解。

其一，互联网金融纠纷的自助处理系统。由于互联网金融平台的区块

---

① See James Metzger, *Can The Blockchain Decentralize Dispute Resolution*?, 26 No. 2 Disp. Resol. Mag. 15(2020).

② 参见焦糖：《区块链智慧诉讼平台》，载《张江科技评论》2021 年第 4 期。

链纠纷解决体系集成了调解、仲裁、司法鉴定、人民法院等多家机构，互联网金融平台可以借助上述部门的司法大数据，为互联网金融纠纷当事人提供类案检索服务。根据当事人描述的案情，系统将基于司法大数据为当事人检索类案，并提供以往类案处理结果的数据分析。当事人可以结合类案检索结果与司法大数据的分析结果，自行评估采用调解、仲裁或诉讼形式处理本案的救济成本和风险。凭借分析数据，相当一部分标的数额小、法律关系简单的案件当事人，很有可能会选择自行解决纠纷以节约救济成本，从而将切实降低互联网金融纠纷的“成诉率”。

其二，互联网金融纠纷的大众裁决系统。借鉴“大众陪审团”和“众包裁决”机制的建设经验，互联网金融平台可以开发由大众参与、大众裁决的基于区块链的纠纷解决系统。① 互联网金融纠纷的区块链裁决系统的优势在于，它采用了智能合约技术，经大众投票所产生的裁决结果将自动执行。易言之，只要互联网金融纠纷的当事人协商同意采用平台提供的大众裁决系统，双方争议的数字资产就将被纳入用于解决纠纷的智能合约。大众裁决者经投票确定的纠纷处理结果一经产生，用于执行裁决结果的智能合约就会被触发，随即将自动执行该裁决结果。对于互联网金融纠纷的当事人而言，虽然大众裁决的结果具有一定的不确定性，但是该系统不仅严格遵循程序正义的要求，而且解决纠纷的效率极高。互联网金融纠纷的大众裁决系统非常适于处理双方争议不大，并希望尽快获得处理结果的案件。高效率的大众裁决系统将有助于从源头上有效减少互联网金融纠纷的诉讼增量。

（三）互联网金融风险预警和自动提示机制

1. 基于司法大数据的金融风险预警机制

互联网金融平台可以借助人民法院的金融案件裁判文书，建立金融风险数据库。依托人民法院的司法大数据，金融风险数据可以对以往出现过

---

① 参见[美]伊森·凯什、[以]奥娜·拉比诺维奇·艾尼:《数字正义——当纠纷解决遇见互联网科技》，赵蕾、赵精武、曹建峰译，法律出版社 2019 年版，第 216 页。

金融风险的案件进行类别分析和交叉比对。[①] 在此基础上,数据库可以将金融案件的风险分为个案金融风险和系统性金融风险等类别,再将归类的数据进行共同性提出和标识,从而建立金融风险识别的基础样本。[②] 人民法院无须将所有数据库信息均提交上链,只需要将金融风险识别的基础样本和相关数据在脱敏处理后上传到互联网金融纠纷区块链的共识节点中。这样,互联网金融平台的用户也可以通过区块链的节点访问人民法院提供的金融风险识别系统,并进行相关信息的搜索和比对。[③] 一旦发现风险点,金融风险识别系统便可以立即向用户提示该案件可能存在的金融风险类别和金融风险发生的概率。

2. 基于信赖标识的金融风险识别机制

基于信赖标识的风险识别机制所依托的不是司法大数据,而是互联网金融平台上金融消费者们提供的信息。[④] 互联网金融平台内部的纠纷解决区块链系统可以开发基于信赖标识的评价系统。互联网金融平台将授予承诺参与在线纠纷解决程序、遵循诚实信用原则并披露信息的互联网金融平台、用户以"信赖标识"。于是,信息风险将具有可视化的功能。[⑤] 互联网金融平台的投资人可选择是否参与有信息风险标识的平台或项目。若互联网金融平台或用户不能自觉履行在线纠纷解决的结果,信赖标识将被收回。信赖标识系统通过当事人对于每一次承诺的履行情况来评判信用度。信赖标识和信用度评价系统将帮助互联网金融用户通过以往的信用数据来评估潜在交易方可能存在的金融风险。

---

① See Noah Webstera & Aaron Charfoos, *How the Distributed Public Ledger Affects Blockchain Litigation*, 37 No. 1 Banking & Fin. Services Pol' y Rep. 6(2018).

② 参见杨东:《区块链+监管=法链》,人民出版社2018年版,第251页。

③ See Ethan Katsh & Janet Rifkin, *Online Dispute Resolution*, *Resolving Conflicts in Cyberspace*, San Francisco, Jossey. Bass Inc., 2001.

④ See Wulf A. Kaal & Craig Calcaterra, *Crypto Transaction Dispute Resolution*, 73 Bus. Law. 109 (2017).

⑤ See Richard Susskind, *Online Court and The Future of Justice*, Oxford University Press, 2019.

3. 基于共享检索系统的金融风险预警机制

互联网金融平台可以建立基于共享检索系统的金融风险预警机制。互联网金融平台的用户，在通过区块链进行各种司法数据检索时，查询系统也可以对存在金融风险的案件进行标注，在满足预先设定的条件时，还将触发自动预警程序。

为了在互联网金融纠纷的源头减少诉讼增量、预警金融风险，人民法院可以就繁简分流的检索系统、虚假案件的检索系统、法律文书及类案检索系统建立脱敏处理后的公共查询端口，并设置在互联网金融平台的对应节点内。互联网金融消费者可以在申请公证、鉴定、调解服务之前，事先在人民法院提供的司法大数据公共查询端口检索相关的案件。①

经检索，如果系统提示，该案件具有复杂案件、新型案件或疑似虚假诉讼的特征，或者该案件可能存在较高的金融风险，那么检索系统将同时向链上的人民法院、金融监管单位、互联网金融平台等节点发布风险预警提示。②共享检索系统的金融风险预警提示能够帮助相关单位及时介入或提前防控存在金融风险的案件，从而避免互联网金融消费者的权益受到无可挽回的损失。③

4. 基于司法大数据的金融纠纷预防机制

互联网金融平台的区块链纠纷解决体系可以借助多元的司法数据，建立预防金融纠纷发生的警示机制。基于司法大数据的金融纠纷预防机制的建立，需要以两个密切相关的司法基础设施为前提——互联网金融纠纷数据库和互联网金融纠纷预测系统。其一，借助区块链，互联网金融平台的源头治理体系将形成分布式的互联网金融纠纷数据库。其二，依托这一多元

---

① 参见蒋惠岭：《司法改革的知与行》，法律出版社 2018 年版，第 249 页。

② See James Metzger, *Can The Blockchain Decentralize Dispute Resolution*?, 26 No. 2 Disp. Resol. Mag. 15(2020).

③ 参见［美］伊森·凯什、［以］奥娜·拉比诺维奇·艾尼：《数字正义——当纠纷解决遇见互联网科技》，赵蕾、赵精武、曹建峰译，法律出版社 2019 年版，第 59 页。

的司法大数据平台，人民法院可以建立互联网金融纠纷的预测系统。①

金融纠纷预防机制的内容包括事前预测与事中预警两个方面。一方面，在金融交易之前，当事人可以借助互联网金融纠纷预测系统进行风险评估，以规避金融纠纷。通过详尽的互联网金融纠纷数据，包括但不限于金融纠纷发生的时间、金额、网贷期限、交易频率、还款连续性等，金融纠纷的预测系统可以预测互联网金融交易发生预期违约、产出不良资产的时间，预估诱发系统性金融风险的概率。另一方面，在交易的过程中，互联网金融纠纷的预测系统可以主动对金融风险进行预警。互联网金融平台可以把区块链建成交易平台的基础设施。在当事人履行协议的过程中，双方的行为都将以数据的形式记录在区块链上。于是，内嵌于区块链的金融纠纷预测系统，可以自动分析当事人的行为数据。一旦行为数据的参数达到预设的风险标准，该预测系统的预警程序将被触发，随即将主动向互联网金融消费者进行风险提示。

金融纠纷预防机制的价值在于，它是人民法院司法职能创新的重要内容。从时间维度来看，金融纠纷的预防机制使人民法院的司法职能从矛盾纠纷的解决、矛盾纠纷的控制扩展到矛盾纠纷的预防。当前，互联网司法治理工作要求人民法院的司法职能应延伸至互联网金融纠纷产生的源头。借助区块链技术的赋能，人民法院还将进一步在纠纷产生以前为当事人提供预防金融纠纷、防范金融风险的服务。从司法属性来看，金融纠纷的预防机制使人民法院的司法职能从严格意义上的被动性转向一定程度的主动性。②一般的司法理论通常将被动性、独立性、中立性界定为司法区别于行政的基本特征。在司法基础设施迭代更新的背景下，人民法院通过主动警示的方式指导消费者避免金融纠纷、协助监管单位防范金融风险，不仅在技术上是可行的，而且符合司法为民的目标。人民司法的重要目标是“让人民群众在

① 参见［英］理查德·萨斯坎德：《线上法院与未来司法》，何广越译，北京大学出版社2021年版，第196页。

② 参见［英］理查德·萨斯坎德：《线上法院与未来司法》，何广越译，北京大学出版社2021年版，第196页。

每一个司法案件中感受到公平正义”。可是,在数字技术迅猛发展的当代,一些纠纷或风险一旦发生,给当事人造成的损失可能是任何司法救济都无法挽回的。因此,为了适应数字技术的发展,以人民为中心的司法工作有必要将人民法院的司法职能,从严格意义上的被动性转向一定程度的主动性。金融纠纷的预防机制正是人民法院的司法职能化被动为主动的一项创新实践。

第六章　基于“区块链+司法”模式的司法数据安全的综合治理

鉴于在区块链应用中产生的新型纠纷对传统救济途径提出的严峻挑战，国际上出现了将区块链技术和智能合约技术应用于纠纷解决的商业化救济措施，从而形成了两种商业化的纠纷解决模式。[①] 理论界习惯上将前者称为“基于区块链的纠纷解决机制”，将后者称为“基于智能合约的纠纷解决机制”。费德里科·阿斯特在这些新型机制的基础上提出了“去中心化司法”的概念，形象地表达了这些机制的基本立场。在新型机制给当事人带来解纷便利的同时，可能会因技术领先和市场先占而形成对于“纠纷解决市场”的全球垄断，进而构成商业化的“长臂管辖”。由于“商业化长臂管辖”相较于当前超级大国的“司法长臂管辖”可以对技术落后的发展中国家构成更为深入的干涉和影响，因此本书将其称为“超长臂管辖”。“超长臂管辖”的形成会给发展中国家的司法主权带来冲击，这是一种现行国家安全理论尚未关注到的“司法安全”隐患。我国的“区块链+司法”不仅应当在国内法治领域推动“中国特色、世界领先”的智慧司法，也应当在国际法治领域有所担当，帮助广大发展中国家共同捍卫各自的司法安全和国家主权。

① 参见邓建鹏、孙朋磊：《区块链国际监督与合规应对》，机械工业出版社2019年版，第212页。

第一节 区块链时代两种新型的商业化纠纷解决机制

一、致力于处理区块链纠纷的新型纠纷解决机制

（一）新型区块链纠纷的产生

1. 新型区块链纠纷产生的背景

区块链的应用实践表明，技术本身并不足以避免链上纠纷的产生。[①] 区块链被界定为一种基于数学共识的分布式账本技术，理论上其具有交易的加密化、执行的自动化、难以篡改和高度安全等优势。[②] 不过，美国国家技术与争议解决中心主任伊森·凯什与以色列海法大学的奥娜·拉比诺维奇·艾尼指出，随着概念中的区块链在更多的场景中应用落地，“与人类在快速发展的复杂环境中参与的任何其他领域一样，区块链必然会产生误解、冲突和不可预见的情况”[③]。2016年“the DAO”事件，不仅给项目投资人造成数千万美元的损失，而且导致该加密货币交易平台的倒闭，甚至“以太坊”都不得不通过“硬分叉”的方式来平息该起纠纷。这一标志性事件的发生不仅打破了区块链“不可篡改”“绝对安全”等技术神话，区块链上的新型纠纷也由此引发了广泛关注。[④]

2. 纠纷产生的必然性

实际上，代码、合同和人等多种因素都可以引发区块链上的争端与分歧，链上纠纷的产生根本无从避免。

---

① 参见胡凌：《探寻网络法的政治经济起源》，上海财经大学出版社2016年版，第169页。

② 参见叶蓁蓁、罗华主编：《中国区块链应用发展研究报告（2019）》，社会科学文献出版社2019年版，第3页。

③ Orna Rabinovich－Einya & Ethan Katsh, *Blockchain and the Inevitability of Disputes: The Role For Online Dispute Resolution*, 2019 J. Disp. Resol. 47.

④ 参见连玉明主编：《主权区块链1.0：秩序互联网与人类命运共同体》，浙江大学出版社2020年版，第93页。

（1）代码、漏洞产生的必然性

无论区块链属于何种类型，智能合约怎样设计，它们都是由代码编写而成的。而人类软件开发的历史也一再证明，不管程序员是“新兵”还是“老将”，编程中的漏洞都将普遍存在。随着区块链被广泛地使用、智能合约的复杂性不断升级，软件和代码漏洞的发生率也必然会增加。

（2）不可避免的不完备合同

在合同签订时，“没有任何当事人能够预见到在合同执行完毕前将可能出现的所有情况”①。由于智能合约只是验证和执行合同的计算机协议。因而，在合同存在不完备的情况下，智能合约原本自动执行的技术优势很有可能会造成实质上的不公平。

（3）人类无法规避的误解与纷争

人类上千年的法律实践已经表明，不管是利益驱动还是无意识的曲解，人们之间的争端可能将永远存在，无论是在区块链上还是在云端。经过上千年的经验积累，人类设计出了“事前的合同机制”与“事后的纠纷解决”相结合的方式以管控分歧和处理争议。② 同理，区块链上风险的化解以及争端的消除也依然需要建立可行的救济机制。

（二）新型区块链纠纷要求新型纠纷解决机制产生

1. 新型区块链纠纷对传统救济途径提出的严峻挑战

从上述链上争议的类型化，以及区块链与互联网的比较分析中不难看出，解决新型区块链纠纷（链上纠纷，包括但不限于数字货币与加密资产的争议、去中心化组织的共识分歧和智能合约纠纷等）的痛点在于，现有的纠纷解决方式，不管是面对面的诉讼、仲裁和调解，还是电子商务平台主导的在线纠纷解决机制，抑或是互联网法院，无论在原理上还是在实践中，均无

① Usha R. Rodrigues, *Law and The Blockchain*, 104 Iowa L. Rev. 679.

② 参见赵刚、张健：《数字化信任：区块链的本质与应用》，电子工业出版社 2020 年版，第 207 页。

法全面涵盖区块链上所不断涌现的新型纠纷。[①] 对于以跨境、跨域为常态的链上纠纷而言，诉讼、仲裁、调解等救济途径不仅速度太慢而且成本过高；“中心化”的网络平台提供的解纷模式，既无法适应区块链对于代码开源的技术要求，也无法在P2P环境下适用；区块链上的非对称加密（匿名）交易的形式也成为互联网法院解决链上争议的一项技术障碍。此外，法院要将基于自然语言的法律规则适用于基于代码语言的智能合约，也不得不经历“法律的代码化”与“代码的法律化”的漫长过程。[②]

2. 新型区块链纠纷要求纠纷解决机制的技术升级

链上纠纷鲜明的技术特征意味着有效的纠纷解决机制离不开区块链技术的支持。系统化的区块链争议解决机制不仅应当有助于化解特定的链上争端，避免区块链用户的权益处于不确定的状态之中，而且争议的解决还应快速、高效、低成本，既能够介入智能合约的应用和执行，也可以适应P2P和“去中心化”的交易环境。

（三）基于新技术的新型纠纷解决机制

1. 基于区块链和智能合约技术的新型纠纷解决机制

2016年“the DAO”事件发生后，被迫将以太坊进行硬分叉的维塔利克·布特林（以太坊的创始人）提出了“分布式法庭”（Decentralized Court）的设想。[③] 2017年，一批由欧美的科技企业基于区块链技术开发的商业性、分布式纠纷解决机制相继出现在公有链上，如克列罗斯、阿拉贡（Aragon）、赛智沃斯（Sagewise）等。

2019年10月15日，信任证明（The Proof of Trust）公司宣布，它已选择IBM（International Business Machines Corporation，国际商业机器公司或万国

---

① 参见［英］凯伦·杨、［英］马丁·洛奇编：《驯服算法：数字歧视与算法规制》，林少伟、唐林垚译，上海人民出版社2020年版，第76页。

② 参见［美］劳伦斯·莱斯格：《代码2.0：网络空间中的法律》，李旭、沈伟伟译，清华大学出版社2009年版，第68页。

③ 参见［美］凯文·沃巴赫：《链之以法：区块链值得信任吗?》，林少伟译，上海人民出版社2019年版，第100页。

商业机器公司）作为其服务、专业知识提供商，并采用IBM的区块链平台奠定了该技术的基础，得以构建其新的多平台区块链应用程序，用于智能合约的验证与争议的解决。信任证明是一家爱尔兰的智能合约提供商，该公司拥有全球唯一的专利协议，专门为区块链设计了一个保护层，用于验证数据并防止无效或不安全的智能合约的执行。[①]信任证明公司还提供了一种超越司法和超越（司法）管辖权的纠纷解决制度，旨在重塑传统的法律、商业和政府流程。

克列罗斯的开发者较早地在其白皮书和网站中使用“Blockchain-based Dispute Resolution”[②]（BDR）的概念来定位他们开发的新型解纷机制。按照替代性纠纷解决机制、在线纠纷解决机制的翻译方式，我们可以将BDR翻译为“基于区块链的纠纷解决机制”。克列罗斯在以太坊上出现之后，十多家企业也相继发布了同样基于区块链技术但形态各异的解纷方案，并逐渐引起欧美学界的广泛关注。[③] 学者们开始用“基于区块链的纠纷解决系统”，或者“基于区块链的纠纷解决机制”来统称这些新型的解纷方案。同理，信任证明公司虽然也是在区块链上建立并致力于解决链上纠纷，但它的核心技术是其拥有独家专利的智能合约技术。因此，借用前述命名方式，本书将其称为“基于智能合约的纠纷解决机制”。

2. 为两种新型纠纷解决机制正名

最初的“基于区块链的纠纷解决机制”是欧美的科技公司针对公有链上的新型纠纷，采用区块链组合技术开发的具有商业性质的纠纷解决机制。不过，在其诞生后不久，又出现了“基于智能合约的纠纷解决机制”。而且，这两类新型机制也都在迅速进化，将它们的调整范围又有了重大扩展——从区块链上的新型争议和“智能合约”纠纷扩展至“传统的法律合同”纠纷。

---

① See The Proof of Trust, https://theproofoftrust.com/.

② Federico Ast & Kleros, *A Protocol for a Decentralized Justice System*, Medium (Sept. 11, 2017), https://medium.com/kleros/kleros-a-decentralized-justice-protocol-for-the-internet-38d596a6300d.

③ See Gillian K. Hadfield, *Rules For A Flat World*, Oxford University Press, 2017.

因此,迅速迭代更新的"基于区块链的纠纷解决机制"凭借其技术优势对审判、仲裁和调解等传统的纠纷解决机制可能产生的冲击也引发了学界的讨论。① 尽管,一些国际在线纠纷解决机制领域的专家(如伊森·凯什等)倾向于将采用区块链技术的纠纷解决方案归纳为在线纠纷解决机制的范畴。② 不过,从前文有关区块链与互联网的比较中不难看出,区块链是不同于互联网的新的信息基础设施。在这个独立于互联网的新型平台上,人类将建立起"去中心化"的大规模协作场景。③ 应当说,基于区块链技术的解纷机制无论在基础技术、应用平台还是运行逻辑等方面均不同于在线纠纷解决机制。而且,基于区块链的纠纷解决机制也正是为克服司法体系与现有的解纷机制(包括在线纠纷解决机制在内)存在的"昂贵、缓慢、复杂、难以接近和负担过重等缺点"而诞生的。④ 将其纳入现有解纷机制的归类方式,既不符合开发者们的设计初衷,在技术原理上也很难自圆其说。因此,有理由认为,"基于区块链的纠纷解决机制"和"基于智能合约的纠纷解决机制"应当可以被认为是独立的新型纠纷解决机制。

(四)两种新型纠纷解决机制的技术优势

随着越来越多的线下行为转移到线上,以及线下纠纷与线上纠纷之间界限日趋模糊,相较于传统面对面的诉讼、仲裁以及替代性纠纷解决机制模式,基于区块链的纠纷解决机制所具有的跨地域、低成本、即时高效等优势将越加凸显。不过,这些是与 ODR 共有的特征。为了进一步阐明基于区块链的纠纷解决机制的研究价值,本书将主要从它与 ODR 的比较中阐明前者

---

① See Pablo Cortes & RafalManko, *Developments in European Civil Procedures*, Oxford University Press, 2016.

② See OrnaRabinovich – Einya & Ethan Katsh, *Blockchain and the Inevitability of Disputes: the Role For Online Dispute Resolution*, 2019 J. Disp. Resol. 47. Also see RiikkaKoulu, *Blockchains and Online Dispute Resolution: Smart Contracts as an Alternative to Enforcement*, Journal of Law, Technology and Society 13, No. 1 (May 2016): 40 – 69.

③ See Jonny Stryder, *Blockchain Faith*, Eggseed Press, 2018.

④ See Michal Alberstein, *Jurisprudence of Mdeication*, Jerusalem The Hebrew University Magnes Press, 2007; Carrie Menkel – Meadow, *Pursuing Settlement in an Adversary Culture: A Tale of Innovation Co – Opted of "The Law of ADR"*, Fla. St. U. L. Press 19, 1991, p. 1.

所具有的技术特点和机制优势。

1. 纠纷解决系统的"去中心化"

区块链的匿名化、去中心化和软件开源化等技术特点和设计优势有利于打破 ODR 的垄断性。首先，在互联网的运行环境中，中心化电子商务企业的 ODR 机制存在封闭性。例如 eBay（易趣）、Airbnb（爱彼迎）和阿里巴巴都分别开发了平台专属的 ODR 机制，[①]但 eBay 的用户是不可能采用阿里巴巴的争端解决系统的，而在区块链的运行环境中，用户可以自由地选择纠纷解决机制。从基于区块链的纠纷解决机制的实例来看，既存在专门为链上 EOS（Enterprise Operation System，商用分布式区块链操作系统）论坛开发的专属纠纷解决机制 ECAF（The EOS Core Arbitration Forum，EOS 核心仲裁组织），也存在为以太坊用户提供的链上节点均可采用的纠纷解决机制，如克列罗斯、朱瑞斯等。在区块链上，纠纷解决正在成为一项独立的服务，而不必作为平台主营业务的附属部分；专门提供纠纷解决服务的企业也正在争取独立的发展空间。其次，在互联网的运行环境中，中心化电子商务企业的 ODR 存在垄断性。网络平台提供商基于它们开发的 ODR 协议，要求用户在相互协商未果的情况下只能接受该网络平台的人工客服所提出的争议处理方案，通常用户不可以再诉诸仲裁或诉讼。在区块链的运行环境中，产生争端的用户与提供基于区块链的纠纷解决服务的运营商是自由选择的关系，不存在后者通过事先的 ODR 协议对用户的解纷选择行为进行限制的可能性。[②] 最后，在互联网的运行环境中，用户与电子商务平台之间的解纷过程存在显著的不平等性。当用户与 eBay、Airbnb 或阿里巴巴的平台发生争议时，在平台设计的 ODR 协议中，用户与平台的权利义务设置通常是不平等和不对等的，而且用户也不可以诉诸第三方来解决他们与平台之间的

---

① 参见［美］伊森·凯什、［以］奥娜·拉比诺维奇·艾尼：《数字正义——当纠纷解决遇见互联网科技》，赵蕾、赵精武、曹建峰译，法律出版社 2019 年版，第 98 页。

② 参见［美］艾米·施密茨、［美］科林·鲁尔：《与未来握手：在线纠纷解决机制与互联网消费者权益保护》，胡晓霞译，北京大学出版社 2020 年版，第 79 页。

纠纷。[①] 在区块链的运行环境中,链上用户与链上平台之间的纠纷完全可以采用该平台之外的第三方提供的救济机制来进行处理,有利于克服因双方实力的差异对解纷过程公正性的影响。

2. 纠纷解决依据的“代码化”

解决纠纷的法律依据不健全、不明确的情况,对于 ODR 和基于区块链的纠纷解决机制的影响效果是迥异的。ODR 建立在对主体信任的基础上,离不开完整的法律规范。例如,在实践中,因目前还没有全球性的规则来规范跨境 ODR 的法律问题,往往导致跨境纠纷的解决异常复杂而且效果不佳。[②] 然而,基于区块链的纠纷解决机制的情况则不同。虽然区块链上的新型纠纷对于各国的法律体制都不啻为一项挑战,相关立法的滞后也在所难免,[③]但是区块链的共识机制以及建立在此基础上的智能合约为解决“适用规范”和“执行依据”的问题提供了有效的方案。区块链技术运用一套基于数学共识的算法,形成了基于算法信任的共识机制,从而改变了以主体为核心的信任建立方式。通过区块链的共识机制,尼克·萨博教授提出的智能合约概念便成为现实。[④] 智能合约在本质上是“在个人、机构和财产之间形成关系和达成共识的协议”[⑤]。基于共识机制和算法信任的智能合约改变了人类对基于主体信任的法律制度的依赖,甚至在没有明确法律规定的情况下,它也可以作为解决纠纷的依据或准则。通过一则虚拟案例,将有助于人们理解智能合约在纠纷解决中的“规范”作用。

假设甲国的 A 在区块链上与乙国的 B 就一款软件的开发达成协议。

---

① 参见[美]凯文·沃巴赫:《链之以法:区块链值得信任吗?》,林少伟译,上海人民出版社 2019 年版,第 103 页。

② 参见[美]戴维·温伯格:《万物皆无序:新数字秩序的革命》,李燕鸣译,山西人民出版社 2017 年版,第 211 页。

③ 参见唐文剑、吕雯等编著:《区块链将如何重新定义世界》,机械工业出版社 2016 年版,第 121 页。

④ See Nick Szabo, *Smart Contract: Building Blocks for Digital Markets*, University of Amsterdam, https://www. fon. hum. uva. nl/rob/Courses/InformationInSpeech/CDROM/Literature/LOTwinterschool2006/Szabo. best. vwh. net/smart_contracts_2. html.

⑤ 长铗、韩锋等:《区块链:从数字货币到信用社会》,中信出版社 2016 年版,第 116 页。

当B交付的软件不符合A的要求时,A通常不可能为了价值几千元的标的的纠纷进行一场跨国诉讼或国际仲裁;在采用P2P交易的情况下,也不存在类似阿里巴巴或eBay那样的平台,双方可以借助ODR来解决纠纷。[①] 但是A如果借助类似克列罗斯提供的基于区块链的纠纷解决机制,只需支付有限的费用便可以在区块链上筛选出来自丙国的C、丁国的D和戊国的E3名陪审员。即便在没有相应的跨境法律规则且各国的国内法也不宜适用的情况下,通过克列罗斯的智能合约,这些陪审员也可以基于博弈论的原理对以下三个选项进行投票:选项一,A支付费用给B;选项二,B重新开发该软件;选项三,A不必支付费用给B。由于陪审员都以匿名的方式参与,因而排除了相互串通的可能。系统会给陪审员设置一段投票的时间,并在所有投票都完成后再同时公布投票结果。最终的结果采用少数服从多数的原则,而投了少数票的陪审员先前支付的通证将被扣掉,然后平均分配给投多数票的陪审员。于是,每个陪审员都在“囚徒困境”中完成投票。按照博弈论原理,每位陪审员都会倾向于按照公正的原则进行投票。否则,自己将最有可能成为投少数票的“输家”。投票结果一旦生成,就将触发电子钱包中当事人A事先放置的价款并自动执行该投票结果。也就是说,基于区块链的纠纷解决机制借助一般性的常识和基本的合同法原理,在缺乏明确法律规则的情况下依然可以高效率且低成本地解决大量、高频、数额低和法律关系不复杂的链上争议。

3. 解纷方案执行的“自动化”

当前,ODR在实践中始终面临着执行难的问题。一方面,如果解决纠纷的方案没有强制执行的方法,那么这个方案很可能归于无效。所以,ODR“需要一个有效的执行机制,以便在ODR达成的最后决定没有得到自愿履

---

① 参见李志杰、郭杰群、王阳雯:《区块链+:重构与赋能》,格致出版社、上海人民出版社2021年版,第214页。

行的情况下得以强制执行”[①]。另一方面,如果 ODR 包括强制执行,那便有可能出现对“私人执法”正当性的质疑。尽管在技术上,ODR 可以将平台与电子支付手段结合起来,强制当事人遵守 ODR 的决定,而不必依赖法院寻求强制执行。但是,一旦 ODR 可以绕过国家来控制强制执行机制,那么程序的正当性和决策的公平性将如何保障?[②]

借助智能合约及其自动执行的技术优势,基于区块链的纠纷解决机制将有效克服 ODR 的内在缺陷。1994 年,智能合约概念首先由尼克·萨博教授提出:“智能合约是一套用数码形式明确表达的承诺,其中包含当事人根据这些承诺作出履行的约定。”[③]确切地说智能合约是用计算机代码而不是法律语言表述条款并自动执行的承诺。智能合约的运行原理类似于计算机程序中的“if – then”语句。萨博指出智能合约经典的例子就是自动售货机。当某一条款预先设定的条件被触发时,智能合约便自动执行该合同条款。它不仅降低了合同签约、履行与合规的成本,使违约更加昂贵,也将使纠纷解决的程序更加便捷。[④] 在基于区块链的纠纷解决机制的系统中,其底层的区块链技术使用共识机制建立起一种无须信任关系的信任,或者称为“自信任”系统。并且,在处理纠纷的裁决作出后,基于区块链的纠纷解决机制将触发智能合约的执行条款从而自动执行该裁决。由于该机制无须依赖任何第三方实施强制执行,从而排除了因第三方的性质影响裁决公信力和执行正当性的“隐患”。[⑤] 于是,这种自带信任的“自动执行”机制不仅解决了基

---

① 执行被认为是获得有效司法救济的必要条件。欧洲人权法院(ECtHR)的判例法强调了《欧洲人权公约》第 6 条规定的作为公平审判组成部分的执行的重要性。See ECtHR,“Guide on Article 6: Right to Fair Trial (civil limb)”(2013) at 23 – 24 available at http://www.echr.coe.int/Documents/Guide Art 6 ENG.pdf (accessed 13 Oct 2015).

② 参见[美]劳伦斯·莱斯格:《代码 2.0:网络空间中的法律》,李旭、沈伟伟译,清华大学出版社 2009 年版,第 302 页。

③ Nick Szabo, *Smart Contract: Building Blocks for Digital Markets*, 1996, http://www.fon.hum.uva.nl/rob/Courses/InformationInSpeech/CDROM/Literature/LOTwinterschool2006/szabo.best.vwh.net/smart_contracts_2.html.

④ See Roger Wattenhofer, *The Science of Blockchain*, Inverted Forest Publishing, 2016.

⑤ 参见[美]凯文·沃巴赫:《链之以法:区块链值得信任吗?》,林少伟译,上海人民出版社 2019 年版,第 103 页。

于区块链的纠纷解决机制的执行难问题，同时也避免了私人治理领域强制执行存在的正当性争议。

二、基于区块链的纠纷解决机制的主要类型

（一）为解决纠纷提供法律基础设施的模式——以麦太坊（Mattereum）为例

麦太坊是一家智能合约企业，它的宗旨在于通过区块链实现对各种实体财产和权利的有效管理。由于智能合约的形式主要为代码系统，现实世界的大多数交易的复杂性超出了代码的实际表达能力。[①] 于是，麦太坊创造性地将法律、技术和社会规范以某种复杂的方式组合起来，建立了李嘉图（The Ricardian Contract）合同，一种综合运用法律合同、智能合约及仲裁协议的机制。

李嘉图合同采用了法律模板、智能合约代码和特定交易参数三元组合的方式，以沟通法律与技术、连接链上和链下。李嘉图合同通过使用自然语言的法律合同将法律权力分别交由两个外部系统：其一是通过区块链上的智能合约来调整数字资产的交易和管理；[②]其二是针对双方可能出现的任何分歧建立仲裁协议。

麦太坊在智能合约订立之前，通过法律合同为智能合约与仲裁协议赋权；法律合同达成后，在交易过程中买卖双方都在区块链上保留完整的记录，一旦发生纠纷就可以依据前面法律合同约定的仲裁协议，将区块链上的记录作为证据交给仲裁员来裁决。[③] 由于麦太坊是专门提供智能合约服务的企业，它不仅能够提供李嘉图合同模板，也可以根据当事人的需求在法律合同中拟定符合仲裁规则的仲裁条款。李嘉图合同的运用不但实现了现实

---

① See Amy J. Schmitz & Colin Rule, *Online Dispute Resolution for Smart Contracts*, 2019 J. Disp. Resol. 103 (2019).

② 参见［美］凯文·沃巴赫：《链之以法：区块链值得信任吗？》，林少伟译，上海人民出版社2019年版，第115页。

③ See William Magnuson, *Blockchain Democracy*, Cambridge University Press, 2020.

资产的链上管理,使区块链公开、透明的优势得以充分发挥,[①]而且即便当事人发生争议,也可以根据仲裁条款就链上纠纷提起仲裁。区块链易于溯源和难以篡改的存证功能也将有利于仲裁机构作出公正的裁决。

麦太坊基于区块链的纠纷解决机制与 ODR 最大的区别在于,李嘉图合同的基础是一份严格的法律合同。根据《承认和执行外国仲裁裁决公约》(《纽约公约》),依据合法的仲裁条款,由约定的仲裁机构作出的裁决,将获得 172 个公约签署国的承认。这意味着,当事人采用麦太坊机制所获得的仲裁裁决,可以得到上述国家法院的承认和执行。而 ODR 至今仍未获得等同于仲裁的法律地位,因此,采用 ODR 作出的纠纷处理决定,尤其是涉及跨境纠纷的决定,是无法为各国的法院所承认并执行的。

(二)利用民主投票来解决纠纷的模式——以克列罗斯为例

克列罗斯是一种依据谢林点(Schelling Point)博弈论概念,采用区块链和众包(crowdsource)技术来裁决链上纠纷的系统协议。[②] 克列罗斯不仅是“基于区块链的纠纷解决机制”概念的首创者,也是将“去中心化”和“去法律化”原则贯彻得最为彻底的解纷模式。[③] 本书将从克列罗斯机制的基本原理和运行方式两个方面进行介绍。

1. 基本原理:雅典的民众司法、众包的裁决方式与谢林的博弈理论

原理一:克列罗斯机制来源于古代雅典城邦的民众司法模式。克列罗斯机制的创始人认为,区块链营造的新的经济生态,需要的是快速、廉价、透明和去中心化的司法技术。可是,17 世纪以来由专职法官和律师组成的专业司法无法满足对于去中心化的法院系统的需求。相反,古代雅典由普通公民随机组成陪审团的民众司法却有可能在点对点的环境中运行。[④] 因为,

---

① 参见[美]戴维·温伯格:《万物皆无序:新数字秩序的革命》,李燕鸣译,山西人民出版社 2017 年版,第 235 页。

② See *The Blockchain Dispute Resolution Layer*, Kleros, https://kleros.io/.

③ 参见[美]丹·希勒:《数字资本主义》,杨立平译,江西人民出版社 2001 年版,第 224 页。

④ See Federico Ast & Kleros, *A Protocol for a Decentralized Justice System*, Medium (Sept. 11, 2017), https://medium.com/kleros/kleros-a-decentralized-justice-protocol-for-the-internet-38d596a6300d.

雅典法庭分散的司法组织形态正好适合于区块链上对于去中心化司法系统的要求。

原理二:雅典城邦的民众司法实践在点对点环境中的实现方式——众包的裁决方式。众包,是指利用互联网将工作分配给不特定人群的工作方式。由于裁决这项工作被视为一项分析资料并发现真相的任务,于是便出现了采用“众包”形式裁决解决纠纷的方式。具有透明性和去中心化的区块链技术,保证了克列罗斯可以成为一个公正、廉洁、高效且低成本的第三方裁决机制。

原理三:让随机产生的陪审员都能够进行公正的裁决——如何避免暴民司法。克列罗斯机制采用了诺贝尔经济学奖得主托马斯·谢林(Thomas Schelling)的谢林点博弈论概念,以及以太坊的创始人维塔利克·布特林提出的创造谢林币(Schelling Coin)的想法,即一种将鼓励诚实的通证(或代币)机制。[①] 克列罗斯机制取法谢林币机制,并为了对应隐私保护和可扩展性的要求,[②]设计出激励陪审员参与最优行为的系统通证皮纳卡恩(PNK)。

2. 克列罗斯机制的运行方式

第一步,签订裁决协议条款(The Contract)。双方当事人需要在合同中订立一个条款:如果发生争议,双方自愿在克列罗斯系统中进行裁决,并且双方都同意为该裁决支付费用。

第二步,获取证据(Securing Evidence)。当一方(或者双方)当事人认为存在违约时即可启动裁决程序,并使用公钥加密技术进行证据保护。

第三步,选择陪审团(Jury Selection)。陪审团组成人员的选择取决于两个要素:候选人的自我选择和抽签。克列罗斯机制为此设计出的系统通证PNK以及随机筛选陪审员的选择机制。

第四步,分析案情(Analysis)。被选为陪审员的用户将有机会获得证据

---

① See Jean Bacon & Johan David Michels et al. ,*Blockchain Demystified:A Technical and Legal Introduction to Distributed and Centralized Legders*,25 Rich. J. L. & Tech. 2.

② See Alan Kazdin, *The Token Economy: A Review and Evaluation*,Plenum Press,1977.

进行分析并投票裁决。

第五步,投票(Voting)。在陪审员对证据进行分析以后,对其中一个选项进行投票并需要说明理由。

第六步,通证再分配(Token Redistribution)。在随机产生的陪审员作出裁决后,被冻结的PNK通证将被解冻,并根据谢林点的原理重新分配。谢林点的激励机制是,那些作出错误或不一致裁决的陪审员将损失他们存入的PNK通证作为惩罚。进而,作出错误裁决的陪审员的PNK通证将按照比例重新分配给作出一致裁决的陪审员。

第七步,上诉(Appeals)。为了保障当事人基本的上诉权利,克列罗斯也设计了上诉机制。不过,为了限制上诉的次数,克列罗斯机制规定,在每一轮上诉程序中,新陪审团的人数将是前一轮人数的两倍再加一。上诉费用的倍增将意味着裁决成本的提升,①从而得以避免当事人缠诉或滥用司法资源的行为。

(三)借助专家裁决来解决纠纷的模式——以朱瑞斯(Juris)为例

朱瑞斯使用区块链和朱瑞斯通证(JRS)提供了一个开放代码的争议解决系统。② 一旦出现争议,双方当事人可以通过朱瑞斯界面访问该系统并冻结智能合约。

第一,“自主调解”阶段。当事各方将进入一个多步骤的争端解决过程,从当事人“自主调解”开始——选择包括调解在内的一系列免费的工具,帮助各方达成共识、解决争议。

第二,“简单裁决”阶段(SNAP流程)。如果双方无法通过协商一致的“自主调解”方式解决争议,他们可以诉诸“简单裁决”。③ 通过这个流程,当

---

① See Michal Alberstein, *The Jurisprudence of Mediation: Between Formalism, Feminism, and Identity Conversations*, Cardozo Journal of Conflict Resolution, 2009(1).

② See *Teaching with Technology White Paper* 27 *White Paper Version* 2.0, Juris Juris 3 (Sept. 18, 2018), available at: https://drive.google.com/file/d/1318klGEYL4g02VudL-C-BCnvpKu-jTnbF/view.

③ See Sara Hourani, *Access to Justice and Blockchain-Based Arbitration*, 26 No. 2 Disp. Resol. Mag. 20(2020).

事人可以收到中立的“资深法学家”作出的“决定”，即由这些“资深法学家”对案件进行匿名投票。“初级法学家”小组就案件提供简要的意见。在收到“资深法学家”的决定和“初级法学家”的意见后，当事人可以回到“自主调解”的阶段，以达成一致意见。

在这一阶段，双方有一个提供案件必要细节的时间表，之后将案件摘要连同朱瑞斯通证送交“资深法学家”审阅。作为投票的一部分，“资深法学家”必须提供三种理由中的一种，以及一个简短的理由。[①] 所有决定只能在全部提交后的确定时间同时公布。决定公布后，“初级法学家”将进行讨论，他们通过提问、提供相关信息和辩护的方式进行参与。

若至此阶段，当事人仍未就争议达成一致，那么将进行另一场投票，由“资深法学家”为他们的投票提供理由并进行辩论。[②] 表决后，每个“资深法学家”被分配到一个协商一致小组，每个小组形成 SNAP 流程阶段的最后意见。这些意见仍将转交给各方当事人，他们可以依据这些最后意见再回到“自主调解”的阶段。

第三，“专家裁决”阶段。“专家裁决”是指由法律专家作出“仲裁裁决”的阶段。该阶段主要针对经过了“简单裁决”阶段仍未解决的复杂争端，需要富有经验的“高级法学家”的参与。SNAP 流程的所有材料将在这一阶段提供给“高级法学家”，他们在作出裁决之前可要求提供更多的资料。裁决必须在 30 天内作出，一旦作出，朱瑞斯机制将撤销双方此前达成的智能合约，进而进入裁决的执行阶段。朱瑞斯机制主张“高级法学家”的裁决是具有法律约束力的仲裁裁决。尽管此途径比 SNAP 流程的成本更高，但朱瑞斯机制强调其“高级法学家”裁决所具有的“仲裁”性质，将赋予当事人依据《纽约公约》向全球大多数国家法院申请强制执行的权利。

该机制设计了三个层次的专家——“高级法学家”“资深法学家”“初级

---

① See Huang-Chih Sung, *When Open Source Software Encounters Patents: Blockchain As an Example to Explore the Dilemma and Solutions*, 18 J. Marshall Rev. Intell. Prop. L. 55(2018).

② See Brandon Ferrick, *Modernizing the Stockholder Shield: How Blockchains and Distributed Ledgers Could Rescue the Appraisal Remedy*, 60 B. C. L. Rev. 621(2019).

法学家”。[1]“高级法学家”是具有平台经验的专业仲裁员。他们决定复杂的案子,并可以获得收益。“资深法学家”是为这个平台作出贡献的陪审员,他们可以对突发案件进行投票,并可以通过获得更高的“声誉评级”而晋升为“高级法学家”。“初级法学家”是新用户,他们可以参与讨论和评估SNAP流程,但不能决定案件。该机制有一个由通证支持的声誉系统,用来评估法学家们的决策质量。

当然,朱瑞斯机制中的“专家裁决”是否具有“仲裁”的性质,目前尚存在争议。不过,作为一种新兴的区块链解纷机制,朱瑞斯不仅采用通证技术为各层次的专家提供了解决纠纷的投票机制,也为当事人通过协商解决争端的方式留出了努力的空间,从而构建了一种新型的由当事人主导的多层次的链上纠纷解决体系。[2]

(四)针对专项服务的模式——以“陪审团在线”和ECAF为例

1. 以陪审团在线(Jury Online)为例

陪审团在线是一个平台,专门服务于ICO(Initial Coin Offering,首次币发行)。它将项目和投资者聚集在一起,并允许他们通过智能合约进行交易。每个项目都包含详细的路线图和时间点的安排。投资基金和代币以信托形式持有,并在达到时间点时向各方释放。[3]每个阶段完成后,有一段为期三天的期间,当事各方可就这一步骤提出不同意见。如果交易中出现争议,双方可以向该领域的专家仲裁员寻求解决争议的方法。仲裁员是随机挑选的。

一旦争议被提起,双方有一些时间提出索赔,然后材料被匿名发送给一

---

① See *Teaching with Technology White Paper* 27 *White Paper Version* 2.0, Juris Juris 3 (Sept. 18, 2018), available at: https://drive.google.com/file/d/1318klGEYL4g02VudL-C-BCnvpKu-jTnbF/view.

② See Jeff Lingwall & Ramya Mogallapu, *Should Code be Law? Smart Contracts, Blockchain, and Boilerplate*, 88 UMKC L. Rev. 285(2019).

③ See Jury. Online 2 (2019), https://about.jury.online/images/jury_online_yellow_paper.pdf.

组随机选择的仲裁员，他们在给定的时间内以多数票决定案件。[①] 当事人可以用一个商定的单一仲裁员来代替未知的随机陪审员。所有决定均可上诉。每一位仲裁员均不受其他仲裁员决定的影响（以免少数人受到多数意见的影响），并使用了加密技术来防止仲裁员串通。[②] 每位仲裁员都是根据其裁决获得激励机制的评分。当事人的自主选择、仲裁员的激励机制与智能合约相结合，目的是确保仲裁员投票的完整性和裁决的顺利执行。

2. 以 ECAF 为例

EOS 是类似操作系统，旨在实现分布式应用性能扩展的区块链架构平台。EOS 拥有独立的通证，并且是发展得相当成熟的区块链社区。ECAF 是专门处理 EOS 社区内部争端的仲裁机制，用以处理 EOS 社区成员有关智能合约的漏洞、李嘉图合同遭到的黑客攻击或因任何欺诈行为提出索赔的申诉。[③] 申诉人必须指定所需的补救措施，如冻结智能合约或账户，或者取消 EOS 通证等。另外，当事人在仲裁过程中可以请求采取紧急保护措施。

就仲裁员而言，默认做法是每一案件指定一名仲裁员。[④] 上诉和重大案件由三人小组审理。仲裁员必须独立，不得有利益冲突。在处理案件过程中发生争议的，仲裁员应当回避。ECAF 必须平衡各方之间的权利，允许每一方提出其论点并对对方意见作出反应，以保证程序的公正、有效，并将案件中的所有信息记录在案。在 ECAF 中，仲裁员有很大的自由裁量权。ECAF 规则确定哪些与案件有关的信息应该公开，但允许仲裁员确定例外情况，主要是出于隐私方面的考虑。纠纷的处理方式包括各种补救措施，如取

---

① See Jury. Online 2 (2019), https://about. jury. online/images/jury_online_yellow_paper. pdf.

② See Tonya M. Evans, *Role of International Rules in Blockchain – Based Cross – Border Commercial Didputes*, 65 Wayne L. Rev. 1(2019).

③ See Aaron Wright & Primavera De Filippi, *Decentralized Blockchain Technology and the Rise of Lex Cryptographia* 1, 48 – 49 (2015), available at: https://papers. ssrn. com/sol3/papers. cfm? abstract_id = 258 0664.

④ See Huang – Chih Sung, *When Open Source Software Encounters Patents: Blockchain As an Example to Explore the Dilemma and Solutions*, 18 J. Marshall Rev. Intell. Prop. L. 55(2018).

消代币、冻结账户、暂时或永久从社区中移除以及向外部机构报告等。裁决通常是终局的,仅在极端情况下可以上诉。ECAF始终坚持其作为EOS社区的内部争端解决机制的定位,只有在诸如纠纷涉及的一方当事人不是EOS的成员或与EOS合同无关时,才考虑诉诸外部法院的权威。[①]

三、基于智能合约的纠纷解决机制的基本形态

(一)信任证明协议的价值在于保证智能合约结算的有效性

众所周知,区块链在安全存储数据方面是有效的,但在验证可能具有不同信任度的数据输入方面仍然存在一个重大问题——如果提供给分布式账本的数据不可靠,那么它就是不可信的。信任证明协议的价值就在于它解决了这个问题。在物理世界中,合同可以由人类(如律师、银行)进行争论和修正,但智能合约会根据它们收到的输入指令自动执行。如果一个不正确的输入被提交给智能合约,将可能会造成数百万美元的损失。虽然许多大型企业正在研究区块链系统,但由于存在结算不准确的风险,他们无法放心地利用区块链。

区块链的主要共识机制包括工作证明(Proof of Work)和利益证明(Proof of Stake),它们为数据存储提供了分布式信任;[②]而信任证明协议的引入则为数据输入提供了分布式信任。就像律师为纸质合同提供重要的验证、法院提供诉讼程序一样,信任证明协议也为数字智能合约提供相同的验证和救济。[③] 信任证明协议允许在任何一种区块链上结算智能合约之前,通过向高度合格的代表分发验证,由去中心化的参与者验证物理世界的输入。信任证明协议的激励机制会奖励提供可信数据的代表,从而激励物理世界

---

① See Aaron Wright & Primavera De Filippi, *Decentralized Blockchain Technology and the Rise of Lex Cryptographia* 1, 48 – 49 (2015), available at: https://papers.ssrn.com/sol3/papers.cfm?abstract_id=2580664.

② 参见曲强、林益民:《区块链+人工智能:下一个改变世界的经济新模式》,人民邮电出版社2019年版,第215页。

③ See Minhaj Ahmad Khan & Khaled Salah, *IoT Security: Review, Blockchain Solutions, and Open Challenges*, 82 Future Generation Computer SYS. 395, 405 (2018).

的用户积极参与到区块链网络中来。信任证明协议将无效合约执行的概率从估算的1/20亿降低到不足1/10亿。[①]

（二）信任证明协议的优势在于防止"共谋"

信任证明提供了一个创新的反共谋算法，使区块链技术能够更有效和更可信地得以应用。它通过确保放置在区块链上的数据的真实性，并用于执行智能合约来做到这一点。该技术专为跨多个DApp（Decentralized Application，去中心化应用）和区块链网络的使用而构建，旨在确保只有在一组经过验证的数据输入时才能进行结算。正是由于IBM区块链平台开放、可扩展以及其在业内的最强资质，因此，信任证明公司选择了IBM。信任证明利用IBM的区块链平台，使其算法能够轻松地部署在公共或私有云上，并通过随机选择高技能专家来判断和鉴定智能合约数据的有效性，从而提供来源。

（三）信任证明协议将解纷服务扩展至区块链上的各个领域

信任证明公司对自身的定位极高——试图在DeFi（去中心化金融）世界成为全球商业和政府部门纠纷解决的首选提供商。信任证明公司设计的阿斯特拉（ASTRA）协议[②]也是一项突破性的技术，其专利协议能够以企业级别的安全标准，集成到区块链技术或传统技术中，通过提高效率和透明度以消除疑虑、避免欺诈，并以快速、公平和高效的方式解决智能合约纠纷，极大地降低了解决纠纷的成本。[③] 当信任证明公司用以解决合同纠纷或智能合约争议的程序被触发，该程序将从世界各地选择具有相关专业知识、高技能、负责任和匿名的代表，其算法将确保这些代表不能沟通和破坏程序，同时保护他们不受卷入争端的任何一方的影响。决策可以快速、完整达成，提高了生产率，提升了清晰度，减少了解决时间，并降低了相关成本。

---

① See Amy J. Schmitz & Colin Rule, *Online Dispute Resolution for Smart Contracts*, 2019 J. Disp. Resol. 103 (2019).

② See The Proof of Trust, https://www.astraprotocol.com/produc.

③ See The Proof of Trust, https://theproofoftrust.com/.

1. 智慧政府

信任证明公司认识到，当前发生的大流行将促使政府利用科技手段来作出更好的决策，以推进民主进程和改变提供公共服务的方式。考虑到各国具体的经济和政治环境，它将重点放在 G20 成员，以及在数字经济转型中表现出意愿和进展的新型大国。鉴于智慧政府将更加依赖于快速和安全地共享数据，信任证明公司提供了一种验证关键信息的透明机制，将为公共部门节省大量的时间和金钱。①

2. 社会公益

信任证明公司敏锐地意识到，很多政府为了减轻新冠大流行对企业和个人经济状况的影响而设立的支持计划，已成为欺诈和潜在腐败的目标。信任证明技术可以帮助政府识别涉嫌欺诈的合约，扭转产生贪污腐败的趋势。借助信任证明技术和机制，各国政府将大大减少机会主义者共谋的机会，以及违法者进行欺诈或腐败的可能。②

3. 商业贸易

区块链和智能合约技术正在继续重塑个人和企业的互动方式。信任证明公司开发的产品使纠纷解决变得简单、快速和具有成本效益。③ 它采用一种“更快更好”的方法，它可以处理大规模的商业纠纷，不考虑行业、纠纷类别或管辖权。这项技术适用于多个垂直领域——包括供应链、能源和房地产——但在初始阶段，该技术更专注于保险和更广泛的金融服务领域。④

---

① See Orna Rabinovich - Einya & Ethan Katsh, *Blockchain and The Inevitability of Disputes: The Role for Online Dispute Resolution*, 2019 J. Disp. Resol. 47.

② See Richard Susskind, *Online Court and The Future of Justice*, Oxford University Press, 2019.

③ See Gillian K. Hadfield, *Rules For A Flat World*, Oxford University Press, 2017.

④ See Ethan Katsh & Janet Rifkin, *Online Dispute Resolution, Resolving Conflicts in Cyberspace*, San Francisco, Jossey. Bass Inc., 2001.

第二节　源自商业化纠纷解决机制的“超长臂管辖”

一、源自商业化纠纷解决机制的商业化“长臂管辖”

(一)“纠纷解决服务”的市场化推动商业化纠纷解决机制的构建

基于区块链的解纷方式大幅降低了当事人的救济成本。于是,只要具备相当规模的纠纷解决“市场”,足以平摊解纷“服务”的研发和应用成本,基于区块链的解纷机制便有利可图。由此,“纠纷”不再被视为社会矛盾或法律争端,而是被理解为一种“市场需求”,[①]“纠纷的解决”也可以被视为一种“商业服务”。[②] 因此,当某些国家或地区的司法救济不能满足民众对于迅速、便捷和低成本解决纠纷的需要时,这类地方对于纠纷解决服务的需求就更高,潜在的“纠纷解决市场”便更容易形成。发展中国家由于法治现代化的程度不高,司法受制于效率低下和贪污腐败等因素的制约,公力救济远远不能满足当事人的需要(例如,巴西的民事争议积案有3000万件,印度则超过1亿件)。[③] 因此,开发基于区块链的解纷机制的公司极为重视发展中国家潜在的纠纷解决市场。很多公司的白皮书和一些学者的论著明确提出,应当积极采用新技术工具为法治不发达地区的人的纠纷提供救济服务。[④]

(二)商业化解纷机制构建特殊的“长臂管辖”

区块链技术的应用使纠纷和解纷的数据要素将为提供解纷服务的公司

---

① See Arvind Narayana, *Bitcoin and Cryptocurrency Technologies: A Comprehensive Introduction*, Princeton University Press, 2016.

② See Richard Susskind, *Tomorrow's Lawyers: An Introduction to Your Future*, Oxford University Press, 2013.

③ See Richard Susskind, *Online Court And The Future Of Justice*, Oxford(2019).

④ 参见 Federico Ast, Kleros, *A Protocol for a Decentralized Justice System*, Medium (Sept. 11, 2017), https://medium.com/kleros/kleros-a-decentralized-justice-protocol-for-the-internet-38d596a6300d; *Teaching with Technology White Paper* 27 *White Paper Version* 2.0, Juris Juris 3 (Sept. 18, 2018), available at: https://drive.google.com/file/d/1318klGEYL4g02VudL-C-BCnvpKujTnbF/view。

赢得丰厚的利润。因此，传统救济方式不甚完善的发展中国家也被开发解纷服务的企业视为蕴含丰富数据要素的“富矿”。率先开发解纷服务的区块链公司可以凭借其掌握“核心技术”与“应用先发”的双重优势形成技术霸权并逐步掌握解纷服务的全球市场。对于发达国家的政府而言，只要加强对这些企业的监管使其在国内合法合规经营，企业在全球开展解纷服务和数据业务将会为本国的税收作出贡献。[①] 对于发达国家的司法机关而言，可以通过技术升级以延续它们在全球司法制度竞争中的优势和领导地位，还可以通过拥有技术霸权的区块链企业来主导全球解纷服务的适用规则与价值准则。

二、发展中国家的“司法数据安全”隐患

（一）源自纠纷解决市场化的商业化“长臂管辖”

当跨国公司的区块链解纷服务通过市场化的方式进入广大发展中国家，在前者的先发优势和技术霸权面前，后发国家将很难完成本国司法机关的技术升级和在商业解纷领域的全面布局。[②] 后发国家的民众很可能会因跨国区块链解纷服务的便捷性、灵活性和低成本（甚至是无成本）等优势形成对于商业救济机制的使用习惯和服务信赖。此外，应当引起注意的情况是，基于区块链的解纷方式的适用范围已经从最初的区块链争议与智能合约纠纷延伸至普通的法律合同纠纷。[③] 随着数字资产的上链管理，基于区块链的解纷服务能够受理的案件也从小额的民事争议扩展到法律关系更复杂、标的额更高的类型，如知识产权纠纷、家事纠纷、商事纠纷以及金融纠纷

---

① 参见长铗、韩锋等：《区块链：从数字货币到信用社会》，中信出版社 2016 年版，第 168 页。

② See Sara Hourani, *Access to Justice and Blockchain - Based Arbitration*, 26 No. 2 Disp. Resol. Mag. 20(2020).

③ See Rikka Koulu, *Blockchains and Online Dispute Resolution*: *Smart Contracts as an Alternative to Enforcement*, 13 SCRIPTed 40 (2016).

等。[①] 一旦后发国家民事纠纷的当事人形成了寻求商业救济来解决纠纷的习惯，那么他们对于本国司法救济途径的需要和依赖必然逐步降低。[②] 相较于美国司法机关对国际经济行为的司法“长臂管辖”而言，基于区块链技术的商业救济甚至将“管辖”的范围延伸至其他国家境内的民商事纠纷。“商业化长臂管辖”与当前的司法“长臂管辖”相比，前者将更加深入地影响后发国家内部的法治环境和司法制度。在某种意义上，“商业化长臂管辖”不啻为一种升级版的“长臂管辖”。

（二）技术落后或将造成发展中国家“司法数据安全”的隐患

在前述情况下，后发国家的司法机关将不可避免地遭遇严峻的挑战。在跨国的区块链解纷服务公司在处理争议时采用的方式、适用的规则和倡导的价值与发展中国家的司法程序、法律制度和意识形态相左的情况下，该国的政府与司法机关可能很难通过理性与说理的方式来捍卫本国的司法制度、规范准则与价值观念的权威性。因为，宣称商事救济与公力救济具有平等地位的学者们早已开始论证“改变法院中心地位”“去法院中心化”的正当性，并已建立起成熟并且在全球推广的话语系统（例如，法院在线纠纷解决机制与法院外在线纠纷解决机制的分类）。[③] 即使这些发展中国家采用正当的国家强制力来维护本国的司法主权、法律制度或意识形态，也可能会因为其违背了跨国公司推行的所谓“普世准则”和全球价值而遭到批判、挑战甚至是干涉。本书将这种跨国公司借助技术与先发的双重优势，通过全球化的区块链救济机制“管辖”各国内部民商事争议，[④]并由此对后发国家的司法主权提出的挑战，称为“司法数据安全”的隐患。“司法数据安全”问题

---

① 参见唐文剑、吕雯等编著：《区块链将如何重新定义世界》，机械工业出版社2016年版，第165页。

② See Amy J. Schmitz & Colin Rule, *Online Dispute Resolution for Smart Contracts*, 2019 J. Disp. Resol. 103 (2019).

③ 参见[美]伊森·凯什、[以]奥娜·拉比诺维奇·艾尼：《数字正义——当纠纷解决遇见互联网科技》，赵蕾、赵精武、曹建峰译，法律出版社2019年版，第189页。

④ See Sara Hourani, *Access to Justice and Blockchain－Based Arbitration*, 26 No. 2 Disp. Resol. Mag. 20(2020).

主要体现在两个方面:一是后发国家的司法权威将遭到"蚕食";二是后发国家的司法数据(纠纷数据和解纷数据)将可能被"鲸吞"。① 虽然跨国公司的商业救济方式并不一定直接破坏后发国家的司法制度与法律规则,但是,商业化"长臂管辖"很可能在"解纷实践"和"法理价值"两个层面弱化该国司法机关的公信力、解构其应有的司法权威。尽管,"司法数据安全"的隐患可能不至于直接颠覆一个国家的政权,②可是,对司法权威的解构说到底是对国家主权正当性的否定,其本质上同样构成对"国家安全"的威胁。

三、商业化"长臂管辖"的实质是一种"超长臂管辖"

(一)超长臂管辖的性质

1. 超长臂管辖的第一层含义:"超越司法"

美国法一般将管辖分为立法、司法和执法管辖。因此,长臂管辖也涉及立法管辖、司法管辖和执法管辖。立法管辖,即一国制定法律适用于特定的人、物或行为的权力;司法管辖,即一国利用其司法程序处理特定的人、物或事的权力;执法管辖,即一国利用行政权力引导或强制特定人遵守其法律的权力。③ 以信任证明公司潜在的超长臂管辖为例,其界定纠纷解决机制的第一个命题,即"超越司法"。"超越司法"的命题可以帮助我们清楚地了解超长臂管辖的性质。④ 超长臂管辖在现阶段,无论是在区块链技术的选择还是智能合约的采用上,尚缺乏明确的法律规范。

2. "超长臂关系"是商业性质的"准"司法

区块链应用和智能合约的应用目前仍处于"非法发展"或者野蛮生长的

---

① See Nathan Fulmer, *Exploring the Legal Issues of Blockchain Applications*, 52 Akron L. Rev. 161(2018).

② 参见杨宗科:《国家安全法治保障述论》,知识产权出版社 2019 年版,第 39 页。

③ 参见肖永平:《"长臂管辖权"的法理分析与对策研究》,载《中国法学》2019 年第 6 期。

④ See Pablo Cortes & RafalManko, *Developments in European Civil Procedures*, Oxford University Press, 2016.

阶段。[①] 基于区块链技术的纠纷解决机制（也被称为“去中心化司法”）主要用于解决加密交易争议和智能合约纠纷，在此过程中所形成的“超长臂管辖”是非诉讼、非正式的纠纷解决机制和商业性质的解纷方式，属于一种“准”司法意义上的管辖。应当引起注意的是，尽管智能合约的纠纷解决市场尚处于自由竞争的阶段，不过，“信任证明”与IBM联手入场便展现出了试图垄断解纷市场的势头。可以预见，随着解纷数据的市场要素价值被开发，互联网巨头的入场只是时间问题。[②] 一旦互联网巨头凭借“技术＋资本”的绝对优势形成了对于解纷市场的控制或垄断，这些企业制定的用户协议、技术标准、程序规则和行业规范也可能成为该领域的标准和规范。[③] 那么这些企业是否会由此而拥有实质意义上的“准”立法管辖权呢，未来还有待持续观察。

（二）超长臂管辖的范围

1. 超长臂管辖的第二层含义：“超越管辖权”

信任证明公司界定其救济机制的第二个命题，即“超越管辖权”。参照超级大国“长臂管辖”，将便于我们理解超长臂管辖的范围。正如我国《关于中美经贸摩擦的事实与中方立场》白皮书所指出的，美国不断扩充“长臂管辖”的范围，在国际事务中“要求其他国家的实体或个人必须服从美国国内法，否则随时可能遭到美国的民事、刑事、贸易等制裁”[④]。也就是说，当前美国的“长臂管辖”调整的对象属于国际事务中的（外国）实体或个人行为。行为所属的领域，从早期的合同、侵权、产品责任，扩张至知识产权、金融投资、反垄断、出口管制和网络安全等。

---

① See James Metzger, *Can The Blockchain Decentralize Dispute Resolution*?, 26 No. 2 Disp. Resol. Mag. 15(2020).

② See Tonya M. Evans, *Role of International Rules in Blockchain - Based Cross - Border Commercial Didputes*, 65 Wayne L. Rev. 1(2019).

③ See Zachary L. Catanzaroa & Robert Kain, *The Revolution Will be Memorialized: Selected Blockchain - Based Smart Contract Use Cases*, 94 - OCT Fla. B. J. 52(2020).

④ 《关于中美经贸摩擦的事实与中方立场》，载中国政府网，http://www.gov.cn/zhengce/2018-09/24/content_5324957.htm。

2. 超长臂管辖的范围包括链上、链下各领域的交易行为

“超越管辖权”命题的厘清有助于我们进一步了解超长臂管辖的适用范围。根据布赖恩·加纳(Bryan A. Garner)主编的《布莱克法律词典》,“管辖权”有四种不同的含义:(1)源自国家主权的管辖权;(2)法院的司法管辖权;(3)国际层面的国家;(4)国家内部的独立法域。① 在目前尚无法律规范和技术标准约束的情况下,基于区块链的纠纷解决机制原则上可以调整所有在区块链上进行的加密交易或者采用智能合约完成的行为。这些链上行为并没有主权国家边界的限定,既可以是国际的,也可以是任何国家国内的链上交易行为。而且学者们还注意到,基于区块链的纠纷解决方式不仅可以用来处理链上的智能合约纠纷,而且可以用来处理链下法律合同纠纷。② 从原理上说,超长臂管辖调整的对象甚至可以包括世界各国国内的一般法律行为。③

(三)超长臂管辖的理论基础

1. 超长臂管辖的正当性依据:“接近正义”

超长臂管辖所依据的法理基础,与多元化纠纷解决机制、在线纠纷解决机制一样都以“接近正义”为原则。从适用超长臂管辖的实际基础而言,在链上解纷市场尚未饱和的情况下,主要还是以区块链和智能合约技术优势为基础。正因如此,拥有全球专利的信任证明公司才在众多提供基于区块链的解纷服务的公司中脱颖而出,并与十多个国家政府签署了使用协议或备忘录。

2. 超长臂管辖的商业性可能导致“接近正义”原则的异化

令人担忧的是,具有商业性质的区块链解纷机制也很难超出数字资本的逻辑,不断扩张直至形成垄断是其难以避免的内在规律。④ 因此,如果说美国滥用“长臂管辖权”的直接结果是使美国国内法超越国际法、优于国际

---

① See Bryan A. Garner, *Black's Law Dictionary*, at 867(West Publishing Co, 2004).

② See William Magnuson, *Blockchain Democracy*, Cambridge University Press, 2020.

③ See Gillian K. Hadfield, *Rules For A Flat World*, Oxford University Press, 2017.

④ 参见[美]丹·希勒:《数字资本主义》,杨立平译,江西人民出版社2001年版,第87页。

法，或者成为事实上的国际法，使美国法院成为全球性裁判机构的话，[1]那么一旦在纠纷解决的市场领域形成头部企业，它们借助其垄断地位也很有可能会成为区块链上的全球性裁判机构，从而以“科技+市场”的方式建立起实质上能够干涉技术落后国家司法主权的超长臂管辖。[2]

第三节　“区块链+司法”与发展中国家的“司法数据安全”

一、商业化纠纷解决机制对我国“区块链+司法”的启示

(一)我国“区块链+司法”应用的主要特点

1.“区块链+司法”的应用是为解决“传统法律纠纷”所提供的公共服务

目前，我国“区块链+司法”的应用成果主要运用于“传统法律纠纷”的解决，包括但不限于法律合同纠纷、知识产权纠纷以及涉及电子证据的刑事案件。[3] 受制于技术和政策的局限，“区块链+司法”还未涉及新型的区块链纠纷。另外，在上述成就中，司法存证平台有利于实现安全、高效和低成本的数据确权与价值传输；司法链(仲裁链)在电子合同、知识产权保护等领域，对于预防争议的发生，以及在仲裁和诉讼程序中提高效率、透明度和公信力方面将发挥巨大的作用。“区块链+司法”建设方面所取得的成果都带有公共服务的性质，这与国际上基于区块链的纠纷解决机制的盈利属性存在根本的区别。

---

① 参见[美]丹·希勒：《信息资本主义的兴起与扩张——网络与尼克松时代》，翟秀凤译，北京大学出版社2018年版，第196页。

② 参见[美]迈克尔·赫德森：《金融帝国：美国金融霸权的来源和基础》，嵇飞等译，中央编译出版社2008年版，第159页。

③ 参见胡晓霞：《我国在线纠纷解决机制发展的现实困境与未来出路》，载《法学论坛》2017年第3期。

2.“区块链 + 司法”仍以“中心化”的方式来维护公平正义的最后防线

在“区块链 + 司法”的建设中，人民法院、人民检察院、仲裁和公证机构始终发挥着主导的作用；在“区块链 + 司法”的应用中，人民法院始终居于“中心”的地位。以“网通法链”系统为例，从电子证据的存证开始，便需要由广州互联网法院来存储和认证每项证据的哈希值；电子证据的存证、取证和认证都以人民法院的电子证据标准为尺度。① 司法机关，尤其是人民法院的中心地位并未受到区块链“去中心化”“多中心化”等技术特点的影响。不仅如此，“区块链 + 司法”在降低维权成本、提升司法效率、树立社会诚信、维护隐私与信息安全等方面，正在发挥着越来越重要的作用，②并助力司法机关坚守社会公平正义的“最后一道防线”。③

（二）我国“区块链 + 司法”建设存在的不足

1.“区块链 + 司法”的应用成果存在同质化的问题

综观当前“区块链 + 司法”的建设，从广州仲裁委的“仲裁链”到福建省公证机关的“至信链”，再到北京互联网法院的“天平链”、广州互联网法院的“网通法链”等，看似多点开花，但却难掩路径单一和成果趋同的问题。区块链的类型，大致可分为公有链、联盟链和私有链三种。区块链技术的层次，由低到高大致可以分为底层的数据存储层、加密技术层、智能合约层、应用层、产品层（如通证或代币）五个层次。④ 我们的司法机关、公证以及仲裁机构当前基本上采用了联盟链的类型；研发成果主要集中于司法存证或电子证书。⑤ 很显然，这些机关对于区块链的理解和应用尚处于较为基础的数据存储层和加密技术层，对于国际公有链的接触也极其有限。

---

① See Jonny Stryder, *Blockchain Faith*, Eggseed Press, 2018.

② See Sylvia Polydor, *Blockchain Evidence in Court Proceedings in China – A Comparative Study of Admissible Evidence in The Digital Age*, 3 Stan. J. Blockchain L. & Pol'y 96(2020).

③ 参见最高人民法院编：《中国法院的互联网司法》，人民法院出版社 2019 年版，第 18 页。

④ 参见唐文剑、吕雯等编著：《区块链将如何重新定义世界》，机械工业出版社 2016 年版，第 46 页。

⑤ 参见杨东：《区块链 + 监管 = 法链》，人民出版社 2018 年版，第 211 页。

2. 对于新型区块链纠纷和基于区块链的纠纷解决机制的认识还有待深入

（1）我国的“区块链＋司法”系统缺少接触新型区块链纠纷的实际经验

由于2017年中国人民银行、中央网信办、工业和信息化部等七部委发布的《关于防范代币发行融资风险的公告》禁止了比特币、以太坊等数字货币在境内的发行。建设“区块链＋司法”的司法机关对于2016年“the DAO”事件及其影响缺乏直观的认识，我国法学界对于国际上出现的新型区块链纠纷也尚未给予足够的关注。

（2）互联网司法治理体系和治理能力的现代化有待对社会力量的广泛动员

由于我国是由司法机关来主导“区块链＋司法”的建设的，法学界也倾向于围绕互联网法院的智慧司法工作进行研究。实务界和理论界对于国际上基于区块链的纠纷解决机制的关注都非常有限。至于该商业救济机制在区块链技术上的领先优势、多样化的解纷应用方案，以及西方学者在该机制治理问题上的理论成果等，至今仍鲜有学者问津。[①] 从研究文献来看，我国理论界对于欧美学者主张将“去中心化司法”与法院诉讼、替代性纠纷解决机制、在线纠纷解决机制并列的方案，尚未引起足够的重视。研究“区块链＋司法”问题的学者们对于通过公私合作的方式以增强互联网司法治理能力的路径也缺乏足够的研究。

二、“区块链＋司法”对“司法数据安全”的捍卫

（一）广泛动员社会力量构建纠纷解决的层级体系

尽管我国在区块链司法应用建设方面取得了众多的成就，但是尚未形成包括商业救济在内的完整布局。易言之，人民法院“案多人少”问题的彻底解决并不能靠司法机关的单打独斗，[②]而是要对社会力量进行广泛的动

---

① 参见邓建鹏、孙朋磊：《区块链国际监督与合规应对》，机械工业出版社2019年版，第215页。

② 参见陈瑞华：《司法体制改革导论》，法律出版社2018年版，第310页。

员,合理配置可适用于纠纷解决的各种资源。[①] 如果不尽快补齐这一短板,那么随着区块链技术落地应用的推广,很可能会出现大量的链上行为无法得到规范化的调整,链上纠纷也无法得到系统性的解决。随着区块链的广泛应用,很可能会像互联网应用一样,不可避免地出现海量的纠纷。这些纠纷的量级将远远超出诉讼、仲裁、替代性纠纷解决机制和在线纠纷解决机制处理纠纷能力的上限。[②] 此外,在缺乏对于商业救济进行全面布局的情况下,我国仍未能排除“长臂管辖”升级版给我们的“司法安全”带来的隐患。因此,在全世界都处于在区块链领域广泛探索落地应用的阶段,我国有必要积极引导中国企业参与到区块链制度的情况下包括救济制度构建在内的情况下全球竞争之中。[③] 区块链救济的全面布局,既有利于释放出企业的创造力,又有利于发挥好中国在基于区块链的纠纷解决领域中国家与社会的合力,从而在未来区块链领域全方位的激烈竞争中,避免因为布局时的短板而导致全局性的被动局面。

(二)“区块链 + 司法”在国际法治领域的担当[④]

借鉴基于区块链的纠纷解决机制的经验,我国在区块链司法和解纷应用的设计中应坚持全球视野。[⑤] 无论是前述的克列罗斯机制还是朱瑞斯机制,都把服务的对象设定为全球的区块链用户,而麦太坊机制更是将适用的范围扩展至链下。目前,我国的区块链司法存证以及主权区块链的设计都将适用的范围限定在我国境内甚至仅以相应机关的管辖范围为限。可是,当前区块链技术与应用的国际竞争已呈现出“不谋全局者,不足以谋一域”的态势。[⑥] 在救济机制设计中偏狭的格局,将极大地限制我国在区块链(包

---

① See William Magnuson, *Blockchain Democracy*, Cambridge University Press, 2020.

② See Jamie Susskind, *Future Politics*, Oxford University Press, 2018.

③ See Jonny Stryder, *Blockchain Faith*, Eggseed Press, 2018.

④ 参见杨锦帆:《基于区块链的纠纷解决机制研究》,载《陕西师范大学学报(哲学社会科学版)》2021 年第 4 期。

⑤ See Orna Rabinovich - Einya & Ethan Katsh, *Blockchain and The Inevitability of Disputes: The Role for Online Dispute Resolution*, 2019 J. Disp. Resol. 47.

⑥ See Gillian K. Hadfield, *Rules For A Flat World*, Oxford University Press, 2017.

括链上纠纷解决机制)领域的国际竞争力。尤其是,我国的司法区块链和区块链存证基本上采用了联盟链或私有链的模式,而国际上基于区块链的纠纷解决机制通常都是以公有链(如以太坊)为应用的环境。我们知道,区块链的未来必然是在广阔的公有链领域。因此,我们不能因为在区块链司法应用方面取得的一些成绩而故步自封。相反,我们必须克服区块链技术中的缺陷。甚至于,可以通过我国的区块链商业救济机制的率先全球化,在公有链和数字货币交易领域先于司法机关探索基于区块链技术的纠纷解决技术和方案。否则,一旦错失先发优势,我们在区块链纠纷的解决方面将面临商业化长臂管辖的降维打击。

(三)“区块链+司法”应致力于维护后发国家的司法数据安全

我国已将区块链作为一项国家战略,力争在该领域实现变道领跑。因此,决不应等到区块链技术大规模应用落地之后,链上纠纷大量产生之时再被动地开展研究,也不应在国际上已经出现了基于区块链的纠纷解决机制的情况下仍对其置若罔闻。尤其是,我国在“区块链+司法”领域存在的“应用成果的同质化”等问题,已暴露出我们在核心技术上的短板和对区块链理解上的粗浅。[①] 因此,我们需要重视已经出现的新型区块链纠纷,系统地研究基于区块链的纠纷解决机制。既要借鉴该机制在解纷系统的“去中心化”、解纷依据的“代码化”和解纷方案执行的“自动化”等方面的技术优势,也必须警惕“商业化的长臂管辖”将给后发国家带来的“司法数据安全”隐患。[②] 在“区块链+司法”的下一步建设中应当深化对区块链组合技术的开发,加快建设由我国主导的区块链救济机制,从而使我国能从容地应对纠纷解决市场的全球竞争和商业化长臂管辖带来的挑战,并帮助后发国家进行智慧司法的共建,[③]以便共同捍卫广大发展中国家司法主权的独立和司法数据的安全。

---

① See Gillian K. Hadfield, *Rules For A Flat World*, Oxford University Press, 2017.

② 参见长铗、韩锋等:《区块链:从数字货币到信用社会》,中信出版社 2016 年版,第 78 页。

③ See Richard Susskind, *Online Court and The Future of Justice*, Oxford University Press, 2019.

结　论

区块链与司法的结合，推动了司法技术、模式和理论的变革。本书在对本选题进行粗浅研究的基础上，形成以下初步结论：

其一，“区块链 + 司法”模式的创新是构建中国特色、世界领先的互联网司法新模式的重要内容，也是中国司法实现技术迭代和阶段跨越的关键。[①]“区块链 + 司法”的应用奠基于我国互联网法院的建设，得益于智慧司法工作的不懈探索。“区块链 + 司法”模式的创新既是对已有司法改革成就和探索的肯定，也是对“司法改革与信息化建设紧密结合”原则的进一步深化，是构建中国特色、世界领先的互联网司法新模式的重要组成部分。为了互联网司法建设的不断推进，人民法院积极引入人工智能、大数据、物联网和区块链等新一代信息技术。区块链通过保障司法数据的真实性、清洁性、可信性，确保了司法人工智能、大数据、物联网技术的先进功能得以正向发挥；区块链平台凭借安全性、高性能、低成本等优势，成为中国司法在新时代实现技术迭代的关键基础设施。[②]“区块链 + 司法”模式的建立及创新将成为中国司法完成阶段性跨越和实现“换道领跑”的重要契机。在“区块链 + 司法”的道路探索中，既没有可以“拿来”的现成司法理论，也没有可资“移植”的司法制度，换道领跑的位置要求我们必须成为司法理论的原创者和司法模式样本的供给者。

---

① 参见最高人民法院编：《中国法院的互联网司法》，人民法院出版社 2019 年版，第 18 页。

② 参见李少平：《人民法院互联网司法的建设与发展》，载中国法院网 2021 年 9 月 16 日，https://www.chinacourt.org/article/detail/2021/09/id/6266759.shtml。

其二,“区块链 + 司法”模式的创新必须坚持中国特色社会主义法治的轨道。首先,“区块链 + 司法”模式的研究必须坚守合法底线,杜绝为司法改革提供欠缺合法性的理论或对策。区块链是具有国家战略性质的技术,我国选择主要发展联盟链也是具有战略性质的决策。国家采用区块链与虚拟货币相分离、联盟链与公有链相分离的“二重分离”治理方式,为“区块链 + 司法”模式的建设提供了安全、合法的应用环境和“高效率、易监管”的技术。在理论界,以公有链为对象的研究,不仅缺乏合法性的规范基础,也与国家发展区块链技术的战略方向相违背。因此,“区块链 + 司法”模式的理论研究必须坚持“合法性”的底线,按照“信任要素二分法”的方式,选择以联盟链为主的技术路径,以确保“区块链 + 司法”模式的建设始终坚持中国特色社会主义法治道路。其次,“区块链 + 司法”模式的研究必须坚守科学规律,破除一般性研究的虚假命题。“去中心化”并不是区块链的一般属性或者各种区块链形态的共性,而是公有链的专有属性和特性。我国选择联盟链作为国家战略性质的技术形态,一方面,是为了杜绝虚拟货币带来的系统性金融风险;另一方面,是为了以“亲监管、低成本”的联盟链形态尽快推动区块链在我国的推广与普及。因此,“区块链 + 司法”模式的理论研究必须遵循联盟链的基本规律,防止由于基本概念的混淆造成基本原理的张冠李戴,避免区块链司法研究的成果与国家既定发展方向的背道而驰。最后,“区块链 + 司法”模式的创新必须坚持以“审判体系和审判能力现代化”为标准,推动司法结构的深层改革。“协同式中心化”结构可以打破以往“科层制”与“扁平化”非纵即横的“二维”改革方式,转向包含更多可能性的“多维”治理空间。在推动司法结构实质上趋于扁平的同时,“协同式中心化”的司法结构不仅可以避免“扁平化”方式带来的负面影响(如“扁平化”改革后出现的“再科层化”倾向),而且可以通过层级的取消或弱化,打破纵横交错的信息壁垒、解决数据孤岛问题,在人民法院内部机构之间实现司法数据的透明化、公开化与自动化。

其三,“区块链 + 司法”模式的创新应当以“让人民群众在每一个司法案件中感受到公平正义”为宗旨。一方面,在区块链司法存证规则的创制中,应当坚持“以人民为中心”的宗旨，选择有助于当事人利用区块链技术的方式与方向。人民法院积极探索“区块链 + 司法”模式，建立起区块链司法存证系统，以便解决电子证据“取证难、存证难和认证难”的问题。① 关于区块链存证的规则与指引问题成为研究热点，学者们主要有两种态度：一种主张区块链证据规则的系统化；另一种主张支持区块链存证的“技术自证”。尽管学者们更擅长于区块链证据规则的系统化和审查标准细密化，但是在合理范围内赋予区块链存证以技术自证的效力，有助于当事人使用区块链技术解决电子“三证难”问题，也有助于区块链存证的推广应用。2021 年出台的《在线诉讼规则》肯定了“技术自证”的指引方向，同样是出于“以人民为中心”的宗旨和推广普及区块链技术的原则。另一方面，在互联网金融纠纷的源头治理中，应当由法院依托“区块链 + 司法”系统指导互联网金融平台建立有效的纠纷解决机制，以提升互联网金融消费者的获得感。区块链技术具有打破信息壁垒、实现协同合作的内在优势。将互联网金融平台内部的纠纷解决机制与人民法院的“区块链 + 司法”系统对接，不仅可以为互联网金融解纷机制的“诉”“非”对接提供技术支持，而且其技术协同的内生优势还将为互联网金融源头治理模式提供链接一体的司法基础设施。人民法院成为解纷技术迭代的“引擎”，区块链内在数据融合成为协同治理的“基因”，二者的结合将给我国互联网金融纠纷源头治理的一体化带来双重“利好”。以“区块链 + 司法”为后盾，将确保平台在纠纷解决中坚持公平、公正的立场；平台解纷作用的发挥，也将切实减轻互联网金融消费者的救济成本。基于“区块链 + 司法”模式的源头治理让用户感受到司法带来的公平正义的同时，也应当通过技术提升他们的获得感、幸福感和安全感。

其四，“区块链 + 司法”模式的创新应当以构建“全球互联网法治的中国方案”为目标。一方面，把“区块链 + 司法”模式提炼为原创的司法理论，将有利于“中国方案”的独立话语体系的构建。多年来我国法学界已经习惯于使用移植而来的概念和理论，缺乏对西方法学话语的反思，其后果是既定的

① 参见最高人民法院编：《中国法院的互联网司法》，人民法院出版社 2019 年版，第 18 页。

西方话语体系限制了中国法学对鲜活实践的创新思考。时至今日，我国法学界仍未完全摆脱“视西方法治话语为金科玉律的怪圈”[①]，仍无法建立一套独立的、富有中国特色的有关互联网司法和区块链司法的系统理论。然而，无可回避的问题是，如果不尽快超越“替代性纠纷解决机制”、“在线纠纷解决机制”以及“区块链纠纷解决机制”话语体系，我国在“区块链 + 司法”领域的成功实践终将沦为替代性纠纷解决机制、在线纠纷解决机制或区块链纠纷解决机制理论的“注脚”。[②] “区块链 + 司法”模式已成为“中国特色、世界领先”的成功实践。在此背景下，以提炼中国司法经验、确立中国司法模式为宗旨的法学研究工作，便有必要在此实践基础上及时进行学术总结、理论升华和法学话语凝练。“区块链 + 司法”是建立我国司法话语体系的理想素材，它有利于将我国互联网司法的先行实践转化为司法理论的话语优势。“区块链 + 司法”理论范畴的提炼，将提升我国设置司法议题的能力、参与和主导国际司法技术规则制定的能力提升“中国方案”在国际司法和全球法治领域的影响力。另一方面，把“区块链 + 司法”模式作为发展中国家可以借鉴的样本，将有利于“中国方案”获得全球的广泛认同。随着跨国公司的区块链解纷服务通过市场化的方式进入广大发展中国家，其先发优势和技术霸权将很可能形成基于区块链技术的“超长臂管辖”，从而给技术落后国家的司法数据安全和国家司法主权带来隐患。我国应当尽快将“区块链 + 司法”模式提炼为可供广大发展中国家借鉴的“中国样本”；继而通过共建共治共享的方式，帮助技术落后的国家受惠于由本国司法机关主导的“区块链 + 司法”模式，从而使他们有能力捍卫各自的司法数据安全和国家司法主权。获得广泛借鉴与应用的“区块链 + 司法”样本，必将成为全面提升互联网司法治理能力的“中国方案”。

---

① 张文显：《在新的历史起点上推进中国特色法学体系构建》，载《中国社会科学》2019 年第 10 期。

② 参见[美]伊森·凯什、[以]奥娜·拉比诺维奇·艾尼：《数字正义——当纠纷解决遇见互联网科技》，赵蕾、赵精武、曹建峰译，法律出版社 2019 年版，第 58 页。

参考文献

一、中文文献

(一)中文著作

[1]习近平:《论坚持全面依法治国》,中央文献出版社2020年版。

[2]龙宗智:《司法建设论》,法律出版社2021年版。

[3]季卫东:《法治秩序的建构》(增补版),商务印书馆2019年版。

[4]陈瑞华:《司法体制改革导论》,法律出版社2018年版。

[5]陈光中等:《司法改革问题研究》,法律出版社2018年版。

[6]蒋惠岭:《司法改革的知与行》,法律出版社2018年版。

[7]张彩旗:《司法体制改革研究》,武汉大学出版社2019年版。

[8]刘静坤:《证据审查规则与分析方法:原理·规范·实例》,法律出版社2018年版。

[9]张述元主编:《司法改革形势下的审判管理基本理论研究》,人民法院出版社2018年版。

[10]杨临萍主编:《司法体制改革与智慧法院的实践与探索》,法律出版社2019年版。

[11]陈瑞华:《程序正义理论》,中国法制出版社2010年版。

[12]龙宗智:《证据法的理念、制度与方法》,法律出版社2008年版。

[13]杨东:《区块链+监管=法链》,人民出版社2018年版。

[14]杨东:《链金有法:区块链商业实践与法律指南》,北京航空航天大学出版社2017年版。

[15]邓建鹏、孙朋磊:《区块链国际监督与合规应对》,机械工业出版社2019年版。

[16]胡凌:《探寻网络法的政治经济起源》,上海财经大学出版社2016年版。

[17]连玉明主编:《主权区块链1.0:秩序互联网与人类命运共同体》,浙江大学出版社2020年版。

[18]大数据战略重点实验室:《块数据3.0:秩序互联网与主权区块链》,中信出版集团2017年版。

[19]陈甦、田禾主编:《中国法院信息化发展报告No.5(2021)》,社会科学文献出版社2021年版。

[20]陈甦、田禾主编:《中国法院信息化发展报告No.4(2020)》,社会科学文献出版社2020年版。

[21]陈甦、田禾主编:《中国法院信息化发展报告No.3(2019)》,社会科学文献出版社2019年版。

[22]李林、田禾主编:《中国法院信息化发展报告No.2(2018)》,社会科学文献出版社2018年版。

[23]叶蓁蓁、罗华主编:《中国区块链应用发展研究报告(2019)》,社会科学文献出版社2019年版。

[24]最高人民法院司法改革领导小组办公室编:《深化司法体制综合配套改革前沿问题研究》,人民法院出版社2020年版。

[25]最高人民法院司法改革领导小组办公室编:《新时代深化司法体制综合配套改革前沿问题研究》,人民法院出版社2018年版。

[26]樊鹏等:《新技术革命与国家治理现代化》,中国社会科学出版社2020年版。

[27]阎学通、阎梁:《国际关系分析》,北京大学出版社2008年版。

[28]朱嘉明:《未来决定现在:区块链·数字货币·数字经济》,山西人民出版社2020年版。

[29]余来文等:《智能时代:人工智能、超级计算机与网络安全》,化学

工业出版社2018年版。

[30]杜宁等:《监管科技:人工智能与区块链应用之大道》,中国金融出版社2018年版。

[31]杨永强、蔡宗辉、刘雅卓:《区块链+大数据:突破瓶颈,开启智能新时代》,机械工业出版社2019年版。

[32]赵刚、张健:《数字化信任:区块链的本质与应用》,电子工业出版社2020年版。

[33]蔡恒进、蔡天琪、耿嘉伟编著:《人机智能融合的区块链系统》,华中科技大学出版社2019年版。

[34]徐志刚:《洞见公安区块链》,中国水利水电出版社2021年版。

[35]井底望天等主编:《区块链与大数据:打造智能经济》,人民邮电出版社2017年版。

[36]鑫苑集团:《技术信任创造价值:区块链技术的应用及监管》,中国经济出版社2018年版。

[37]刘权主编:《区块链与人工智能:构建智能化数字经济世界》,人民邮电出版社2019年版。

[38]长铗、韩锋等:《区块链:从数字货币到信用社会》,中信出版社2016年版。

[39]曲强、林益民:《区块链+人工智能:下一个改变世界的经济新模式》,人民邮电出版社2019年版。

[40]唐文剑、吕雯等编著:《区块链将如何重新定义世界》,机械工业出版社2016年版。

[41]龚鸣:《区块链社会》,中信出版社2016年版。

[42]李志杰、郭杰群、王阳雯:《区块链+:重构与赋能》,格致出版社、上海人民出版社2021年版。

[43]王焕然、常晓磊、魏凯:《区块链社会:区块链助力国家治理能力现代化》,机械工业出版社2020年版。

[44]杜前主编:《互联网司法实践与探索》,人民法院出版社2021年版。

［45］张岚编著:《廉政风险防范管理》,学习出版社 2009 年版。

［46］任建明、杜治洲:《腐败与反腐败:理论、模型和方法》,清华大学出版社 2009 年版。

［47］张丽艳:《区域司法协同机理研究》,法律出版社 2016 年版。

［48］杨涛主编:《互联网金融理论与实践》,经济管理出版社 2015 年版。

［49］李莉莎:《第三方电子支付法律问题研究》,法律出版社 2014 年版。

［50］卢云华等主编:《在线仲裁研究》,法律出版社 2008 年版。

［51］范愉:《非诉讼纠纷解决机制研究》,中国人民大学出版社 2000 年版。

［52］何青洲:《"人民司法"在中国的实践路线——政治正义的司法实现》,中国政法大学出版社 2016 年版。

［53］黄韬:《公共政策法院——中国金融法制变迁的司法维度》,法律出版社 2013 年版。

［54］万建华:《金融 e 时代:数字化时代的金融变局》,中信出版社 2013 年版。

［55］江必新、王红霞:《国家治理现代化与制度构建》,中国法制出版社 2016 年版。

（二）译著

［1］［英］凯伦·杨、［英］马丁·洛奇编:《驯服算法:数字歧视与算法规制》,林少伟、唐林垚译,上海人民出版社 2020 年版。

［2］［意］乌戈·帕加罗:《谁为机器人的行为负责?》,张卉林、王黎黎译,上海人民出版社 2018 年版。

［3］［美］凯文·韦巴赫:《区块链与信任新架构》,杨东等译,机械工业出版社 2020 年版。

［4］［美］戴维·伊斯顿:《政治结构分析》,王浦劬等译,北京大学出版社 2016 年版。

［5］［英］彼得·高恩:《华盛顿的全球赌博》,顾薇、金芳译,江苏人民出版社 2003 年版。

[6][美]汉斯·摩根索:《国家间政治:权力斗争与和平》,徐昕、郝望、李保平译,北京大学出版社2006年版。

[7][法]弗雷德里克·皮耶鲁齐、[法]马修·阿伦:《美国陷阱》,法意译,中信出版集团2019年版。

[8][法]阿里·拉伊迪:《隐秘战争》,法意译,中信出版集团2019年版。

[9][美]约翰·奇普曼·格雷:《法律的性质与渊源》,马驰译,中国政法大学出版社2012年版。

[10][埃及]萨米尔·阿明:《世界规模的积累:不平等理论批判》,杨明柱、杨光、李宝源译,社会科学文献出版社2008年版。

[11][美]约翰·弗兰克·韦弗:《机器人是人吗?》,刘海安、徐铁英、向秦译,上海人民出版社2018年版。

[12][美]丹·希勒:《信息资本主义的兴起与扩张——网络与尼克松时代》,翟秀凤译,北京大学出版社2018年版。

[13][美]丹·希勒:《数字资本主义》,杨立平译,江西人民出版社2001年版。

[14][瑞典]乔恩·皮埃尔、[美]B.盖伊·彼得斯:《治理、政治与国家》,唐贤兴、马婷译,格致出版社、上海人民出版社2019年版。

[15][美]迈克尔·约翰斯顿:《腐败征候群——财富、权力和民主》,袁建华译,上海人民出版社2009年版。

[16][英]理查德·萨斯坎德:《线上法院与未来司法》,何广越译,北京大学出版社2021年版。

[17][美]凯文·沃巴赫:《链之以法:区块链值得信任吗?》,林少伟译,上海人民出版社2019年版。

[18][美]威廉·马格努森:《区块链与大众之治》,高奇琦、陈志豪、张鹏译,上海人民出版社2021年版。

[19][美]劳伦斯·莱斯格:《代码2.0:网络空间中的法律》,李旭、沈伟伟译,清华大学出版社2009年版。

[20][美]米尔伊安·R.达玛什卡:《司法和国家权力的多种面孔》(修订版),郑戈译,中国政法大学出版社2015年版。

[21][美]伊森·凯什、[以]奥娜·拉比诺维奇·艾尼:《数字正义——当纠纷解决遇见互联网科技》,赵蕾、赵精武、曹建峰译,法律出版社2019年版。

[22][法]普里马韦拉·德·菲利皮、[美]亚伦·赖特:《监管区块链:代码之治》,卫东亮译,中信出版集团2019年版。

[23][英]罗伯特·赫里安:《批判区块链》,王延川、郭明龙译,上海人民出版社2019年版。

[24][美]戴维·温伯格:《万物皆无序:新数字秩序的革命》,李燕鸣译,山西人民出版社2017年版。

(三)论文类

[1]张文显:《在新的历史起点上推进中国特色法学体系构建》,载《中国社会科学》2019年第10期。

[2]杨宗科:《论法治学的创建及其学科范围》,载《法律科学》2020年第5期。

[3]杨宗科:《适应新时代新要求　建设"新法科""新法学"》,载《法学教育研究》2020年第1期。

[4]杨建军:《司法数据公开及其程序规制》,载《广东社会科学》2019年第6期。

[5]杨建军:《通过司法的社会治理》,载《法学论坛》2014年第2期。

[6]郑戈:《区块链与未来法治》,载《东方法学》2018年第3期。

[7]张玉洁:《区块链技术的司法适用、体系难题与证据法革新》,载《东方法学》2019年第3期。

[8]史明洲:《区块链时代的民事司法》,载《东方法学》2019年第3期。

[9]郑戈:《司法科技的协调与整合》,载《法律适用》2020年第1期。

[10]孙占利:《运用区块链推进智慧法院建设研究》,载《法律适用》2020年第1期。

[11]张春和、林北征:《司法区块链的网络诉源治理逻辑、困惑与进路》,载《中国应用法学》2019 年第 5 期。

[12]韩旭至:《司法区块链的复合风险与双层规制》,载《西安交通大学学报(社会科学版)》2021 年第 1 期。

[13]马靖云:《智慧司法的难题及其破解》,载《华东政法大学学报》2019 年第 4 期。

[14]范捷、易乐天、舒继武:《拜占庭系统技术研究综述》,载《软件学报》2013 年第 6 期。

[15]王晓静、罗娟、宋燕飞:《区块链技术促进生产方式变革》,载《技术经济与管理研究》2019 年第 5 期。

[16]王湘穗:《币缘政治的历史与未来》,载《太平洋学报》2017 年第 1 期。

[17]唐新华:《技术政治时代的权力与战略》,载《国际政治科学》2021 年第 2 期。

[18]陈文旭、徐天意:《数字资本主义及其批判》,载《国外理论动态》2020 年第 1 期。

[19]杨继:《区块链推动社会基本矛盾运动与社会结构变革》,载《毛泽东邓小平理论研究》2020 年第 1 期。

[20]侯学宾:《我国电子诉讼的实践发展与立法应对》,载《当代法学》2016 年第 5 期。

[21]玄璇编译:《区块链技术在美国法院的应用场景》,载《中国审判》2020 年第 2 期。

[22]郑戈:《在法律与科技之间——智慧法院与未来司法》,载《中国社会科学评价》2021 年第 1 期。

[23]肖永平:《“长臂管辖权”的法理分析与对策研究》,载《中国法学》2019 年第 6 期。

[24]强世功:《帝国的司法长臂——美国经济霸权的法律支撑》,载《文化纵横》2019 年第 4 期。

[25][美]迈克尔·赫德森:《从马克思到高盛:虚拟资本的幻想和产业的金融化(下)》,曹浩瀚译,载《国外理论动态》2010 年第 10 期。

[26][美]让玛·瓦苏德万:《国际金融体系的历史演进与当前国际金融危机——基于马克思货币理论的分析》,贺钦译,载《国外理论动态》2010 年第 6 期。

[27]宣晔:《"长臂管辖"的缘起、演变及应对》,载《上海法学研究》2021 年第 1 卷。

[28]李庆明:《论美国域外管辖:概念、实践及中国因应》,载《国际法研究》2019 年第 3 期。

[29]王延川:《"除魅"区块链:去中心化、新中心化与再中心化》,载《西安交通大学学报(社会科学版)》2020 年第 3 期。

[30]罗恬漩:《民事证据证明视野下的区块链存证》,载《法律科学》2020 年第 6 期。

[31]高薇:《互联网争议解决中的执行问题——从司法、私人到去中心化数字执行》,载《法商研究》2018 年第 6 期。

[32]张红:《监管沙盒及与我国行政法体系的兼容》,载《浙江学刊》2018 年第 1 期。

[33]黄锐生、马晶:《我国金融科技创新监管试点的现状及建议》,载《金融科技时代》2021 年第 6 期。

[34]刘学在、阮崇翔:《区块链电子证据的研究与思考》,载《西北民族大学学报(哲学社会科学版)》2020 年第 1 期。

[35]陈全真:《区块链存证电子数据的司法适用》,载《人民司法》2019 年第 4 期。

[36]杨宗科:《论"新法学"的建设理路》,载《法学》2020 年第 7 期。

[37]杨东、徐信予:《区块链与法院工作创新——构建数据共享的司法信用体系》,载《法律适用》2020 年第 1 期。

[38]张文显:《关于构建中国特色法学体系的几个问题》,载《中国大学教学》2017 年第 5 期。

[39]张文显、于宁:《当代中国法哲学研究范式的转换——从阶级斗争范式到权利本位范式》,载《中国法学》2001年第1期。

[40]申卫星、刘云:《法学研究新范式:计算法学的内涵、范畴与方法》,载《法学研究》2020年第5期。

[41]杨白雪、周涛等:《区块链加速服务实体经济》,载《信息通信技术与政策》2018年第7期。

[42]杨继文:《区块链证据规则体系》,载《苏州大学学报(哲学社会科学版)》2021年第3期。

[43]刘品新:《印证与概率:电子证据的客观化采信》,载《环球法律评论》2017年第4期。

[44]孙晓勇:《司法大数据在中国法院的应用与前景展望》,载《中国法学》2021年第4期。

[45]郑观、范克韬、吴泓:《区块链电子证据真实性的认定路径》,载《人民司法》2020年第4期。

[46]段莉琼、吴博雅:《区块链证据的真实性认定困境与规则重构》,载《法律适用》2020年第19期。

[47]龚善要:《论区块链电子证据的双阶鉴真》,载《西安交通大学学报(社会科学版)》2021年第1期。

[48]丁晓东:《论算法的法律规制》,载《中国社会科学》2020年第12期。

[49]王君宁:《区块链存证技术在证据领域的应用困境及完善》,载《现代商贸工业》2021年第8期。

[50]谢登科:《电子数据的鉴真问题》,载《国家检察官学院学报》2017年第5期。

[51]刘永谋:《技术治理的哲学反思》,载《江海学刊》2018年第4期。

[52]王伯鲁:《社会技术化问题研究进路探析》,载《中国人民大学学报》2017年第3期。

[53]焦经川:《区块链与法律的互动:挑战、规制与融合》,载《云南大学

学报(社会科学版)》2020 年第 3 期。

[54]段伟文:《对技术化科学的哲学思考》,载《哲学研究》2007 年第 3 期。

[55]周梅丽、顾陈杰、黎敏:《区块链金融法律问题研究》,载《金融纵横》2017 年第 8 期。

[56]孙国茂、李猛:《区块链信任机制与社会秩序——基于疫情隔离防控的分析》,载《山东社会科学》2020 年第 4 期。

[57]丁晓雨、候华北:《论内设机构改革背景下审判管理权的重塑》,载《法律适用》2018 年第 19 期。

[58]龙宗智:《审判管理:功效、局限及界限把握》,载《法学研究》2011 年第 4 期。

[59]杨凯:《审判管理理论体系的法理构架与体制机制创新》,载《中国法学》2014 年第 3 期。

[60]顾培东:《人民法院内部审判运行机制的构建》,载《法学研究》2011 年第 4 期。

[61]李生龙、贾科:《反思与重塑:法院系统内部审判管理机制研究》,载《西南政法大学学报》2010 年第 4 期。

[62]龙宗智、孙海龙:《加强和改善审判监督管理》,载《现代法学》2019 年第 2 期。

[63]方乐:《审判权内部运行机制改革的制度资源与模式选择》,载《法学》2015 年第 3 期。

[64]黎晓露:《论我国法官的角色定位》,载《法商研究》2016 年第 3 期。

[65]郭松:《审判管理进一步改革的制度资源与制度推进——基于既往实践与运行场域的分析》,载《法制与社会发展》2016 年第 6 期。

[66]左卫民:《审判委员会运行状况的实证研究》,载《法学研究》2016 年第 3 期。

[67]李后强、李贤彬:《计量反腐学学科框架构建研究》,载《毛泽东思想研究》2015 年第 5 期。

［68］章兴鸣、陈佳利:《“互联网＋监督”:廉政治理精准化的实践路径》,载《中共天津市委党校学报》2018 年第 5 期。

［69］高奇琦:《将区块链融入科层制:科层区块链的融合形态初探》,载《中国行政管理》2021 年第 7 期。

［70］张增田:《廉政风险防控管理:适应当下中国反腐败环境的管理创新》,载《广州大学学报(社会科学版)》2011 年第 9 期。

［71］张由涛、李强:《试论预防腐败工作中的风险防范管理新机制》,载《中国监察》2009 年第 6 期。

［72］马长山:《数字社会的治理逻辑及其法治化展开》,载《法律科学》2020 年第 5 期。

［73］徐增林、盛泳潘等:《知识图谱技术综述》,载《电子科技大学学报》2016 年第 4 期。

［74］吕明琪、朱康钧、陈铁明:《融合知识图谱的网络安全违法行为识别系统》,载《小型微型计算机系统》2021 年第 4 期。

［75］庄传志、靳小龙等:《基于深度学习的关系抽取研究综述》,载《中文信息学报》2019 年第 12 期。

［76］马长山:《司法人工智能的重塑效应及其限度》,载《法学研究》2020 年第 4 期。

［77］胥小波、赵尔凡、康荣保:《基于语义分析的互联网人物信息提取》,载《信息安全与通信保密》2013 年第 12 期。

［78］郭喜跃、何婷婷:《信息抽取研究综述》,载《计算机科学》2015 年第 2 期。

［79］陈曙东、欧阳小叶:《命名实体识别技术综述》,载《无线电通信技术》2020 年第 3 期。

［80］施鹏鹏:《我国司法腐败的现状与遏制——以 20 个省/自治区/直辖市的实证调查为分析样本》,载《证据科学》2016 年第 1 期。

［81］邬彬、黄大熹:《电子监察:中国政府科技防腐创新》,载《求索》2010 年第 9 期。

[82]王远鹤:《从廉政风险来源看防控路径》,载《中国监察》2011 年第 23 期。

[83]周迪:《司法的流域性——兼论我国长江经济带司法协同治理》,载《中国环境管理》2021 年第 3 期。

[84]梁平:《京津冀协同发展司法保障的理论探讨与实践路径——基于司法功能的视角》,载《政法论坛》2020 年第 1 期。

[85]高奇琦:《主权区块链与全球区块链研究》,载《世界经济与政治》2020 年第 10 期。

[86]张丽艳、夏锦文:《国家治理视域下的区域司法协同治理》,载《南京社会科学》2016 年第 5 期。

[87]李辉、任晓春:《善治视野下的协同治理研究》,载《科学与管理》2010 年第 6 期。

[88]姚国建:《中央与地方双重视角下的司法权属性》,载《法学评论》2016 年第 5 期。

[89]公丕祥:《法治中国进程中的区域法治发展》,载《法学》2015 年第 1 期。

[90]王娟、何昱:《京津冀区域环境协同治理立法机制探析》,载《河北法学》2017 年第 7 期。

[91]杨东:《互联网金融风险规制路径》,载《中国法学》2015 年第 3 期。

[92]陶光辉:《浅议互联网金融的纠纷解决机制》,载《清华金融评论》2016 年第 3 期。

[93]王雅龄、郭宏宇:《基于功能视角的第三方支付平台监管研究》,载《北京工商大学学报(社会科学版)》2011 年第 1 期。

[94]胡晓霞:《我国在线纠纷解决机制发展的现实困境与未来出路》,载《法学论坛》2017 年第 3 期。

[95]杨海珍、程相娟等:《系统性金融风险关键成因及其演化机理分析——基于文献挖掘法》,载《管理评论》2020 年第 2 期。

[96]周全、韩贺洋:《数字经济时代下金融科技发展、风险及监管》,载《科学管理研究》2020 年第 5 期。

[97]赵旭东:《纠纷解决机制及其“多元化”与“替代性”之辨析》,载《法学杂志》2009 年第 11 期。

[98]杨锦帆:《基于区块链的纠纷解决机制研究》,载《陕西师范大学学报(哲学社会科学版)》2021 年第 4 期。

[99]鲁篱:《论金融司法与金融监管协同治理机制》,载《中国法学》2021 年第 2 期。

[100]马长山:《智能互联网时代的法律变革》,载《法学研究》2018 年第 4 期。

(四)论文集

[1]程文辉、杜英翔:《“技治”与“法治”——区块链在法院电子卷宗建设中的适用性分析与法律风险探索》,载马世忠主编:《司法体制综合配套改革中重大风险防范与化解(上)——全国法院第 31 届学术讨论会获奖论文集》,人民法院出版社 2020 年版。

[2]四川省宜宾市中级人民法院课题组:《宜宾法院基于区块链的智慧查封管理应用探索》,载陈甦、田禾主编:《中国法院信息化发展报告 No. 5(2021)》,社会科学文献出版社 2021 年版。

[3]山东省烟台市中级人民法院课题组:《烟台法院应用全流程网上办案系统实践调研报告》,载陈甦、田禾主编:《中国法院信息化发展报告 No. 5(2021)》,社会科学文献出版社 2021 年版。

[4]江苏省南通市中级人民法院课题组:《南通法院支云庭审系统应用调研报告》,载陈甦、田禾主编:《中国法院信息化发展报告 No. 5(2021)》,社会科学文献出版社 2021 年版。

[5]刘小妹、徐持:《以知识为中心深化智慧法院建设》,载陈甦、田禾主编:《中国法院信息化发展报告 No. 5(2021)》,社会科学文献出版社 2021 年版。

[6]余贵清、孙伟:《基于互联网审判的区块链应用与实践》,载叶蓁蓁、

罗华主编:《中国区块链应用发展研究报告(2019)》,社会科学文献出版社2019年版。

(五)报纸类

[1]《把区块链作为核心技术自主创新重要突破口　加快推动区块链技术和产业创新发展》,载《人民日报》2019年10月26日,第1版。

[2][美]迪·格拉茨基、[美]保罗·埃布里:《当区块链进入美国法院之后》,赵蕾、邓楚伊译,载《人民法院报》2018年8月17日,第8版。

[3]王俏:《人民法院信息化3.0时代正在来临》,载《人民法院报》2016年11月6日,第4版。

[4]罗书臻:《周强在最高人民法院信息化建设工作领导小组二〇一六年第一次全体会议上强调　坚持需求和问题导向破解难题补齐短板　推进人民法院信息化建设转型升级》,载《人民法院报》2016年1月30日,第1版。

[5]罗书臻:《周强在全国法院第四次信息化工作会议上强调　加快智慧法院建设　推进审判体系和审判能力现代化》,载《人民法院报》2017年5月12日,第1版。

[6]《聚焦|区块链技术已"植入"公证鉴定仲裁等领域!》,载澎湃新闻客户端2019年11月18日,https://m.thepaper.cn/baijiahao_4993401。

[7]林晔晗、潘玲娜:《广州互联网法院"网通法链"上线》,载《人民法院报》2019年3月31日,第1版。

[8]傅向宇:《金融消费纠纷解决新机制初探》,载《人民法院报》2018年2月28日,第7版。

[9]何晓慧:《诉源治理新模式多元解纷新路径——福建法院一站式多元解纷和诉讼服务体系建设纪实》,载《人民法院报》2020年9月1日,第1版。

[10]习近平:《携手推进"一带一路"建设——在"一带一路"国际合作高峰论坛开幕式上的演讲》,载《人民日报》2017年5月15日,第3版。

[11]王辉耀:《数字经济时代的全球治理》,载《北京青年报》2018年9

月 23 日，第 A2 版。

[12]施鹏鹏、叶蓓：《区块链技术的证据法价值》，载《检察日报》2019 年 4 月 17 日，第 3 版。

[13]孙梦龙：《区块链取证与可信时间戳技术梳理适用》，载《检察日报》2021 年 9 月 1 日，第 3 版。

[14]张中、崔世群：《司法区块链证据真实性审查》，载《检察日报》2021 年 1 月 20 日，第 3 版。

[15]胡萌：《区块链存证的效力及审查规则》，载《人民法院报》2021 年 8 月 5 日，第 8 版。

[16]李少平：《正确处理放权与监督　坚定不移全面落实司法责任制》，载《人民法院报》2018 年 3 月 28 日，第 5 版。

[17]刘子阳：《全面深化智慧法院建设》，载《法治日报》2020 年 11 月 14 日，第 1 版。

[18]张晨：《为京津冀协同发展和雄安新区规划建设提供有力司法服务和保障》，载《法制日报》2019 年 6 月 6 日，第 1 版。

(六)网址类

[1]高志海、陈学芹：《北京二中院把握时机多种方式抓党风廉政建设》，载中国法院网 2007 年 2 月 13 日，https://www.chinacourt.org/article/detail/2007/02/id/235537.shtml。

[2]卫世平、钟军民、顾志强：《浦东新区人民法院加强廉政风险预警防控》，载人民网，http://fanfu.people.com.cn/n/2013/0605/c141423 - 21746801.html。

[3]雷Km绮：《我国 P2P 网络借贷存在的法律风险及其规制》，载中国法院网 2015 年 7 月 31 日，https://www.chinacourt.org/article/detail/2015/07/id/1677715.shtml。

[4]《十部分发布〈关于促进互联网金融健康发展的指导意见〉》，载国家互联网信息办公室、中共中央网络安全和信息化委员会办公室官网，http://www.cac.gov.cn/2015 - 07/18/c_1115966431.htm。

[5]《人民银行关于印发〈中国人民银行金融消费者权益保护实施办法〉的通知》,载中国政府网,http://www.gov.cn/gongbao/content/2017/content_5213211.htm。

[6]《中国人民银行发布〈中国人民银行金融消费者权益保护实施办法〉》,载中国政府网,http://www.gov.cn/xinwen/2020-09/18/content_5544649.htm。

[7]于子茹:《陈志远:司法改革和信息化是"车之两轮、鸟之双翼"》,载中国法院网2017年3月12日,https://www.chinacourt.org/article/detail/2017/03/id/2577029.shtml。

二、英文文献

(一)著作类

[1] Gillian K. Handfield, *Rules For A Flat World*, Oxford University Press, 2017.

[2] Richard Susskind, *Online Court and The Future of Justice*, Oxford University Press, 2019.

[3] Arvind Narayana, *Bitcoin and Cryptocurrency Technologies: A Comprehensive Introduction*, Princeton University Press, 2016.

[4] Roger Wattenhofer, *The Science of Blockchain*, Inverted Forest Publishing, 2016.

[5] Ethan Katsh & Janet Rifkin, *Online Dispute Resolution*, *Resolving Conflicts in Cyberspace*, San Francisco, Jossey. Bass Inc., 2001.

[6] Richard Susskind, *Tomorrow's Lawyers: An Introduction to Your Future*, Oxford University Press, 2013.

[7] Pablo Cortes & Rafal Manko, *Developments in European Civil Procedures*, Oxford University Press, 2016.

[8] Roberto Unger, *Social Theory: Its Situation and Its Task*, Cambridge University Press, 1987.

[9] Alan Kazdin, *The Token Economy: A Review and Evaluation*, Plenum

Press,1977.

[10] William Magnuson, *Blockchain Democracy*, Cambridge University Press, 2020.

[11] Jamie Susskind, *Future Politics*, Oxford University Press, 2018.

[12] J. Stryder, *Blockchain Faith*, Eggseed Press, 2018.

(二)论文类

[1] Orna Rabinovich – Einya & Ethan Katsh, *Blockchain and The Inevitability of Disputes: The Role for Online Dispute Resolution*, Journal of Dispute Resolution 47(2019).

[2] Jake Goldenfein & Andrea Leiter, *Legal Engineering on the Blockchain: "Smart Contracts" as Legal Conduct*, 29. Law Critical 141(2018).

[3] Wulf A. Kaal & Craig Calcaterra, *Crypto Transaction Dispute Resolution*, 73 Business Law 109 (2017).

[4] Jeff Lingwall, Ramya Mogallapu, *Should Code be Law? Smart Contracts, Blockchain, and Boilerplate*, 88 University of Missouri, Kansas City Law Review 285.

[5] Amy J. Schmitz & Colin Rule, *Online Dispute Resolution for Smart Contracts*, 2019 Journal of Dispute Resolution 103 (2019).

[6] Darcy W. E. Allen, Aaron M. Lane & Marta Poblet, *The Governance of Blockchain Dispute Resolution*, 25 Harvard Negotion Law Reriew 75 (2019).

[7] Jean Bacon & Johan David Michels et al., *Blockchain Demystified: a Technical and Legal Introduction to Distributed and Centralized Legders*, Richmond Journal of Law & Technology. 1(2018).

[8] Huang – Chih Sung, *When Open Source Software Encounters Patents: Blockchain As an Example to Explore the Dilemma and Solutions*, 18 The John Marshall Review of Intellectual Property Law 55(2018).

[9] Rakhil Kalantarova, *The Ongoing Speculation About Smart Contracts: Smart Enough to Replace Third Party Arbitrators, or is "Smart" Just a Misno-*

mer?, 21 Cardozo Journal of Conflict Resolution 551(2020).

[10] Michal Alberstein, *The Jurisprudence of Mediation: Between Formalism, Feminism, and Identity Conversations*, Cardozo Journal of Conflict Resolution, 2009(1).

[11] Lea Brilmayer & Charles Norchi, *Federal Extraterritoriality and Fifth Amendment Due Process*, 105 Harvard Law Review(1992).

[12] James Metzger, *Can The Blockchain Decentralize Dispute Resolution?*",26 No. Dispute Resolution Magazine 15(2020).

[13] Sara Hourani, *Access to Justice and Blockchain – Based Arbitration*, 26 No. Dispute Resolution Magazine 20(2020).

[14] Sylvia Polydor, *Blockchain Evidence in Court Proceedings in China – A Comparative Study of Admissible Evidence in The Digital Age*, 3 Stanford Journal Blockchain Law & Policy 96(2020).

[15] Nathan Fulmer, *Exploring The Legal Issues of Blockchain Applications*, 52 Akron Law Rereiw 161(2018).

[16] Noah Webstera & Aaron Charfoos, *How the Distributed Public Ledger Affects Blockchain Litigation*, 37 No. 1 Banking & Financial Services Policy Report 6(2018).

[17] Brandon Ferrick, *Modernizing the Stockholder Shield: How Blockchains and Distributed Ledgers Could Rescue the Appraisal Remedy*, 60 British Columbia Law Review 621(2019).

[18] Paul Peterson, *Problems Blockchain Doesn' t Solve*, 107 Illinois Business Journal 36(2019).

[19] Tonya M. Evans *Role of International Rules in Blockchain – Based Cross – Border Commercial Didputes*, 65 Wayne Law Review 1(2019).

[20] Michael Buchwald, *Smart Contract Dispute Resolution: The Inescapable Flaws of Blockchain – Based Arbitration*, 168 University of Pennsylvania Law Review 1369(2020).